成吉思汗的后裔
清代的蒙古王公

The descendants of Genghis Khan:
The Mongolian princes in the Qing Dynasty

李治国　著

内蒙古出版集团
内蒙古人民出版社

图书在版编目（CIP）数据

成吉思汗的后裔：清代的蒙古王公/李治国著. – 呼和浩特：
内蒙古人民出版社，2015.11

ISBN 978 – 7 – 204 – 13505 – 9

Ⅰ.①成… Ⅱ.①李… Ⅲ.①蒙古族 – 政治人物 – 列
传 – 中国 – 清代 Ⅳ.①K827 = 49

中国版本图书馆 CIP 数据核字（2015）第 286196 号

成吉思汗的后裔——清代的蒙古王公

作　　者	李治国	
策　　划	樊志强　张桂梅	
责任编辑	张桂梅	
装帧设计	宋双成	
出版发行	内蒙古人民出版社	
地　　址	呼和浩特市新城区中山东路 8 号波士名人国际 B 座 5 楼	
印　　刷	内蒙古爱信达教育印务有限责任公司	
开　　本	710mm × 1000mm　1/16	
印　　张	12.75	
字　　数	200 千	
版　　次	2016 年 4 月第 1 版	
印　　次	2016 年 4 第 1 次印刷	
印　　数	1 – 2500 册	
书　　号	ISBN 978 – 7 – 204 – 13505 – 9/K · 715	
定　　价	25.00 元	

如发现印装质量问题，请与我社联系。联系电话：(0471)3946120
网址：http://www.nmgrmcbs.com

目 录

CONTENTS

天生贵胄——土谢图亲王奥巴

达延汗

（约1473—1517年）

蒙古科尔沁部的历史源远流长,虽然它也是黄金家族的后裔,但其血统在成吉思汗的子孙中算是旁支,又与兀良哈部长久的融合,不如真正的嫡系察哈尔部,即使土默特部它也比不上。这是因为科尔沁部的始祖不是成吉思汗,而是成吉思汗的弟弟哈布图哈撒儿的后裔。哈布图哈撒儿以擅长射箭著称,帮助成吉思汗平定乃蛮部,率左军击败了金国,迫使金国的帝王献女求和,为成吉思汗立下了汗马功劳。然而哈布图哈撒儿在政治斗争中失势,最后抑郁而终,他的子孙在蒙古诸部中处于边缘角色。直到明朝中期,科尔沁部仍然不被重视,蒙古中兴之主达延汗重整六万户,而科尔沁在六万户外,未曾直隶统属。这一局面在清朝发生了彻底的变化。

科尔沁部首领奥巴是哈布图哈撒儿的第18代子孙。他的父亲叫翁果岱,号称巴图鲁珲台吉。科尔沁部首领虽然在自己的部落里是老大,但仍要听命于察哈尔部大汗的命令。奥巴的祖辈世代担任察哈尔部的大臣。如果按照几百年的惯例,科尔沁部仍然处于察哈尔部的从属地位。然而,在明清交替的历史大变革中,奥巴带领着科尔沁部进行了一次华丽的转身。这次转身与白山黑水的东北土地上新兴的一股势力密切相关。这股势力就是努尔哈赤领导的满洲人①。他们人数不多，但勇猛善战，组织严密，领导有方。奥巴的科尔沁部是归顺努尔哈赤最早的蒙古部落，加之与清朝皇室众多的婚姻关系，使科尔沁部从黄金家族的支系，一跃成为此后三百余年蒙古最荣耀的部落。科尔沁部的三位亲王和一位郡王比其他同等爵位的蒙古人再优一级。比如：清朝外藩亲王俸银2000两，俸缎25匹；郡王俸银1200两，俸缎15匹。科尔沁部的三亲王每人俸银2500两，俸缎40匹；郡王俸银1500两，俸缎20匹。奥巴与清廷关系的最终结局虽然美好，过程却是一波三折。

　　奥巴第一次出现在史书上，是以惨败满洲人开始的。明万历二十一年（1593年）九月，努尔哈赤发动了他统一满洲诸部的关键战役——古勒山之战。察哈尔部的蒙古大汗怎能容忍自己身边崛起如此强大的势力，于是命令科尔沁部派兵参与了对抗努尔哈赤的九部联军。奥巴与他的父亲翁果岱亲自参加此次战斗，结果九部联军大败，奥巴逃走。在这次战役中科尔沁部败得很惨，奥巴的堂兄明安贝勒，为了跑得快，把衣服全部脱光，赤身裸体，骑着一匹裸马，仓皇逃走。此后，奥巴父子继续与努尔哈赤为敌，并强力支持努尔哈赤的死对头满洲乌拉部台吉布占泰。收获是又一次的惨败。经历了几次连续的失败，科尔沁部吸取了教训，奥巴开始尝试与努尔哈赤讲和。奥巴亲

林丹汗

（1592—1634年）

自写信给努尔哈赤，话说得非常悦耳，具体内容是这样的："皇上就像天空中正午的太阳，光芒万丈，其他的光芒都比不上。满洲的声威震动众多部落，众多的人民甘心归顺。普天共主之圣明皇帝陛下，嫩江水边居住的科尔沁各个贝勒，都请求听从您的命令。"奥巴之所以这么做，一方面是慑于满洲人的军事力量；另一方面奥巴是为自己找一个盟友，因为他不小心得罪了察哈尔部的新任大汗

---

　　① 努尔哈赤属于建州女真，他在位期间也以女真命名族名，以金为国名。皇太极后来将族名改为满洲，国名改为清。为了行文的方便、一致，本书将族名统称为满洲，国名统称为清。

林丹汗。此前,察哈尔部的车臣汗去世,他的孙子林丹汗即位。林丹汗夺取了他叔祖代青贝勒所属的纳明安部落的人民、牲畜。代青带着自己的六个儿子和他们的家眷投奔了奥巴。奥巴为他们提供了庇护,拒不交出,从而触怒了林丹汗。

努尔哈赤正在为附近强大的蒙古人的威胁感到担忧,有这样的良机,自然积极响应了奥巴的示好。天命九年(1624年),奥巴率领科尔沁部全族归顺努尔哈赤。此时,奥巴还是保留了一定的独立性,前文提到的明安贝勒或许被那次失败打击得太重,走得更远,将自己的女儿嫁给了努尔哈赤做小妾,自己也加入了满洲八旗。在归顺努尔哈赤前,奥巴还与努尔哈赤讲了条件,最重要的一条是:如果跟着满洲人走,背叛了察哈尔部,林丹汗必然会大怒,如果察哈尔部全力攻击科尔沁部,努尔哈赤必须支援。努尔哈赤同意了。当时的蒙古人和满洲人都认为口说无凭,要通过一种特殊的仪式,向神发誓。努尔哈赤派属下巴克什库尔缠、希福与奥巴进行了一次向上天盟誓的仪式。这种盟誓的仪式在清入关前经常举行,很有民族特点,有点宗教仪轨的感觉。主要的内容是:先杀死一匹白马、一匹黑牛,设置酒一盆、肉一盆、骨头及血一盆,还有土一盆,一共四盆;之后参加盟誓的人点香,开始共同诅咒发誓。这次发誓的誓言是:"满洲和科尔沁两部,愤怒于察哈尔部的傲慢,于是结成联盟,昭告天地。今后如果满洲部先背弃盟约,上天会惩罚该部,让他们的身体向面前这些血肉、骨头、泥土,死于非命。如果科尔沁背弃盟约,也是同样的惩罚。如果我们坚持结盟,则上天保佑我们,健康长寿,子孙绵延万年,都有太平安乐的生活。"

天命十年(1625年),察哈尔部的林丹汗果然派兵攻打科尔沁部。奥巴告急,努尔哈赤隆重带兵援助。当军队集中到开原城北的镇北关时,努尔哈赤发现因为刚刚经过狩猎,战马非常羸弱,于是特别挑选了精锐骑兵五千人,命令三贝勒莽古尔泰、四贝勒皇太极、台吉阿巴泰等人统兵出征。满洲兵进至农安塔时,林丹汗已经围城数日。奥巴的城堡坚固,林丹汗短时间内不能攻克。察哈尔部又获悉满洲军队即将到来,于是趁着夜色撤围而去。撤退之时,林丹汗丢弃了大量的骆驼和战马。天命十一年(1626年),为了感谢努尔哈赤的救命之恩,奥巴亲自到沈阳感谢。努尔哈赤亲自出城十里迎接。奥巴比较贪财,只送给努尔哈赤一点礼物,包括貂皮、貂裘、橐驼、马等。他对努尔哈赤解释说,"我的好东西都被察哈尔的林丹汗抢走了,所以没多少好东西献给您"。努尔哈赤安慰他,只要人安全就好,设大宴款待奥巴一行,赐给他雕鞍及披领、镂金带、有顶冠各三套。面对这些礼物,奥巴不小心露出他小气的痕迹,高兴地说:"皇上送的东西太好了,不会明天再要回去吧。我太喜欢了,感觉不像真的。"努尔哈赤很有土豪气派地说:"这点东西算什么,今后凡是赐给你的东西,如果你感觉不好,看到满洲贝勒中,谁的衣服、宝贝好,跟我说,我来给你。"

奥巴留住沈阳期间,努尔哈赤每天都宴请他,赏赐物品,然而奥巴还是没完全满足,他让自己的手下贺尔禾代、拜思噶尔去向满洲的贝勒提要求,说:"皇上曾经答应送给我个美女,如果是真的,我准备娶了当老婆。"满洲贝勒将他的话转告努尔哈赤。努尔哈赤经过慎重思考,把自己的承诺翻倍,一下子赐给奥巴两个女人。一个是自己的养女,亲弟弟舒尔哈齐的女儿肫哲公主,封和硕公主;另一个是台吉图伦的女儿。努尔哈赤封奥巴为和硕额驸。奥巴的各种欲望得到了充分的满足后,对满洲的好感更强,努尔哈赤感到时机成熟,亲自与奥巴再次举行仪式,共同盟誓,双方结成更牢固的联盟。科尔沁部也成为蒙古诸部中,第一个彻底加入满洲阵营的蒙古部落。努尔哈赤封奥巴为土谢图汗,再次赐给他铠甲、四季的衣服、各种银器、雕鞍、蟒币、布帛等众多物品。奥巴也是清朝所封的唯一一个"汗"。需要提一下的是,蒙古还有一系土谢图汗,那是喀尔喀蒙古的土谢图汗部的首领,与科尔沁蒙古是完全不同的两个部分,不是一回事。

奥巴沈阳之行所获甚丰,努尔哈赤对他礼遇有加,获得了大量的财物,还娶了两个满洲贵族女子。有了满洲成为自己牢固的后盾,从此奥巴再也不用害怕过去的主人林丹汗了。他志得意满,暂时将肫哲公主留下,自己离开沈阳。努尔哈赤亲自出城数十里,设宴相送。

按理说满洲部对奥巴已然仁至义尽,然而奥巴仍然在自己心里打着小算盘。他从沈阳返回不久,努尔哈赤逝世。作为奥巴的岳父、恩人、金主,于情于理奥巴应该第一时间表示慰问。可是奥巴拖延良久,一直等到自己派人去接嫁给他的公主,才顺便表达对努尔哈赤离世的哀思。奥巴还背弃双方的誓言,私下里偷偷联系察哈尔部,希望能要回被掠去的牲畜等财物。皇太极刚刚即位,统治还不是很稳固,稳定压倒一切,竭力隐忍奥巴,引而不发,仍按原计划将肫哲公主送给他,对来的奥巴使臣,依然礼遇。奥巴却没有收敛自己的行为,日益肆意妄为。

天聪二年(1628年),皇太极率军亲征察哈尔部,命令下属的蒙古诸部一同出兵,会师绰洛郭尔。各路军队到齐,皇太极宴请来会的蒙古诸贝勒。不想以奥巴为首的科尔沁部的各个贝勒根本没来。皇太极派大将希福传令奥巴出兵,奥巴以"现在路上到处是盗贼,很不安全,如果有了危险,算谁的责任"为托词,按兵不动。皇太极派人再三催促,奥巴敷衍道:"希望能先掠夺察哈尔部境内的财物,再和军队会合进军。"最终奥巴的军队也没来。其实这也好理解,毕竟奥巴家族世代效忠察哈尔部大汗,如今突然要从主人变为敌人,心理不容易接受,去抢些察哈尔部的东西,对自己好,对皇太极也算有个交代。此外,奥巴还一再挑战皇太极的底线,他竟然偷偷地和满洲人的另一个强敌——明朝做生意。

奥巴私下联系明朝和察哈尔,也有他的理由。当时的明朝有逐渐强势的迹象,努尔哈赤打了一辈子胜仗,结果最后一战,兵败宁远城,据说自己还被袁崇焕的大炮打伤,这成为他逝世的重要原因。皇太极登基伊始,就带兵攻明,结果又在宁远、锦州之战中大败。察哈尔部的林丹汗励精图治,好像也有一番作为,现在不联系,到大祸临头再联系就晚了。自己的家族毕竟世代为察哈尔部的大臣,感情基础还是有的。可是奥巴的这些行为,满洲人是无法容忍的。皇太极终于感到不能这么纵容奥巴,决心派人好好敲打一下他,于是派使臣索尼及阿珠祜出使科尔沁部。

索尼一行到达科尔沁部境内后,该部人按照过去的惯例,宰杀牲畜献给他们食用。索尼立即让他们拿走,声色俱厉地说:"我们不但不能吃你们的饭,连一杯水也不能喝。我们不是为你们的主人而来,只是给我国的公主送东西。你们的主人有异心,你们的东西能吃吗?"之后满洲使臣取出自己携带的干粮来吃。科尔沁部的接待人员大惊。索尼一行到达奥巴的府邸时,奥巴因为脚有病,正住在大老婆的房里。索尼直接到公主的住所,拜见,进献礼物,并将皇太极要惩罚奥巴的意思告诉公主。公主哭着为奥巴求情。索尼说:"我们是奉了皇上的命令,不敢稍有违背,此行特为公主而来,公主就别为奥巴求情了。"

皇太极使臣异常言行的消息很快传到奥巴那里。奥巴的病脚难以走路,让人扶着去公主住所,查看情况。索尼、阿珠祜见到奥巴不行礼,也不起立。奥巴假装问公主:"这些人是谁啊?"公主不回答。索尼回答道:"我们是天聪皇帝的使臣,你有罪,本来应该断绝交往,只是公主是皇亲,不能断了联系。这次是专门给公主送东西来的。"奥巴赶忙命人设酒宴款待。索尼等人看也不看,立即告辞,作势要走。奥巴属下科尔沁台吉塞冷、达尔罕卓礼克图党阿赖死死拉住马匹,苦苦哀求不让走,说:"我们不知道皇上的使臣来了,所以才问。过去使臣来了,因为公主的缘故,还向我们行礼,给东西吃就吃。现在你们见我们不行礼,也不吃饭,这么快要走,难道是皇上要怪罪我部吗?"索尼回答说:"我们不是为奥巴而来,为什么要行礼呢?又为什么要吃你们的东西呢?你们有异心,皇上震怒,恐怕我们不能准确地传达他的意思,另有上谕给你们。"于是将上谕交给塞冷、党阿赖。奥巴得到消息,让使臣的随从人员先走,留下了使臣。土谢图汗看到皇太极的上谕大惊,该道谕旨共宣布了奥巴的十条大罪:

第一,奥巴父子帮助叶赫部与我为敌,计划瓜分我国的土地,如果我国失败了,我还能有今天吗?你们失败后,又帮助乌喇部攻打我国。之后你为了协助叶赫部杀死了我方侍卫布阳古。三次仇恨,并不是能够依靠财物可以抵偿的,应该兴兵讨伐。然而我皇父宽厚仁义,派人议和,盟誓天地,和好相处。事后,你想亲自来议和,双方事先约定了时间地点,皇父亲自赴约,你却爽约,你犯了欺妄之罪。

第二,察哈尔部林丹汗想杀你,兴兵讨伐科尔沁。那时我获得这个消息,不辞劳苦,不怕马匹倒毙,立即发兵去救援你们。林丹汗闻讯,立即丢弃即将攻克之城,退兵而去。如果我不出兵,你奥巴能活到今天吗?你来沈阳修好,皇父给你高规格的礼遇,还送给你两个妻子,其中有自己的女儿,同时赠送众多的物品及白银5000两。你回去之后,何曾回报过一件东西?皇父驾崩后,各个部落纷纷哀悼,都派人吊唁。而你只是两个月后,才派一个下等的奴才送来一匹劣等老马作为吊唁,这是你忘恩负义之罪。

第三,你这么多罪恶,我没有追究,仍然将公主送给你。事后,你仅仅送来八匹病马。你只知道拿别人的东西,不知道回报别人,这是贪婪小气之罪。

第四,在送公主去科尔沁部途中,我方使臣克里被杀,你却不追捕凶手,到现在仍没有任何消息,你这是轻视侮辱我国之罪。

第五,你的部民额古犯罪,你声称愿意用牲畜赎罪。本来应该罚一千匹马,我看在你的面子上,减少了一半。你给我保证如果不交马,仍然将额古送给我处理。直到现在，牲畜没送来，额古也不送回，你这是欺骗我。

第六，你将你有罪的察哈尔部妻子的寝室安排在前面，让我国公主住在后面。并且你的罪妻被立为大老婆，而让我国公主做小老婆，到处说你的大老婆如何贤惠，我国的公主你却不管不顾，背后经常说她的坏话，你这是侮辱我。

第七，咱们双方盟誓时，誓言中决定，各自的一切敌国，讲和则一起讲和，战争则一起战争。你背弃誓言，与我国敌人明朝，屡次进行交易，你太狡诈不可信赖。

第八，你想向察哈尔部报仇，屡次派遣使臣约定共同出兵的时间。我如期发兵，你竟然不来会合，将我军单独留在敌人境内，自己先撤兵，你能长命百岁吗？你狡诈不守诺言。

第九，你的堂弟满珠习礼起兵时，派人问你会师的地点，你不告诉他。自己不愿与我会师，又不让自己的兄弟出兵，是害怕你兄弟和你一起进兵，不方便自己偷偷跑回吗？

第十，最初我国认为孔果尔贝勒悖逆作乱，而你是贤臣，遂将自己的女儿嫁给你。不想皇父驾崩，孔果尔贝勒最先派遣使臣吊唁。这次又按照约定派兵会师。比较你俩，过去本以为贤能、亲近的人，结果怎样呢？今后你的心，我怎么能相信呢？

皇太极给奥巴定的十条大罪，将奥巴定义为口是心非、贪财好色、见利忘义、首鼠两端的人。奥巴是有他的缺点，奥巴对原配妻子的态度却令人欣赏。他的原配妻子是察哈尔部大臣的女儿，这位大臣获罪，这个妻子是个罪人之女，地位可谓低下。奥巴归顺满洲后，娶了满洲的公主。按照逻辑，察哈尔部是自己的敌人，自己还有一个新娶的地位高贵的满洲公主，如果从个人政治利益出发，完全应该将满洲公主立为嫡妻。然而奥巴没这么做，仍然将最初的妻子立为嫡妻，顶着压力将满洲公主

皇太极
（1592—1643 年）

设为小妾。奥巴还经常住在嫡妻的房间里,让满洲公主独守空房。终清一朝,奥巴是唯一敢这么做的蒙古王公。奥巴还经常在外面说自己嫡妻的好话,说她如何贤惠,懂得持家。甚至在今天,比许多喜新厌旧、见利忘情的男人都要珍贵得多。当然,从满洲人的角度来看,这些都是罪过。

奥巴知道事情严重,连忙让自己身边最亲近的 14 个人,连同塞冷、党阿赖再次面见使臣说:"看了上谕,皇上责怪我罪孽深重,心里十分彷徨,不知道该怎么办。既然已经获此重罪,如果又让你们返程,倘若路上有什么危险,我的罪孽就更深重了。"索尼等说:"我们都是下等人,怎么能因为怕死而违抗皇上的命令呢。"便拉起缰绳准备走。科尔沁部众人都请求说:"我家主人本来想亲自挽留,只是脚病严重连路都不能走。主人的兄弟、子侄又都出去打猎了,所以才让我们来。既然我部有罪,如果听任使臣独自返回,不更令我们惭愧无地吗?皇上既然震怒,则事关天威,涉及的事情非同小可,怎么能按平常的事情处理呢?请等打猎的亲贵回来,立即讨论罪行以告慰过去错误。"在再三苦苦哀求下,索尼感觉戏也做足了,时机差不多了,顺势说:"既然你们要谢罪,就暂时留下。"

第二天,奥巴召集子弟诸臣讨论解决的办法。奥巴先向满洲使臣提出方案一:"本来我该亲自去谢罪,但是因为脚病,想派我弟弟哈谈巴图鲁前往。可是哈谈巴图鲁说,是我犯的重罪,为什么派他去谢罪,坚决不肯去。现在我先派台吉拜思噶尔及桑噶尔寨,同使者一起去沈阳谢罪。等我的脚病好些了,亲自去可以吗?"这个方案中可以看出奥巴是真怕了,想先派人去沈阳探探风声,再做下一步打算。自己如果亲自去了,被治个大罪,扣在沈阳就惨了。可是这个方案满洲使臣不同意,索尼还是那句话:"我们只是给公主送礼物来的,事情已经办完了。你想解脱自己的罪过,强制留下我们,现在让我们带着拜思噶尔、桑噶尔寨一起返回,难道我们是为了带这两个人而来吗?"

奥巴看没有办法,只好提出:"现在皇上很生气,我的罪过也深重,与其让别人谢罪,不如我亲自去。我的脚虽然有病,但立即启程,纵然死了也没什么怨言,以此来让皇上息怒。"但奥巴还有顾虑,担心没面子,他问:"我如果去了,皇上太生气,不见我,把我赶走,我能安全地回来吗?即使安全地回来了,又有什么面目见我的部属呢?面子丢了,以后谁会再听我的话呢?"索尼安慰他说:"你既然知道罪过,亲自去谢罪,即使不能免罪,这么远去,皇帝必然会怜悯你,礼貌地对待你,不会赶你走的。皇上是宽宏大量的人,即使是小贝勒,也从没有驱逐过,何况是您大汗呢?"奥巴又说:"你们是两个家奴,尚且不吃我的饭,见我不下拜,皇上和诸贝勒,能够允许我觐见吗?"索尼回答:"我们的确是家奴,家奴见你不行礼,不吃你的饭,言辞严厉地训斥你,而你仍然不介意,坚持来朝见,还有比这更可怜的情况吗?皇上和各个贝勒知道这件事,必然怜惜你,允许你觐见。"奥巴听毕,大喜,放心决定亲自请罪。

奥巴留下索尼等人住了十天,好生款待,送他们先行,叮嘱说:"我去朝见,没有不派使臣提前告诉至尊的道理。既然你们先走,希望能为我转奏。我因为获罪的原因,虽然脚病严重,也要让人扶着来朝见皇上,叩头谢罪。如果能见到皇上,且皇上能宽容我的罪过,是我的愿望。如果皇上不宽容我,不见我,我也要在宫殿前叩头谢罪。"满洲使臣返回沈阳将相关情况告诉皇太极,皇太极说:"奥巴知错能改,我还有什么指责的呢!"其实这一系列看似紧张的交涉,都是在使臣出发前,皇太极事先安排好的。使臣如果是演员,皇太极就是导演,奥巴及属下则是不小心入戏的观众。

一个月后,奥巴亲自去沈阳谢罪。皇太极与三大贝勒及其他贝勒出城十里迎接。入城后,皇太极再次让人宣读奥巴的罪过。奥巴甘心认罪,并提出解决的办法:"额古的事情,我立即派人将所罚的500匹马送来。使臣克里被杀的事,我们再好好商量解决办法,一定将凶手绳之以法。至于私下与明朝联系的罪行,我愿意以10只骆驼、100匹马谢罪。出征察哈尔自己没有出兵会和的罪过,也以10只骆驼、100匹马谢罪。"因为自己的罪过,奥巴又向皇太极额外进献一匹马、一副盔甲,给三大贝勒马各一匹。眼看惩戒的目的达到,皇太极宽恕了奥巴,仍然以礼相待,将御用的貂裘、靴、帽、金带及朝鲜所贡皮币等物厚赐给他。奥巴返回时,再次赐给他甲胄、缎布、猞狸狲、裘、雕鞍、金银器皿等物。皇太极出城亲自设宴相送。满洲人这次的大棒加胡萝卜的方法,让奥巴彻底地臣服。

其实在这次事件中,奥巴也不是处处被动,他与满洲四大贝勒中的阿敏关系要好。皇太极的使臣走后,阿敏的使臣就来了,奥巴从而知道的皇太极的真实用意。在来沈阳时,奥巴也私下与阿敏联系,希望他能从中协调、斡旋。历史不能假设,如果不是奥巴逝世得早,他与阿敏这层关系,是否会因为阿敏谋逆而被牵连,就不得而知了。但有一点是可以肯定的,奥巴最终也知道了皇太极导演这幕戏剧的技巧,这招很实用。

去沈阳请罪后,奥巴变得非常乖巧。天聪三年(1629 年)十月,皇太极出征明朝,在辽河时奥巴带领所部 23 名台吉,率兵与满洲军队会师,被分派于左右两翼。十一月,奥巴跟随贝勒济尔哈朗等,进入明朝边境,攻克遵化城,兵围北京。天聪五年(1631 年),奥巴奉旨与满洲兵会集于三滹,准备出征察哈尔。奥巴提出建议:"这次蒙古马匹不堪使用,带领士兵又少,不如暂停进攻,等待来年马匹肥壮,再大举进攻。因为受恩深重,我愿意做前锋,不敢怕辛苦。"皇太极同意了他的看法,班师回朝。翌年四月,皇太极再次召集蒙古诸部军队,攻击察哈尔。蒙古诸部台吉为了保存实力,带来的士兵数量能少就少,行军速度也能慢就慢。只有奥巴这次带来的士兵最多,速度最快,还将自己积蓄的马匹,大量地供给清军。这次奥巴的行为让皇太极很满意。五月,奥巴跟随贝勒阿济格侵入明朝边境,大肆抢掠大同、宣化等地。皇太极将抢掠到财富的五分之一分给奥巴。天聪六年(1632 年)九月,奥巴病逝。

病逝之前,奥巴已经逐渐成长为一个成熟的好演员。弥留之际,他手里拿着皇太极赐给的衣服,哭着说:"当初跟随皇上征讨察哈尔时,我不怕危险,冲锋陷阵,先入敌军,人人都羡慕敬佩。现在不幸至此,皇上的知育之恩,再也无法报答。"奥巴最后的时刻真的很清醒,在他与满洲的交往中,几乎就这么一件事拿得出手,临死还不忘提醒一下皇太极。奥巴去世的消息传到沈阳,皇太极怎能容忍有人挑战他的演技。于是他穿着素服,站在东门廊下流着眼泪对群臣说:"过去打仗,额驸奥巴每次都能独当一面,他擅长政务的管理,提出过很多好的意见。突然听说他去世,我深深地感到惋惜。"说毕,痛哭不止,群臣劝慰道:"皇上不必过于哀痛,每个人的寿命都是早就注定的,这是上天的安排。"皇太极继续哭着说:"所有的人如果对国家无益,而仅仅让人憎恨,即使是皇亲国戚,我也不感到痛惜。奥巴可是最优秀的人才啊,这样的良臣如何再能得到呢? 他就是我的胳膊和手指啊。"奥巴的戏没白演,皇太极高规格安排了他的身后事,先是派遣额驸师篇古,按照帝王的标准以太牢之礼向奥巴致祭。不久之后,皇太极授予奥巴长子巴达礼土谢图济农的封号。巴达礼和科尔沁众贝勒来沈阳谢恩。皇太极也许感觉表演的效果还需进一步巩固,他让巴达礼单独觐见。相见时,因为思念其父奥巴,皇太极再次泪如雨下。陪同的贝勒大臣,都帮忙悲怆垂涕。崇德元年(1636 年),巴达礼被封为土谢图亲王,世袭罔替,掌管科尔沁右翼旗,自本旗外,还统领科尔沁前后二旗及杜尔伯特、扎赉特二旗。科尔沁部的最高爵位由汗变成亲王,下降一级,也表明科尔沁部与清廷由联盟关系,变为君臣关系。

一些聪明人很善于学习前人的成功经验。鄂尔多斯的王爷固噜,本来是世袭罔替的札萨克多罗郡王。康熙十八年(1679 年),固噜派兵镇压反清的陕西省神木县守将孙群甲的叛乱有功,清廷晋封他亲王品级,但这个亲王不是世袭罔替的。康熙三十一年(1692 年),固噜病重,自知大限将至,便召集札萨克旗的官员于王府,流着眼泪要求他们一定要忠于清廷、忠于皇上。这次活动最关键之处在于,固噜特别邀请康熙帝派来的御医也参加。不久固噜病逝。他最后的模仿秀没有白费,康熙帝从御医那里获得这个消息后,额外恩赐固噜的儿子栋罗布多袭一次亲王。所谓世袭罔替,就是一个人获得爵位后,他的子孙后代都可以承袭同等的爵位。如果承袭爵位的子孙犯罪,爵位就要由其最亲近的子弟承袭。而没有世袭罔替的爵位,则每一代都要降一级袭爵,即亲王就要降为郡王,之后逐代降为贝勒、贝子、镇国公、辅国公等直至十二等的奉恩将军。

奥巴的儿子对清廷忠心耿耿。天聪八年(1634 年)正月,巴达礼的族弟台吉噶尔珠赛特,纠集一些党羽叛逃到索伦地区。巴达礼率兵追赶。清廷法律规定,叛逃的人,必须要诛杀。皇太极特别告之巴达礼,如果抓到噶尔珠赛特,想杀就杀,不想杀变为奴隶也可以。巴达礼没有接受皇太极额外的恩赐,抓到噶尔珠赛特后,立即杀掉。皇太极先将噶尔珠赛特留下的人员财物划归巴达礼,为了表达自己对蒙古贵族的情感,还下诏说:"朕知道噶尔珠赛特被杀的消息非常痛心。虽然他犯了死罪,但是朕将蒙古各台吉看成自己的胳膊、手指。现在他被杀了,朕感觉就像伤了自己的手指一样疼痛。"蒙古诸部台吉众多,也许皇太极也算不清自己有多少个胳膊和手指。

同年七月,巴达礼与台吉满珠习礼等人带兵 5000,跟随清军征伐明朝,攻入上方堡。在大同击败城外明军,缴获战马 100 匹,攻克堡垒 1 座。崇德元年(1636 年)冬,皇太极命令卓里克图亲王吴克善追缉喀木尼堪部叛逃的叶雷。起初叶雷等人偷盗冰图郡王洪果尔的马匹,而且杀了人。宁古塔副都统吴巴海率兵追赶,未能抓获。巴达礼派遣属下鄂多木等人,跟随吴巴海一起追捕。突然天降大雪,有三只大雁飞过天空,鄂多木射中其中一只,受伤的大雁带着箭坠至叶雷的军营,追赶大雁的鄂多木因此追上了叛军,在温多河擒获并斩杀了叶雷。这个桥段很有趣,可一定是假的。因为但凡有常识的人就该知道,大雁是候鸟,夏天在北方,冬天飞往南方过冬,所以蒙古的冬天怎么会有大雁呢?他们这么说,是想表达天降瑞祥、皇上圣明的用心。功夫不负有心人,皇太极赐给鄂多木"达尔罕"的称号。

崇德七年(1643年),皇太极命人公开讨论该如何惩罚巴达礼。这是由于在清与明的决定性战役——松锦大战中,科尔沁土谢图亲王巴达礼驻扎在塔山,怯敌不前,违命退缩。其实这也不能完全怪巴达礼,松锦之战的惨烈是清军从未遇到的,损失空前惨重。朝鲜文献记载,当时前线死伤惨重的消息传来,沈阳城全城人抱头痛哭。战斗关键时刻,皇太极的最爱宸妃海兰珠病重,皇太极竟然置军国大事不顾,自己连夜返回沈阳。如果真该治罪,皇太极是否罪过更大?毕竟巴达礼只是怯战,并没逃回家。当然皇太极的罪是没人敢问的,而巴达礼的罪是一定有的。清廷的臣子们认为应该削去他的亲王爵位,撤掉其附属的官职。皇太极认为,土谢图亲王的爵位,本来就不是巴达礼的功劳获得的,是因为奥巴的首先归附,议定的惩罚太重了。皇太极从宽处理,巴达礼只被罚没100匹马。在清朝的官方典籍中,经常有这样的议罪程序。这其实是清朝皇帝惯用的伎俩。大臣们获罪了,让有关部门讨论惩处方案,这些部门官员一般都定罪非常重,远远超出应受惩罚,犯罪大臣吓得半死。而皇帝最后拍板的时候,减轻惩戒,再按照应该的罪过惩处。皇帝与有关部门唱双簧,实际该是什么罪就是什么罪,可是在这一重一轻之间,皇帝不付出任何成本,却让大臣顿感皇恩浩荡,对皇帝感激涕零。

顺治三年(1646年),巴达礼跟随多尔衮追击苏尼特部叛逃的腾机思,大胜喀尔喀军。康熙十年(1671年),巴达礼病逝。其长子巴雅斯呼朗袭位。巴雅斯呼朗于顺治三年娶固伦崇康公主为妻,被授予固伦额驸。此后,土谢图亲王一直由奥巴子孙世袭直至清末。

自作聪明——多罗贝勒沙律

　　奥巴之孙，巴达礼次子沙律是个有野心、会打仗的人物。按理说沙律是次子，继承土谢图亲王之位的机会渺茫，但是他成功了，可最终失败了。起初，沙律承蒙皇恩与郡主成婚，被授予和硕额驸，比起他的兄长巴雅斯呼朗娶公主为妻，又差了一个档次。康熙十四年（1675年），察哈尔部的布尔尼叛清，清廷命令沙律带兵协助清军平叛。当时清军主力已经调到南方平定三藩之乱，对阵布尔尼的清军正规军不多，清廷被迫武装了大量八旗家奴，这样的军队战斗力如何不好判断。或许小聪明的作用，沙律最初选择了静观其变，没有按照约定的时间赶到军队会合地点，因此并未参加关键的达禄之战。布尔尼被清军击败后，局势明朗，立功的时刻到了，沙律也更加积极起来，迅速带兵追

沙　律

至扎鲁特境内，列阵于贵勒苏台。此时，布尔尼及其弟罗卜藏正藏在山后，听说是沙律的军队到了，布尔尼派罗卜藏的妻子，乞求沙律放过他们。罗卜藏的妻子是沙律的亲妹妹。沙律留下妹妹，继续围捕。乱军中，布尔尼逃跑了，沙律抓住了罗卜藏。沙律对罗卜藏说，你如果想乞求活命，就把你哥骗来，并派遣30个骑兵一起去。途中罗卜藏，偷偷派属下布达礼向布尔尼报信，自己也准备逃跑。沙律派遣的30人中，有个叫孟克的骑兵得到这个消息，追赶罗卜藏报信之人，被罗卜藏刺死。沙律非常愤怒，亲自去杀死了自己的妹夫罗卜藏及报信的布达礼，趁着夜色追击布尔尼，天亮的时候追上。布尔尼手下有12个骑兵，死战保护主人，都被射死。战斗结束后布尔尼被斩首，与其弟罗卜藏的头颅，都被沙律放在盒子里，献给了康熙帝。

上文是清廷钦定的《蒙古回部王公表传》中的记载。其中有个可疑的地方，就是如果罗卜藏被擒之后，被迫带路去寻找自己的哥哥布尔尼这一环节。如果罗卜藏真心想提前密告布尔尼，也不该将布尔尼正确的藏身地点透漏给沙律。沙律能迅速地追踪并斩杀布尔尼，说明已经知道了布尔尼真正的藏身地。所以，沙律可能欺骗了罗卜藏，通过罗卜藏得到布尔尼的准确位置后，便杀死了罗卜藏。沙律为什么要这么做呢？因为罗卜藏毕竟是自己的妹夫，谋反可是诛九族的大罪。加上沙律在初期的战斗中，误过了参加关键性的战斗——达禄之战，这很可能引起清廷的猜疑。此时，大义灭亲，不但可以切断与罗卜藏的关系，还能立功。清廷也的确重赏了沙律，他被晋封为多罗贝勒，世袭罔替。

沙律的好运还未结束。康熙二十七年（1688 年），因为巴雅斯呼朗长子阿喇善比较懒，害怕辛苦，不按照清廷的规定时间参加北京的年班，引起了清廷的不满，削掉了他的王位，由他的二叔沙律袭亲王位。清廷将沙律的贝勒和亲王两个爵位合二为一，不另外袭贝勒之爵。康熙二十九年（1690 年），沙律跟随清廷理藩院尚书阿喇尼参加了迎击噶尔丹的乌尔河之战。战败后，他又参加了乌兰布通之战。噶尔丹撤退，沙律再三请求清军主帅裕亲王福全同意他带兵追击，福全认为噶尔丹会自己投降，遂命令他不准追击。康熙三十年（1691 年），多伦会盟，沙律带头与内蒙古四十九旗的王公贝勒请求给康熙帝上尊号，未获同意。但沙律的行动让康熙帝看到了他的忠心，他获得了大量金钱、服装的赏赐。

乌兰布通之战后，沙律虽然奉命停止追击，但他却想私下用兵继续行动，于是派鄂齐尔引诱噶尔丹停止逃跑。这一消息被黑龙江将军萨布素获得，密奏沙律有异心。之后不久，乌拉特旗佐领毕里克图去噶尔丹军营，遇到科尔沁的使臣，于是将使臣请入帐内饮酒。使臣喝醉后，将噶尔丹给沙律的信给毕里克图看，信里噶尔丹引诱沙律归顺他，于是毕里克图将这封信偷走，连同自己的奏折，一起献给康熙帝。康熙帝没有立即表态，留中不发。康熙三十一年（1692年），康熙帝召见沙律，问他："过去你派鄂齐尔去噶尔丹处，黑龙江将军萨布素密奏你有异心。现在又有人密报，噶尔丹给你写信，劝你归降。朕认为科尔沁部自太祖、太宗时就归附了，两家联姻又有多年，想来你必无此意，朕没有太多的怀疑。"沙律说："臣世受隆恩，没有归附贼人的道理，臣的本意是想将噶尔丹诱骗而来,所以才派使臣与他联系。"

史书记载,这应该是沙律自我开托的理由。稍加分析,这样的理由很难成立。中国古代王朝的禁令之一,就是作为臣子,不能私下联系外国,甚至连本国的藩王都不能随便联系。道光时期,平定张格尔叛乱的大将军长龄,私下接受了回部送来的一盘葡萄,都被道光帝公开斥责。沙律所联系的可是清廷凶险的敌人,这样私下的联系,更加敏感。如果沙律真想引诱噶尔丹,程序上也应该事先奏报康熙帝,获得准许后再做安排。所以无论如何,沙律都犯了大忌。康熙帝的杰出之处在于将计就计,假装相信了沙律这些鬼话,表现得很高兴,还给他奖励。康熙三十三年(1694 年),康熙帝认为沙律的贝勒爵位是因为战功获得的,不应该取消,于是让其子阿必达袭贝勒,自为一袭。以此,让沙律彻底放心。

康熙三十四年(1695 年),康熙帝利用沙律的时机成熟了。他秘密派遣沙律的使臣鄂齐尔带着沙律的书信,游说噶尔丹。信里说:"我们科尔沁十旗,都同意归附你了,你可以前来,我们从当地来接应你。"在当时的物质条件下,劳师远征蒙古草原是比较艰难的。于是康熙帝准备将噶尔丹引诱至比较近的地方,并亲自带领大军,雷霆一击,将其一举消灭。

康熙三十五年(1696 年),噶尔丹得到书信,以为科尔沁十旗真要归附自己,需要派兵接应。于是他带着自己最后的精锐军队,沿着克鲁伦河向东而来。康熙帝派沙律在巴尔岱哈山驻军一万,引诱噶尔丹,为了防止意外,康熙帝还派自己的妹夫达尔罕亲王班第、亲信侍郎西拉陪同沙律驻兵。由此才有了清廷与噶尔丹的最后一战——昭莫多之战,这一战清军彻底击垮了噶尔丹。按理说沙律为清廷又立下奇功一件,但康熙帝并未对他进行特别的封赏。值得玩味的是康熙四十一年(1702 年),康熙帝此时仍然记得沙律私下联系敌人,还花言巧语蒙骗自己的事情。现在噶尔丹已经被彻底消灭,沙律的作用也消失了,是该算总账的时候了。于是沙律的亲王爵位被废黜,借口令人可笑,居然是他的小妾僭越使用仪仗。比较前文提到的沙律之父巴达礼,松山大战,两军交锋之际,巴达礼畏缩不前,如此大罪,才被罚了 100 匹马,康熙帝的用心可见一斑。此后,沙律的后人只袭贝勒一爵位,直至清末。

参考文献：

［1］清太祖实录［M］.北京:中华书局,2012.

［2］清太宗实录［M］.北京:中华书局,2012.

［3］满文老档［M］.中国第一历史档案馆,中国社会科学院历史研究所译.北京:中华书局,
1990.

［4］土谢图亲王奥巴传［M］∥钦定外藩蒙古回部王公表传:卷十七.台北:台湾商务印书馆,
1986.

奈何奈何——业喜海顺

业喜海顺是第十六代土谢图亲王色旺诺尔布桑的儿子。他在很小的时候便被送入科尔沁右翼中旗的莫桑格根庙做了小喇嘛。明末以来,喇嘛教的格鲁派逐渐成为蒙古人全民族的宗教,经过三百年的浸染,很多蒙古人自愿成为佛的弟子,甚至清廷一度禁止蒙古贵族出家为僧,但仍然挡不住蒙古贵族们向往喇嘛教的心理驱使。如果按照正常的发展轨迹,小业喜海顺会伴随着青灯古佛度过一生。因为他的父亲正值壮年,身边有众多的妻妾,应该会有更多的孩子。实在没有男丁,也可能收养近亲的男孩继承王位,毕竟理论上,出家人已经与红尘的琐事无缘了。

然而一件突如其来的事情改变了业喜海顺的一生。光绪二十七年(1901年),土谢图亲王色旺诺尔布桑被自己的家奴枪杀。为什么色旺诺尔布桑会有这样的下场?这是他贪财好名、残暴成性的下场。为了满足自己的奢侈生活,色旺诺尔布桑对住宅的要求非常高,醴泉的旧宅不断进行着装修、拓展园林,建造亭台楼阁,遍寻奇花异草、木竹怪石等耗费大量财力、人力的活动。室内的家具陈设也要求多用洋货。这些东西,当地没有,需要专门从北京、天津等地运来,路途遥远、曲折难行、运费高昂,花销极其庞大。色旺诺尔布桑还好名,为了满足自己的虚荣心,每次进京都向清廷捐献白银20万两,加上自己在京的花销,所耗白银达几十万两之巨。相应地他获得了光绪皇帝赐予的"在神武门外观瞻"、赏"穿黄马褂"、赏用"黄缰"、赏"戴三眼花翎"、"穿素貂褂"等特殊的荣誉。这些巨额花费,都是色旺诺尔布桑残酷压榨自己属下的旗民获得的。属下的旗民不但要忍受他超经济的剥削,还要受到他严酷的身体折磨,稍微有点小错,便被鞭打致死,或者关押在黑牢里受尽折磨而亡。对于这样一个王爷,旗民和属下无不对之恨之入骨。光绪二十七年(1901年)三月初三,土谢图亲王王府的士兵、侍从发动起义。该月二十五日,色旺诺尔布桑逃至莫桑格根庙,被愤怒的群众捕获,枪杀,并制造了自缢的假象。史料没有记载业喜海顺当时的情况,在自己的召庙旁,父亲被杀业喜海顺应该是目击者,至少第一时间获得了消息。

经历此次事变后,光绪二十八年(1902年),清廷任命只有12岁的业喜海顺成为第15位土谢图亲王,也是最后一位。虽然做了亲王,业喜海顺没有立刻还俗,仍然在庙里当喇嘛。因为作为全民族的宗教,王爷家不仅要拥有世俗的权力,还要掌握宗教的主导权。而喇嘛庙也不是一般人所认为的只是念经的地方。在蒙古地区没有学校的情况下,喇嘛庙可以给予蒙古人一些基本的文化教育,业喜海顺在庙里学会了读书习字,精通了蒙古文与藏文。

然而,本该帮助小王爷管理札萨克旗行政的官员们,趁主人不在,大把捞钱。他们还在北京、沈阳、郑家屯等城镇,经营商店,开办客栈、饭庄、酒局,大发横财。为了获得持久的经济利益,他们勾结喀喇沁旗人张宪廷,伪造证件,甚至想自己另外拥立一个新王爷。为了获得清廷的认可,他们大肆行贿各级官员。年幼的业喜海顺为了保住亲王的爵位,也被迫加入到纷繁的案件中,不断地行贿。最终王位虽然保住了,但业喜海顺耗费了白银4万两。因为没有这么多现银,业喜海顺不得不将自己旗里的良田变卖筹钱。

终于等到光绪三十四年(1908年),业喜海顺年满18岁,开始正式履行王爷的职权,逐渐显示了他出众的管理才能。首先,他进行王府行政机构的变革。当时,王府建制设两个衙门,即西衙门和东衙门。西衙门执全旗行政、司法,东衙门执王府内务。业喜海顺任命了新的官员,明确各自的分工和职责。严令东西衙门的长史、梅林、晓骑校、管领,都必须忠于职守、按部就班。仓储米面、庭院洒扫、沏茶端水以及牛羊放牧、鸡鸭饲养的各类役夫使女,要各尽其责。王府工作被安排得井井有条,不管是处理旗务大政还是旗民的大事小情,都可得到及时有效的处理。业喜海顺一番苦心经营,为其施政提供了组织保障。

励志进取

业喜海顺虽然从小接受的是喇嘛教的教育,但还是努力想有一番作为。他的主要成就是在教育和经济方面的建树。

清末新鲜的西方思想已经开始传入中国。业喜海顺开始意识到教育的重要性。宣统三年(1911年),他办起了科右中旗的第一所学校——王府公塾,有学生40人。业喜海顺聘请喀喇沁中旗汉人张永发为塾师,教授蒙古文十二字头及蒙汉文三字经、千字文、四书五经等书。这些经书和蒙学教本,被译成满、蒙古、汉三体合璧文字或蒙汉二体合璧文字,在旗内推广教授。办学初期,困难重重,几经周折,业喜海顺勉力前行。

到1928年前后,该旗教学工作已初见成效。不仅培养出一批人才,而且还往沈阳蒙旗师范学校派去十几名学生,以培养本地的师资人才,方便日后开展更大规模的办学活动。对于派出学习的学生,业喜海顺还给予优厚的生活补助,每名学员每年可得到旗政当局资助的40两白银助学金,直至"九一八"事变,这些学生被迫全部辍学。

张永发精通满、蒙古、汉文。业喜海顺对他非常敬重,从不直呼其名,而称其为老师。张永发经常和业喜海顺同桌吃饭,出门骑王爷的马,坐王爷的车,闲暇时则同业喜海顺谈论古今政务得失;趣闻逸事,两人关系十分密切。于是王府下属的官员和其他贵族都学着业喜海顺的样子格外敬重张永发。

起初,张永发是独身应聘来科右中旗执教,每年放寒假都要回喀喇沁旗探亲。后来,业喜海顺觉得张永发往返艰难,妻室无人照料,就与其商定可将家室迁来。商定之后,张永发去信,让他长子先来看地方,不料儿子途经开鲁时患麻疹病死,时年37岁。在奔丧中,张永发按王爷旨意,将其子安葬在西尔根屯北山脚下,之后把全家迁来,结果不等安置就绪,张永发本人也突然逝世。僚属们根据业喜海顺的吩咐,将他的家人安置在西好老屯。张永发的妻子整日哭泣,说无心在此地生活。业喜海顺得知曾亲自到她家劝说,最后拜其为母,承诺保证她家一家人的生活。张老师有妻子、儿媳、3个孤孙、3个孤女,共8口人,都靠业喜海顺供给生活。每逢年节,王府下人都会带上米、面、肉去探望。业喜海顺死后,又传至其子萨喜雅扎卜,直供养到其儿女长大自立,其妻73岁死去。

随着教学的不断扩大,学生数量、校舍条件愈加不相适应。业喜海顺从眺南、突泉、瞻榆等地聘来几位汉文老师,盖了新校舍,广收旗内儿童,人数最多时达百余名。没想到好事多磨,一年旧历三月的某一天夜里,来了一群土匪,不仅抢走一些学生的衣物和行李,还把一名从眺南请来的周老师抓走。自从学校被劫,学生都被吓跑,老师不能讲课,闹得人心惶惶。业喜海顺不得不采取措施,在校舍周围打了高高的院墙,四角修建了炮台,并设兵常驻,这才安定了人心,学生陆续返校就读。

为了发展科右中旗的经济,业喜海顺着手减少蒙汉之间的民族隔阂,不仅鼓励旗民与汉人广汇接触,同时允许蒙人与汉人进行商品交换,鼓励蒙人学习汉人较为先进的生产生活技能。过去汉人移民如果想长住该地,必须要遵守"依蒙族、习蒙语、行蒙俗、垦蒙荒、入蒙籍、娶蒙妻、为蒙僧,否则不容其自撑门户"的规矩。业喜海顺逐步取缔了阻碍民族间交流的政策,逐渐放宽移民,以赌税、租金、易贷等方式进行调控,既方便移民的管理,还获得了可观的经济收益。业喜海顺对兴办工业表现出浓厚的兴趣,在他执政之前,科右中旗没有工业。他执政以后,随着汉人的大量涌入,各种手工业、修理业、加工业随之兴旺起来。这一变革,给汉民提供了更加便利的经济环境,为蒙民则提供了牲畜及副产品的流通渠道。

1913年,一个叫李振的辽宁朝阳人,定居在高力板,专做金银首饰、烟具酒具、车马鞍具等,或换钱粮柴草,或换皮毛畜产。买卖愈来愈兴隆,铺子不断扩大,遂将其弟及亲属相继接来,并招收徒工,成为拥有十几人的小企业。由于这一带农业开发初具规模,生产力发展较快,储存的粮食不断增加,李振便开始了兴办烧锅酒之路,并很快取得成功,成为年产烧酒3000斤左右的小工厂。

此事引起了业喜海顺的兴趣。1916年,业喜海顺以叶剑泉为代名,与大地主子金财、洮南商人陈永清、锦州的一个姓彭的商人商定,由一位叫张连全的人出面,与李振洽商合股兴办酒业、扩大酒业经营等事宜。1916年秋,烧锅正式启动,取名"公庆成"烧锅。这是科尔沁草原上最早的酿造业。由于业喜海顺暗中以叶剑泉为化名支持公庆成烧锅,企业规模日益扩大,实力不断增强。后来公庆成烧锅分设了"公庆成"丝房,兼营丝绸布匹、日用百货及烧酒,生意蒸蒸日上。

业喜海顺还非常注重发展草原畜牧业。当时蒙民拥有骆驼 91 头、马 6816 匹、牛 9535 头、羊 14565 只,加上醴泉汉民经营的,大小牲畜总头数 5400 余头只。而在全旗境内,宜于游牧之地,不下万余方里。业喜海顺采取官办和商办牧场的方针,使该旗畜牧业繁荣发展。截至 1919 年,全旗含大小畜总头数 81000 多头只。畜牧业的发展也给种植业提供了容量较大的市场,高粱、大豆、谷子等农作物产量达到 24 万石。牲畜通过民间渠道,销往俄罗斯和日本,皮毛等畜产品,远销洮南、辽源等地。

荣辱之间

正当业喜海顺热火朝天地建设科右中旗的同时,中国大地的政治局势发生了巨大的动荡。1912 年,辛亥革命爆发,清帝退位,清朝灭亡了。这深深地震撼了业喜海顺。他是清朝册封世袭罔替的亲王,清廷给予他的家族众多的恩惠。他的妻子就是清肃亲王善耆的四女儿金显孟珍。清朝崩溃了,自己的荣华富贵是不是也走到头了?纷乱的时局下,业喜海顺观望局势的变化。外蒙古的活佛哲布尊丹巴利用这段混乱的形式,发起独立运动,向内蒙古的各个王公发出了邀请和檄文。科尔沁郡王乌泰响应邀请,发动了叛乱。业喜海顺暗中支持了乌泰,但没有全力投入该次叛乱。这次他算对了,沙俄、外蒙古一个援兵也没来,乌泰的叛乱迅速被吴俊升平定。乌泰被迫亡命外蒙古,过了

善 耆

(1866—1922 年)

两年寄人篱下的生活,实在混不下去,于 1915 年亲自带着儿子去北京悔过,5 年

后客死北京。1920 年，为了寻求庇护，业喜海顺认东北奉系军阀张作霖为义父。

民国建立后，政治局势并没有真正稳定下来，却朝着日益混乱的方向发展。国内军阀混战，国外日本对中国虎视眈眈。业喜海顺这次没有继续观望，而是逐渐倒向了日本。1926 年开始，日本帝国主义开始向科右中旗派遣特务，私下联络业喜海顺。业喜海顺对日本人的最初印象不错，认为日本人科技先进，对自己和善，便与满铁日本大特务菊竹稻藏关系日益亲密。菊竹早年从大阪外语学校毕业，精通蒙古语，是一个蒙古通，对东蒙古地区的风土人情、宗教信仰、行政组织都了如指掌。他担任郑家屯满铁公所所长后，利用贷款、免票等手段大肆拉拢蒙古上层。

业喜海顺投靠日本还有一个重要的原因，就是他岳父肃亲王善耆的关系。善耆的七子金壁东、八子金宪真、十四女金壁辉及其丈夫甘珠扎布，与满铁机构的日本人义田、山良、菊竹关系甚密，于是纷纷加入日本侵略者的阵营。正因为他们是业喜海顺的小舅子、小姨子、连襟这样的至亲，所以日本人利用这层关系拉拢业喜海顺投向日本。值得一提的是，金壁辉就是历史上大名鼎鼎的川岛芳子。从此，业喜海顺将自己的政治抱负全部寄托于日本人身上，在错误的道路上越走越远。

1931 年 12 月，"九一八"事变后，日本人菊竹稻藏在郑家屯召开了关系东蒙命运的一个重要会议。菊竹召集众多东蒙古王公参加会议，人员包括：土谢图亲王业喜海顺、呼伦贝尔公爷凌升、苏鄂公旗辅国公寿明等蒙古上层人物。菊竹稻藏在会议上声称：要保护蒙古王公的特殊权益，使他们有自己的政权，有自己的军队，有自己的文化教育和宗教信仰，即为了体现蒙古复兴精神，日本人要帮助蒙古人在各方面有较快的发展等。业喜海顺在会上公开表示赞成日本的满蒙政策，愿意和日本合作。

1933 年，日本人为了表彰业喜海顺对建

凌　升
（1866—1936 年）

立伪满洲国的功绩,任命他为伪兴安南省第一任省长。日本天皇授予他一枚三等旭日勋章。业喜海顺在任伪省长之初,很是用心,在他辖区的各个旗县普遍建立"自卫队"和警察署,镇压爱国人士,扫荡抗日义勇军,他的辖区被日军夸奖为治安良好的省份。

三等旭日勋章

随着时间的增加,日本人开始调整对蒙政策,废除了蒙旗制度,实行"蒙地奉上",这严重损害了王公利益。最初伪政府机构中有大量任职的蒙古人,后逐渐被日本人替换。日本人专横跋扈,胡作非为。业喜海顺虽贵为省长,却没有实权,甚至连自己的安全都不敢保证,乃至需要专门从科右中旗调去15名士兵作为自己的贴身警卫。业喜海顺对日本人越来越失望,郁闷的心情不断地累积,终于爆发了。在一次宴会上,业喜海顺喝醉了,便向一个日本人发泄说:"哎呀,如果我早知道你们日本人是这样,当初就不该为你们卖命!"这句话也许仅是业喜海顺酒后一种情绪的宣泄,可是立即引起日本人的高度警惕。从此,他受到日本人的秘密监视。业喜海顺察觉后,日夜不安,双方的矛盾越来越大。1935年的除夕之夜,业喜海顺借住在陈公馆。陈家人在烧香叩头、祭祀祖先之后,燃放鞭炮向祖先致敬,宣告新年的来临。本来是件循例喜庆的事情,但此时的业喜海顺已是惊弓之鸟。陈家人燃放鞭炮的声音使他误认为是枪声,便怀疑有人要谋害他,于是他立即拿起手枪,连连对空鸣枪。陈家人大惊,紧急通知了日本宪兵队。业喜海顺的警卫长毛伦梅林和仆人晋日古春都被抓走。业喜海顺得知因为误会把事情闹大了,便委托自己的妹夫伪兴安军管区司令甘珠扎布到处求情放人。在甘珠扎布的帮忙下,初一上午人便被放了回来。可是这件事给了日军一个很好的借口。几天后,日军以"无故鸣枪,威吓下属"的罪名,免去了业喜海顺的省长之职。

对于业喜海顺的这次丢官还有一种说法。业喜海顺的公馆被安排在县长高某的一处宅院。1933年正月初一,房主高县长回业喜海顺居住的宅院内设的家族堂庙祭祖。业喜海顺公馆门前的警卫,将高县长一行阻拦在大门外,不准入院。高县长及随从想强行入内,与门卫争吵起来。门卫朝天鸣枪警告,高县长的随从也鸣枪示威,后院的业喜海顺听到枪声,问清缘故,大怒,拔枪朝大门方向开了两枪,当时并无伤亡。高县长无奈,只好在大门外放鞭炮祭祖。开始的枪声和后来的鞭炮声混在一起,高县长心怀不满驱车到日本宪兵队和满铁公所告状,谎报业喜海顺无故开枪,欺压良民。日本宪兵队不经调查,就到业喜海顺公馆问罪,并抓走了一名仆人、一名家乡来拜年的亲戚,后经业喜海顺和省公署的官员到宪兵队陈述情况,才不了了之。业喜海顺一气之下,长时间没去上班,日本人以此为由,将业喜海顺伪兴安南省省长的职务革除。

业喜海顺异常的举动引起了日本人对在伪政府任职的蒙古上层人物的怀疑。此后不久,日本人开始大肆清洗伪政府机构中的蒙古人。1936 年 3 月 27 日,伪兴安北省省长凌升、其姐夫伪兴安北省警务厅厅长春德、其胞弟伪兴安北省警备军上校参谋福龄,以及伪兴安北省公署秘书官华林太等,都被日本关东军逮捕,并由日本关东军组织军法公审执行处决,接着伪兴安总署总长齐默特色木玉勒也被撤职。

业喜海顺为了避祸,带着家眷逃去旅顺,投奔自己的岳父善耆。等到风声过去之后,他才终于返回自己的科右中旗。此时,科右中旗已经完全掌握在日本人的控制之下。没想到业喜海顺刚刚回到代钦塔拉王府,便有噩耗传来,自己的妻子金显孟珍煤气中毒死在北京。金显孟珍与业喜海顺情感甚好,在他风风雨雨的生活中,对他一直不离不弃。这次离别,她本来要回北京娘家,一则探亲,二则为业喜海顺的政治前途奔走,没想到竟成永别。仕途上的坎坷,结发妻子的匆匆离世,让业喜海顺陷入巨大的痛苦中,进而看透世情,从此立誓:"终身不谋政、不另娶,只求在本旗得到生活保证。"这个誓言一直坚持到 1944 年,业喜海顺凄凉地病死在王府,终年 54 岁。

据说业喜海顺的病很怪,主要症状是全身长了烟袋锅大小的红疙瘩,脓血流淌不止。得病期间,他的儿子萨喜雅扎布正巧去巴林旗探望岳父母。可怜王爷临终前身边竟然没有一位至亲。业喜海顺去世前,他的仆人乌力吉把拌红糖的大米肉粥轻轻地用匙送到他嘴边,业喜海顺用尽最后的力气说:"这点肉粥给你吃吧。"乌力吉刚把饭收拾起来,业喜海顺就咽气了。

由于业喜海顺死得突然,加之此时的家境也大不如前,棺材、后事均无准备。仆人们只好到处求人。公庆成烧锅副经理苏番甫感念王爷生前对发展烧锅的鼎力资助之情,将为自己准备的上等寿材转让给王爷,并由公庆成、德瑞堂、仁和长、周发兴等几大家集资,托著名果子匠张殿奎将之制作成质量高、花样新的供果,然后雇了一名叫三喇嘛的单身汉从高力板挑着送到代钦塔拉。在众人的帮助下,业喜海顺才算体面地告别了这个世界。业喜海顺的离世,也宣告了土谢图亲王的终结。

参考文献:

[1]李絮白.业喜海顺科尔沁右翼中旗末代札萨克记事[M]//中国人民政治协商会议,内蒙古自治区委员会文史资料委员会编.内蒙古文史资料第44辑.呼和浩特:内蒙古人民出版社,1989.

[2]那彦满都."参加郑家屯会议"的回忆[M]//中国人民政治协商会议,内蒙古自治区委员会文史资料委员会编.内蒙古文史资料第16辑.呼和浩特:内蒙古人民出版社,1989.

[3]青松.简述色旺诺尔布桑保亲王"自缢"之谜[J].内蒙古民族大学学报(社科版),2013年第5期.

[4]据查干、萨哈雅等回忆文章及有关资料整理.伪满兴安南省省长业喜海顺被革职一事[M]//中国人民政治协商会议,内蒙古自治区委员会文史资料委员会编.内蒙古文史资料第34辑.呼和浩特:内蒙古人民出版社,1989.

成功典范——和硕达尔罕亲王满珠习礼

满珠习礼

（? —1665 年）

满珠习礼是清前期科尔沁部最有权势的王爷。他的爵位全称比较长，叫作札萨克、和硕、达尔罕、巴图鲁亲王。札萨克是执政的意思，一般是指掌管一个蒙古旗的行政权，满珠习礼家族拥有主管科尔沁左翼中旗的权力。和硕是满语管理一方的意思，一般的亲王都会叫作和硕亲王。达尔罕大约是突厥语，早期的意思是一国之首领，有很大的自主权，只有重要的功臣和亲族才有机会获得。成吉思汗封功臣为"达尔罕"，有九次犯罪不罚的记载。明代蒙古诸部授予达尔罕称号的蒙古贵族，可以免除赋税和劳役，在举行各种典礼时，座次也在同等职位人的前面。巴图鲁则是满语勇士的意思。

满珠习礼是土谢图汗奥巴的堂弟。"都喇靳诺颜"鲁祖纳穆赛是满珠习礼的曾祖父，他的祖父是莽古斯，父亲是寨桑。满珠习礼的位置有点尴尬，论出身，他是贵族，但不如奥巴那样生下来就是科尔沁部的首领继承人；论关系，他是孝庄太后的哥哥，可是他前面还有大哥吴克善,二哥察罕,三哥索诺木,有好事要先轮哥哥们。为了弥补这些不足,满珠习礼需要自己更多的努力奋斗,他是科尔沁三亲王中最小心谨慎地侍奉清廷的王爷,也是战功最多的,可惜他却是封亲王最晚的。崇德元年(1636 年)满珠习礼被封为郡王,顺治十六年(1659 年)才被封为亲王。上天是公平的,虽然封王晚,但满珠习礼在科尔沁三亲王中权力最大,后代子孙也最有出息。

天聪二年(1628 年),皇太极亲自出征察哈尔,征发所属的蒙古各部落的兵马,只有满珠习礼带兵前来。之所以如此,是因为此时的满洲政权还不是足够强大,虽然一些蒙古部落归附它,但二者仍没有严格的君臣关系,更类似于联盟的关系。努尔哈赤健在时,还有一定的威信。皇太极刚刚即位,而且此时皇太极的皇位是被大家推举的,与代善、阿敏、莽古尔泰三大贝勒,并坐朝位,权威有限。满洲皇帝这样的情况,自然使他对蒙古诸部的影响力下降。绝大多数的蒙古王公的态度暧昧,阳奉阴违,科尔沁部首领土谢图汗奥巴带头不听皇太极的命令。满珠习礼的三哥索诺木,皇太极想拉拢他,把女儿嫁给他。索诺木居然只派了一个最下等的奴仆,带着一点粗劣的礼物来提亲。这让皇太极大发雷霆,让人将索诺木的奴仆痛打一顿,赶了回去。皇太极即位后第一次进军察哈尔,是他最孤立最需要支持的时候,满珠习礼是唯一带兵前来的蒙古王公。满珠习礼与皇太极会合后,勇敢攻击察哈尔军,奋力拼杀,大败察哈尔部军,还将所俘获的人口、财物献给皇太极。对于这样雪中送炭的支持,皇太极自然铭记在心,赐号满珠习礼"达尔罕巴图鲁",赐给他众多牲畜与金钱。此后,满珠习礼一直是清廷忠诚的臣子。

天聪六年(1632 年),满珠习礼跟随满洲军队出征明朝大同、宣化等地。天聪八年(1634 年),满珠习礼带领土谢图济农巴达礼跟随满洲军出征明朝,攻入上方堡,在大同捕获明军哨兵 10 人、马 40 匹,攻克城堡 6 座。崇德元年(1636 年),皇太极封满珠习礼为札萨克多罗巴图鲁郡王,诏令世袭罔替。这次册封对满珠习礼有些不公平。论忠诚,比战功,满珠习礼都比皇太极册封的三个亲王强。可是奥巴是科尔沁部老大,额哲是林丹汗的嫡长子,他们的爹好;而吴克善是自己的大哥,占据了生得早的便利。满珠习礼没有气馁,继续自己的奋斗,几乎参加了清廷的每一次重大战役。崇德二年(1637 年),满珠习礼跟随尼堪由朝鲜征讨瓦尔喀部,在吉木海击败平壤巡抚安州总兵及安边道援兵。崇德三年

（1638 年），满珠习礼再次攻入明朝边境，由义州进围中后所。崇德六年（1641年），满珠习礼与吴克善一起护卫皇太极进攻明朝，参加了著名的杏山、高桥之战，取得了明清决战——松山大战的胜利，回军后得到众多的赏赐。崇德八年（1643 年），满珠习礼派属下苏们得里跟随护军统领阿尔津等人，会剿黑龙江诸部。顺治三年（1646 年）五月，因为苏尼特部腾机思叛逃喀尔喀蒙古，满珠习礼跟随豫亲王多铎带兵讨伐。腾机思的叛逃，得到了喀尔喀蒙古军队的接应。七月，满珠习礼带兵由盈阿尔察克山绕出，包围敌营，喀尔喀蒙古军大惊，仓皇而逃，满珠习礼带着副都统明安达礼追击敌人，一直追击到鄂特克山，缴获大量弓弩。不久，满珠习礼再次在扎济布拉克大败喀尔喀蒙古土谢图汗、车臣汗援兵。顺治九年（1652 年），顺治帝奖励战功，满珠习礼再次获得"达尔罕"的称号。

顺治十六年（1659 年），满珠习礼功劳和关系都积累得差不多了，晋封亲王的时机成熟了。可没想到横生枝节，就在这一年，顺治帝下旨，召见卓里克图亲王吴克善和达尔罕郡王满珠习礼。此时，满珠习礼的妻子刚刚病逝，两个小孙子也病逝了，其他的儿子染了病，自己身体也中风。接连的不幸，对满珠习礼而言是精神和身体上的双重惨重打击，于是他上奏清廷请求免于朝觐。本来满珠习礼的情况的确特殊，完全可以接受。可是恰好赶上满珠习礼的大哥吴克善故意不朝觐。顺治帝认为这两个亲舅舅的行为很不给自己面子，授意理藩院立即上奏弹劾二王。理藩院上奏："皇上本来想加深亲人之间的感情，没想到吴克善、满珠习礼，奉诏不即至，反而借故推脱，非常不合理。应该催促他们立即来京，严厉地讨论惩处的办法。"顺治帝让议政王贝勒大臣会议讨论惩处二人的方案。满珠习礼在北京耳目众多，方案还未最终确定，他就在千里之外获得这个消息，顿时大惊失色，立即披星戴月、千里飞驰到北京请罪。对此，顺治帝的一道圣旨让他更加痛苦："因为你是朕亲近的人，所以才召见你。你是皇太后的亲兄，又曾经屡立战功，所以本想晋封你为亲王。现在你竟然寻找种种借口，不遵圣旨，藐视朕躬，干扰国法。朝见与否，任从己便，难道是朕对你的照顾有不周到的地方？本来让王公大臣们讨论惩处你的方案，现在你既然星夜赶来，亲自认罪，朕就不追究你的罪过了。但是本来要晋封你为亲王的，现在也停止吧。"满珠习礼奋斗这么多年，亲王的爵位就这样错过了，他当时的心境可想而知。

幸运的是有惊无险,顺治帝只是要给满珠习礼一点颜色看看,在看到自己的帝王威严得到充分体现后,还是宽恕了自己的舅舅。几个月后清廷终于下旨:"郡王满珠习礼,从太宗文皇帝时,就建立了重大的功绩,最近又击败了喀尔喀蒙古,拥有显著的功绩。而且是皇太后的亲哥哥,因此晋封为和硕达尔罕巴图鲁亲王。"经过几十年的奋斗,满珠习礼终于如愿以偿。顺治十七年(1660年),理藩院认为,满珠习礼为郡王的时候,俸禄和恩赐的物品财物比其他郡王都多,现在既然晋封为亲王,应该和土谢图、卓里克图二亲王看齐,比其他亲王的俸禄要高,赏赐更多。这项提议获得了顺治帝的同意。

康熙四年(1665年),满珠习礼去世。其长子和塔袭王位,只袭札萨克和硕达尔罕亲王,停止袭"巴图鲁"的称号。康熙帝和乾隆帝都曾经亲自去满珠习礼的陵墓祭拜。满珠习礼后代子孙与清廷皇族的婚姻关系非常密切,独冠蒙古。达尔罕亲王一系一直传到清末,成为科尔沁三亲王中最有权势的王爷。达尔罕亲王一般主管科尔沁左翼中旗管旗札萨克、哲里木盟盟长。十二代达尔罕亲王,有七代被授予哲里木盟盟长的职位。

参考文献:

[1]钦定外藩蒙古回部王公表传(卷十八)[M].台北:台湾商务印书馆,1986.

[2]清世祖实录[M].北京:中华书局,2012.

[3]清圣祖实录[M].北京:中华书局,2012.

关键抉择——那木济勒色楞

那木济勒色楞晚年

（1879—1951 年）

那木济勒色楞（以下简称那王），生于光绪五年（1879 年）十二月三十日，是满珠习礼的第十代孙，第十二世和硕达尔罕亲王，也是最后一位。那木济勒色楞不同于前面的达尔罕亲王，因为时代的变化，他还有一个汉名是包乐康。那木济勒色楞出身富贵，可很小就失去了大多数人都拥有的幸福家庭，感受到了权力斗争的残酷。光绪十年（1884 年）九月，那木济勒色楞刚刚五周岁，他的父亲第十一世达尔罕亲王衮布旺济勒被亲人暗杀，造成骨肉相残的原因是权位的斗争。同年，那木济勒色楞作为唯一的儿子，继承了父亲的王位。因为他年纪太小，由本旗的卓里克图亲王济克登旺库尔以及额尔德尼毕力克图父子，先后代理科尔沁左翼中旗（以下简称科左中旗）的政务。

那王从小就获得了良好的教育，他不但在王府受过教育，而且还在北京的宫廷内读书。这样优越的教育条件，使他不但通晓蒙文、汉文，还学会了藏文和英文。同样，出色的教育背景，使那王在学识上超越很多蒙古贵族子弟，也使他的视野更加开阔，为他在此后激荡的政治风云中，每每做出理性的抉择打下了基础。光绪二十四年（1898 年），那王正式接管了科左中旗的一切权力。清廷历来重视达尔罕亲王一系子孙,在官职的升迁上也另眼相看。那王也不例外,光绪二十九年(1903年),他被任命为哲里木盟盟务帮办。光绪三十年(1904年),任御前行走。光绪三十二年(1906年)正月三十日,接任哲里木盟副盟长,宣统元年(1909年)那王升任盟长。中华民国成立后,袁世凯当了大总统,他承袭了清王朝对蒙古王公的笼络、羁縻的政策,于民国元年(1912年)八月,发布蒙古王公待遇九条,原封不动地保留了蒙古王公制度,并对支持共和的蒙古王公进行封赏。那木济勒色楞因是和硕达尔罕亲王,爵位已然最高,移封其长子包晓峰(林沁色鲁布)为辅国公。光绪二十八年(1902年)十二月十九日,慈禧太后指婚,那王与清克勒郡王之女四格格成婚,生有二男二女。有时历史就是这样的巧合,第一任达尔罕亲王和最后一任的妻子,都是清克勒郡王的女儿。

如果按照几百年来的既定程序,那王会逐步在仕途发展,顺利地度过一生,可那王所面临的是一个风云巨变的时代,这使那王的一生充满着曲折的变化。

那王的前半生是一个虔诚的喇嘛教信徒,每天手不离念珠,嘴不离经书。喇嘛教是他精神上的唯一寄托。他鼓励旗民出家当喇嘛,不惜重金修缮庙宇,定期举办佛事活动,使喇嘛教在全旗更为兴盛。鼎盛时期,全旗近三分之一的男人都当了喇嘛。那王对达赖、班禅极为崇拜。1927年,那王邀请九世班禅到科尔沁中旗唐格日克庙讲经。这成为当时一件轰动性事件。哲里木盟、锡林郭勒盟北部、昭乌达盟等地的蒙古贵族和成千上万的蒙古平民,不远千里云集而来,使唐格日克庙、惠封寺周围方圆十多里,布满了蒙古包。班禅行走时,前面有达尔罕王和温都尔王手持香火引路,沿途人民跪在路旁迎送。

九世班禅
(1883—1937年)

那王举办了这场内蒙古历史上规模最为宏大的佛事活动。当时举办这次活动的目的是为民众解除苦难,造福康乐。但实际上,不仅蒙古贵族朝拜者日出斗金,而且也使蒙古贫民受到了大量的经济损失。那王晚年,从自己一生信奉喇嘛教一无所得的痛苦经历中,深深意识到喇嘛教对蒙古民族的极大危害性。他再三告诫儿女们不要走父辈的老路，盲目地崇信宗教。

那王自己是喇嘛教徒，但重视教育，尤其是新式的教育。在他的努力下，科左中旗建立了一些新式的学堂。在此之前，科左中旗只有少量的私塾分布在民间，而其中大多数均为王公贵族所垄断，人民处于封闭落后状态。清末民初，那王鼓励本旗多办私塾。在私塾就读者，每人每月奖三块大洋。后来又将玻璃山南北丈放土地的收入作为办学基金，先后设立了三所官办小学，即设在本旗庄头屯的第一学校，设在沈阳小河沿达王府内的第二学校和设在辽源县郑家屯白市道的第三学校。这三所小学均招收蒙古族儿童。校长、教师都是那王用高薪从沈阳聘请来的。教科书采用上海中华书局编印的小学课本。这些学校连同以前的私塾使科左中旗大量青少年受到了教育。其中，不少人成为内蒙古有名的专家学者。那王还积极鼓励身边的侍从人员外出深造，有八九人进入北京大学等高等学府就读，有的还曾经出国留学。

那王很有政治才华，他和奉系军阀老大张作霖，结为异姓兄弟，后来又成为亲家。自己的长子包晓峰娶了张作霖的二女儿为妻。次子包明远聘吉林省督军吴俊升之女。这里额外多说两句包明远。在电视剧《嘎达梅林》中，包明远被塑造成一个狡猾奸诈的蒙古贵族，嘎达梅林的死对头。虽然没有确切的资料反驳，但包明远绝对不是那样的人。因为他是个智障儿，生活都不能自理，怎么可能去害人，所以电视剧是艺术加工。大约是因为他大哥包晓峰是爱国将领张学良的亲妹夫，他爹是著名的爱国王爷，其他弟弟妹妹年纪又小，都不好黑，只好让他来背这个黑锅了。

那王的福晋病逝后。1925 年，在张作霖积力撮合下，其亲信朱博儒嫁给了那王，成为新的福晋。朱博儒是前清官员的朱恩古之女，毕业于北京高等学堂，风度文雅，仪态端庄。她来到科尔沁草原之后，对那王产生很大影响。那王对这位福晋极为尊重和信任，直至言听计从的地步。朱博儒不仅为那王对

朱博儒

（？—1952 年）

外联系应酬,甚至常常左右旗内的政务。那王需要靠山,需要军阀的支持,以巩固其在旗内的统治地位。张作霖希望获得科尔沁草原更多的资源。经过这一系列亲上加亲的运作,加之彼此的需要,那王和张作霖成为关系密切的利益共同体。

他们一起合作开始大量的草原垦荒活动。为了方便垦荒,1921 年,他们首先将大虎山到郑家屯的大郑铁路延长到通辽。1923 年又建成了四兆铁路。这两条铁路在科右中旗境内就有 170 公里。之后,科左中旗进行了五次大规模的开荒,数百万亩草原被开垦为农田。连同前清开垦的土地,在科右中旗放垦地区,当地政府新设置了通辽、双辽、梨树、怀德四个县,这些土地大多落入了蒙古王公和奉系军阀手中。放垦草原给广大普通蒙古人带来了生活的极端贫困,于是便有了著名的嘎达梅林起义。科左中旗每经过一次出荒,就要迫使许多蒙民背井离乡,赶着牲畜北迁。但是此荒未竣,那荒又开。北迁的牧民还没站稳脚跟,又要往北迁。人心惶惶,民不聊生,悲惨景象屡见不鲜。面对这种情势,那王曾向民国当局恳请停止丈放,前来放经的班禅也向政府、军界呼吁,但均无济于事。那王屈服于外来压力,不敢伸张正义、休恤民意,而是以软硬兼施、小恩小惠的方法,力图缓和札萨克民众的矛盾。对王公之间的内争,则尽量说和,平息纠纷,这也反映了那王自身的矛盾。

“九一八”事变后,日军打出溥仪这张牌,积极筹建伪满洲国。达尔罕亲王在东蒙古几乎是地位最高的蒙古人,因此,身在沈阳的那王受到了日本人的重视。日本军官本庄繁、土肥原二等人,委托中间人劝说那王参加伪满政权,日本人允诺他从沈阳回到科左中旗担任旗长。加之,达尔罕亲王家族与清朝皇族关系极其密切,溥仪这个末代皇帝还是有很大的影响,情感上更接近。日本人也许对那王心存忌惮,许给那王的官有点小。因为那王本来就主政科左中旗,日本人让他当科左中旗的旗长,这和过去差别不大,更像是收编。业喜海顺的地位和那王差不多,又是那王的晚辈,他都当上了伪兴安南省的省长,成了那王的直接领导,那王如果心里有想法很正常。

另一方面,那王清楚地知道,自己的亲家、兄弟、媒人张作霖,是被日军在皇姑屯炸死,加之亲眼看到日军在沈阳街头横行,这些都让他感到恼火。该选择站队哪边?那王又陷入矛盾之中。关键时刻,福晋朱博儒起了决定性的作用。

那王一向尊重、信任朱博儒，除了接待王公、贵族、活佛、大喇嘛等内部客人外，一切与外界的交际、联络，多由朱博儒出面应酬。这时朱博儒对那木济勒色楞说："官财可以不顾，名声最为重要。卖国还是爱国，爱国为贵。"这终于使那王最终下定决心，离开沈阳。那王临走时，将札萨克大印交给了温都尔王来掌管。事实证明这次那王的决定非常正确。在日军的监控下，温都尔王根本没有任何权力，他能做的只是每次在拟定好的文件上盖章。

正当那木济勒色楞筹划出走的时候，1931年末日军突然劫持了他，逼他当傀儡。脱险后，在英国医生 Dr. Young 的掩护下，那木济勒色楞化装成平民，携带家眷，离开了沈阳，结束了日军监视下难熬的几个月生活，到北平避居。他是内蒙古东部唯一没向日本军国主义投降的札萨克王公。

那王来到北京后，先是住在安定门红罗厂老达尔罕王府，后来又迁居到北京马大仁胡同。他不为日本侵略者效力而迁居北平的消息，很快就被南京国民政府知道了，他们对那王的这种行动大为赞赏，委任他为行政院顾问。这是个虚职，不用上班，每月薪金还有200元。国民政府还特派当时的国民党政府外事处处长唐说良，来到那王家进行慰劳，并送来了慰劳金。那王对这些事并不在意，他每天在家里总是手拿念珠闭目养神，内心里思念着家乡。

那王在北京的生活非常规律，每天清晨4点钟起床，洗完脸，就进佛堂念经或静坐，向神佛和先祖祷告，然后吃早点。上午读四书五经，偶尔也浏览英文书报。下午通常是不带跟差，很少坐洋车和汽车，习惯穿一件紫色的坎肩，手提着篮子到市场买菜。以买菜为由，亲自在街上走走，一则消解胸中的郁闷；二则到街上了解一下当前局势。有时见到了乡亲或者蒙古族同胞交谈交谈，回来后他都特别高兴。而听到一些有关日寇大举进攻华北的消息，他的心情又特别抑郁和苦闷。

跟随那王来北平的科尔沁蒙古人后来都返回科左中旗，府中仅有几个管家和佣人。夏秋之夜，一家人围坐在庭院内谈古论今，享受天伦之乐。然而这样安逸的生活不久就结束了。1937年"七七"事变后，日本侵略者攻占华北，进入北平。那王没有继续选择南迁，自然又落入日本人的控制之中。日本人再次找上门来，先用利益引诱说："王爷的属地还保留着，等待王爷回去主持旗政。"后来见那王沉默不答，就威胁说："今天的北平，可不像当年的奉天，你还能往哪里跑？望你早日应允,否则后悔莫及!"那王说:"那边还有温都尔王阳仓扎布,不缺我这个病魔缠身的人。我患有严重的肺结核病,难以回旗料理政务。"后来日方又提高了砝码,许诺让他回东北筹建哲里木盟政府,让他当盟长,掌管全盟大权,这些都遭到那王的拒绝。这惹恼了日本人,他们说,如果再不去的话,那就不客气了,只有到宪兵队去灌煤油。从此以后,那王会经常到法国医院住院,以躲避日本人。后来,那王托人从北京地安门大街的清原医院里,买来了一张患有肺结核病人的 X 光透视片,拿给日本人看。日本人看了这张 X 光透视片后,便也不强迫他出去工作了。那王的这段事迹是他五女儿的个人回忆。这不免使人产生怀疑,日本人如果真那么好骗,抗战就不用打 8 年了。更符合逻辑的是,东蒙古的蒙古王公归顺日本人的很多,那王肯合作自然好,坚持不肯也不必强求。关于哲里木盟盟长的许诺,日本人本来就是忽悠人,已经有了伪兴安南省,他们根本就没准备重建哲里木盟。在 1937 年的那个时候,日军势头正劲,多少中国人被日本的淫威吓倒,多少人日本人还没拉拢,就主动争抢去当卖国贼,甚至孙中山曾经的亲密战友汪精卫都当了汉奸,那王的忠烈气节实属难得。

日本人虽然暂时放过了那王,但他居处在日伪政权之下,仍不知何日灾难临头。终日提心吊胆、郁郁寡欢的他,处处小心翼翼,身着粗布衣鞋,吃的是粗茶淡饭,关起门来谢绝会客。时局紧张致使家乡的消息更加闭塞,直到 1941 年,那王才悄悄派自己的三子包叔仁秘密返回科左中旗打探消息。

1945 年,那王终于等到了抗日战争的全面胜利。为了表彰那王的爱国情怀,国民政府授予他二等"景星勋章",专门发来表彰电文。这时,很多人敬仰那王的品格,纷纷登门拜访。这些人有当时的北平行辕主任李宗仁和郭德洁夫妇,有驻华美军司令魏德迈中将等。这些人都劝那王出来继续从政。此时,国民政府又任命那王为东北接收大员,让他回东北筹建哲里木盟政府,任命他为盟长。当时接收大员可是肥差,很多人以接收敌产、逆产为名,搜刮了巨额的财富,钱权兼收,机会看起来非常不错。那王虽然有所心动,但一则想到蒋介石长期软禁张学良;二则察觉到国共和谈未果,内战迫在眉睫,具有超高政治智慧的他在错综复杂的国内政局中,又一次地以年老体弱不能再工作为由,拒返东北,再次选择了远离政治。在北京,他闭门谢客,只亲自会见张学良、吴俊升的亲人。其他人到访,均由福晋朱博儒出面挡驾,即使不得不见,也从不对政局发表任何看法,而是以"听听福晋太太的再说"为托词。在那王坎坷的一生中,他每每关键时刻做出的重大选择都极具理性。

1948 秋天,因为那王的五女婿金曾武的祖父去世,而那王和朱博儒又都没有去过祖国南方,因此与五女儿包静安、女婿同去南方,顺路去杭州等地游览。当他们从南方回到上海时,东北已经全部解放,解放大军正在南下。上海的上层人物,已是惶恐不安,纷纷飞往香港和台湾。不久,那王四子包晋祺从台湾来到上海,将那王夫妇以及弟妹等接往台湾。五女包静安和女婿回到北京。1949年 1 月,那王看到国民党大势已去,台北也不是久留之地,于是那王夫妇又从台湾迁居香港,后又移居九龙。这段时间因为经济来源有限,生活拮据,加之人地两生,漂泊生活不知何日终止,因而那王十分忧郁。

1949 年 5 月,身在北京的包静安,受到了当时内蒙古驻京办事处负责人高博泽布的热情接待,相关人员多次拜访,详细介绍了共产党的民族政策和统一战线政策,并转达了内蒙古自治政府对那王的期望。高博泽布说:"那王坚持抗日,在家乡有相当的声望,我们对他是了解和尊重的。我们欢迎他回来,并且一定会予以妥善安置。他什么时候想通了,就什么时候回来,什么时候回来,我们都欢迎。"包静安夫妇非常感动。包静安立即冒着危险从天津港乘船到台北再

包静安夫妇(照片右一、右二)

到香港,向她的父母转达了相关的信息。那王让女儿回去转达自己对人民政府的感谢之情。1951 年,末代达尔罕亲王那木济勒色楞因突患脑溢血,在九龙医院逝世,终年 73 岁。那王逝世后,香港各界名人和美国第七舰队司令长官亲自致哀。第二年,其妻朱博儒也因病在九龙去世。

那王的子女情况如下:三子包叔仁赴美定居;二女包竞学毕业于燕京大学,定居北京;四女包懋勤学习医学,20 世纪 70 年代在北京病故;五女包静安,毕业于辅仁大学,1950 年从香港返回北京,1986 年 9 月去世,其夫金曾武是我国外交部退休干部;四子包德本、五子包洪业死于台湾;六子包克明、七子包建民在香港定居;六女包嘉敏、七女包锦文现定居美国;八子包铁铮是美籍科学家,德利泰公司总裁,其妻蒋东龄是名画家蒋青霜之女。

参考文献:

[1]博尔济吉特·温都尔涅夫.达尔罕王生平事略[M]//中国人民政治协商会议,内蒙古自治区委员会文史资料委员会编,内蒙古文史资料第32辑.呼和浩特:内蒙古人民出版社,1983.

[2]包静安."九一八"事变后的达尔罕亲王[M]//政协哲里木盟委员会文史资料委员会编.哲里木盟文史资料第4辑.通辽:通辽民族印刷厂,1990.

[3]李景唐.达尔罕王世家[M]//政协哲里木盟委员会文史资料委员会编.哲里木盟文史资料第1辑.通辽:通辽民族印刷厂,1990.

[4]白南定.民国初期东蒙古局势[D].呼和浩特:内蒙古大学,2010.

雕琢朽木——和硕毅亲王色布腾巴尔珠尔

色布腾巴尔珠尔是典型衔着金汤匙出生的蒙古人。他是满珠习礼的玄孙，第三代达尔罕亲王罗卜藏衮布的第三个儿子。他的奶奶是顺治皇帝的女儿固伦端敏公主，母亲是康熙帝的大哥福全之女。色布腾巴尔珠尔不但出身显贵，机遇也极好，九岁的时候就在清廷的皇宫中，陪着皇子们一起读书、习武，深受乾隆帝喜欢。因此，他小小年纪就被乾隆帝授予一等台吉，在宫中成年后，又授予他御前行走。所谓清朝的御前行走，就是在定额的御前侍卫之外，一些亲贵担任侍卫，掌管宫廷内部的一些办公事宜。俗话说"宰相门前三品官"，何况是皇上身边的人，所以担任御前行走的蒙古亲贵更容易获得皇帝

色布腾巴尔珠尔

（？—1775 年）

的恩宠，在仕途上会有更好的发展。乾隆八年（1743 年），色布腾巴尔珠尔获得了"辅国公"的爵位。乾隆十一年（1746 年），乾隆皇帝发现色布腾巴尔珠尔出身好，忠厚老实，自己看着长大，信得过，还有很深的文化修养，便把自己的女儿固伦和敬公主下嫁给他。和敬公主的身份不一般，她是乾隆帝挚爱的孝贤纯皇

后的亲生女儿,是身份最高的嫡亲公主。

他们的婚礼在北京举行。结婚的日子,清廷所有的王公亲贵、文武百官都入朝祝贺;福晋以下,满洲、蒙古官员的妻子也入宫祝贺。乾隆帝御赐盛宴,歌舞助兴,天地同欢。同时授予色布腾巴尔珠尔和硕额驸的身份。看着自己一手培养起来的好女婿,乾隆很满意,专门为他写了首诗表达自己的喜悦之情:

> 世笃姻盟拟晋秦,宫中教养喜成人。
>
> 诗书大义能明要,妫芮丛祥遂降嫔。
>
> 此日真堪呼半子,当年欲笑议和亲。
>
> 同来侍宴承欢处,为忆前弦转鼻辛。

这首诗中乾隆帝嘲笑了此前的各朝和亲,把自己的女儿送出去,弄得悲悲切切的,哪如自己不但女儿是自己的,还平添了一个女婿半个儿。在所有的女婿中,色布腾巴尔珠尔是乾隆帝最喜欢和关照的。其实清朝对于皇族的女儿嫁给蒙古王公有专门的规定:"如果没有皇帝的批准,嫁出去的皇族女子,必须十年后才能回娘家。"这项规定是给那些地位相对低的人规定的。乾隆皇帝自己就不严格遵守,他不但没把女儿送到科尔沁,反而把自己的女婿也留在了北京,留在了自己身边。

有了皇帝老丈人,色布腾巴尔珠尔自然仕途坦荡。成婚当年,他便被授予正红旗蒙古都统。清代,亲王、贝勒等这样的爵位,只是体现一种身份和待遇,只有切实地授予实际官职,才有真正的权力。色布腾巴尔珠尔从此开始了他真正的仕途。乾隆十七年(1752年),色布腾巴尔珠尔虽然不是嫡长子,但因为是皇上的女婿,所以继承了他爹的王位,成为第四代达尔罕亲王。第二

和敬公主塑像

年,乾隆帝又让色布腾巴尔珠尔担任哲里木盟盟长。一般任命盟长前都会让准

候选人担任该盟的帮办,熟悉相关的政务管理及流程,积累经验,过几年再提拔为副盟长,最后担任正式盟长。色布腾巴尔珠尔却打破常规,一步到位,直接提升正职。当然这个盟长的职务,他只是遥控,并不亲自处理政务,毕竟他人始终在北京,距离科尔沁草原太过遥远。

乾隆二十年(1755 年),清廷打响了平定准噶尔部最后的战役。乾隆任命色布腾巴尔珠尔为参赞,跟随定北将军班第出征。因为准噶尔部连年内乱,实力大大衰弱,还有准噶尔部原来的大台吉阿睦尔撒纳、宰桑库克新及玛木特作为带路者,所以这次战役清军胜算很大。为了让自己的女婿功成名就,乾隆帝极力栽培色布腾巴尔珠尔立功。临出发时,乾隆帝专门赐给色布腾巴尔珠尔皇族才能佩戴的黄带子。战争初期也确如乾隆帝所料,清军进军非常顺利,以摧枯拉朽之势攻占伊犁,擒获了准噶尔末代首领达瓦齐。此次军事行动,色布腾巴尔珠尔出了多少力,史书不载。如果根据他以后的事迹看,他应没做太多事,只是由于人在军营也沾光获得军功。乾隆帝赐给他亲王双俸,就是能领亲王级别的两倍工资,还增加了身边的护卫、下属的官员,授予侍卫大臣。到这个时间点,色布腾巴尔珠尔在祖上的恩泽照耀下,青云直上,比起祖宗满珠习礼一把年纪,立功无数,垂垂老矣,才混到亲王,二人境遇真是天壤之别。然而,色布腾巴尔珠尔本来就是个纨绔子弟,能力欠佳,时间久了肯定会露馅。日后参加的军国大事,让他走上了一条急速下坠之路。

阿睦尔撒纳

(1722—1757 年)

平定准噶尔部,清廷开拓版图万里之巨,一举消除自己最大的敌人,这是乾隆的巨大功业。可是清军中的准噶尔台吉阿睦尔撒纳有自己的野心。他引入清军,更多是想借助清军的力量,让他成为准噶尔部的新首领。在达瓦齐被擒获后,阿睦尔撒纳便开始准备自己的叛变活动。额驸策棱的次子车布登扎布、定北将军班第都发现了他的阴谋,均密报清廷。乾隆帝命令他们及色布腾巴尔珠尔要根据实际情况,小心防范。如果阿睦尔撒纳真的要造反,可以立即诛杀。色布腾巴尔珠尔虽然不是清军统帅,但他身份高贵,在清军中影响极大。没想到,他与阿睦尔撒纳一见如故,语言相通,气味相投,整天在一起,亲密无间,从而逐渐被阿睦尔撒纳所迷惑。阿睦尔撒纳经常利用色布腾巴尔珠尔向乾隆帝恩请一些事情。色布腾巴尔珠尔早把乾隆帝的叮嘱忘记,在清军决策层的讨论中,不断帮阿睦尔撒纳说话。他把大量的军事权力转让给阿睦尔撒纳。早在平准之战开始前,色布腾巴尔珠尔就请求乾隆让阿睦尔撒纳担任唯一的前军统帅,将另一名清军统帅宰桑玛木特调走,结果被乾隆帝否决。如果当时真听了色布腾巴尔珠尔的建议,阿睦尔撒纳的叛乱很可能会发生得更早。

由于色布腾巴尔珠尔的地位崇高,清军主帅班第没办法处理。初步平定准噶尔部后,色布腾巴尔珠尔应允阿睦尔撒纳的要求,让他驻守军事重地伊犁。此时,阿睦尔撒纳造反的迹象日益明显,前线清军在色布腾巴尔珠尔的阻挠下,没办法进行限制,形势万般危急。班第只好紧急向乾隆帝密奏:"额驸色布腾巴尔珠尔被阿睦尔撒纳所迷惑。臣所要做的事,他每每阻止,却去帮助阿睦尔撒纳。现在阿睦尔撒纳越来越肆无忌惮了,如果不采取措施,大事坏矣。"班第也不是普通的人物,算起来也算色布腾巴尔珠尔的亲戚,他是科左中旗第一代多罗郡王祁他特的次子敖其尔巴图的长子,因为娶了固伦纯禧公主,被封为固伦额驸。在与准噶尔部的战斗中立功,班第被封为议政大臣。这次出征前,乾隆帝特赐班第紫色马缰。他的地位虽然不及色布腾巴尔珠尔尊贵,和乾隆帝关系也不如色布腾巴尔珠尔亲近,但他的地位和实力都是不能忽视的。因此,班第的紧急奏折送达北京后,乾隆帝大惊,立即下旨,将色布腾巴尔珠尔召回北京,免得他在军营碍手碍脚。

回北京前夕,阿睦尔撒纳再次恩请色布腾巴尔珠尔帮忙,请求乾隆帝让他做准噶尔各部的总首领,并且约定,如果得到恩准,当年七月份阿睦尔撒纳便进京谢恩。这样的要求将阿睦尔撒纳的野心暴露无遗,天真的色布腾巴尔珠尔却一口答应。可是走到路上,色布腾巴尔珠尔慢慢地意识到事情的严重性。如果直接说吧,乾隆帝定会大怒,自己挨顿骂不说,自己好朋友命可能就没了。其实色布腾巴尔珠尔稍微有点头脑也该如实向乾隆帝汇报,然而他回北京后,还讲朋友义气,相关情况一句没说。远在伊犁的阿睦尔撒纳左等右等,音信皆无,疑心大起。此时,因为军费巨大,清廷大军已撤,已经无力制约阿睦尔撒纳。为了能方便处理阿睦尔撒纳,乾隆帝命阿睦尔撒纳到承德避暑山庄觐见。阿睦尔撒纳一进入清廷边境,清军便进行擒拿。为了确保成功,乾隆帝安排喀尔喀蒙古亲王额琳沁多尔济,路上进行监控。没想到阿睦尔撒纳统战的能力超强,将额琳沁多尔济也迷惑了。路上阿睦尔撒纳察觉到情况不好,偷偷逃跑了。额琳沁多尔济却睁一只眼闭一只眼,放他走了。

阿睦尔撒纳跑回伊犁,立即发动叛乱。此时,清军统帅定北将军班第、参赞大臣鄂容安等身边仅有留在当地的五百清兵,结果全被杀死。本来已经平定的准噶尔部再次陷入一片混乱。乾隆帝获得这些消息后,怒发冲冠。他没想到自己身边的王公亲贵,不但不帮忙,还添这么大的乱。额琳沁多尔济身份尊贵,父亲是喀尔喀蒙古的土谢图汗敦多布多尔济,弟弟是二世哲布尊丹巴活佛,理论上固伦恪靖公主是他的母亲,只是不是亲妈,没有血亲关系,论亲戚乾隆算他表哥。在追查责任时,乾隆帝问额琳沁多尔济为什么放跑阿睦尔撒纳,他竟然回答:"哪里有单亲王抓双亲王的道理。"这样的认罪态度更让人恼火,乾隆帝不再留情,将他赐死。即使他弟弟二世哲布尊丹巴亲自求情也不能改变,乾隆帝甚至让二世哲布尊丹巴来京观刑。

自己的女婿色布腾巴尔珠尔,军前乱指挥,知情不报,酿成大祸,按理也是死罪。这让乾隆帝有点犯难,总不好让自己的女儿年纪轻轻就当寡妇吧。可是姿态是必须要做的,乾隆帝召开御前会议,装作要将色布腾巴尔珠尔明正典刑。洞察皇帝心思的大臣来保很会和稀泥,恳请道:"色布腾巴尔珠尔罪过是大,可是皇上看在已故的孝贤皇后的面子上,不要让公主年纪轻轻就守寡啊。"孝贤皇后是乾隆帝的第一位皇后,与乾隆帝感情很深。乾隆十三年(1748年),她在乾隆帝南巡途中突然病死在山东德州。她的离去给乾隆帝情感上以沉重打击,接连因为很小的事,严惩了好多大臣。来保这样一番说辞很恰当,于是乾隆帝流泪、叹息,台阶足够下来了,便宽容了色布腾巴尔珠尔,但是废除了他的王位。和硕达尔罕亲王被转授给他的二哥色旺诺尔布。乾隆帝也没彻底把色布腾巴尔珠尔的仕途堵死,在他没有任何新的功劳的情况下,不久后赐给了他一个"公"的爵位,又封他为兵部大臣,让他去军前效力,希望他能够戴罪立功。作为一个典型的纨绔子弟,色布腾巴尔珠尔哪里会真的领兵,此后又给乾隆帝制造了一个接一个丢人的麻烦。

乾隆二十二年(1757年),色布腾巴尔珠尔跟随定边将军亲王成衮扎布,剿灭巴里坤地区的准噶尔大臣吞图布。为了能立功,这次色布腾巴尔珠尔亲自率领大队人马追击,结果在固尔班伯尔河附近与准噶尔30多个逃兵相遇。色布腾巴尔珠尔人马众多,明显是一次大炮打蚊子的战斗,可是他借口自己的马匹累了,也不追击,撤兵回营。其实此次战斗中,色布腾巴尔珠尔缴获了400多匹战马和骆驼,竟然不懂得换马追击,让逃兵跑了。成衮扎布将这次战斗描绘成一次大胜利,向乾隆帝为色布腾巴尔珠尔报功。乾隆帝可不糊涂,得到消息又羞又气,气的是成衮扎布怎么能派自己的女婿亲自上前线,如果有个三长两短怎么办;羞的是自己的女婿的确是烂泥扶不上墙,这么简单的事也干不好。他下令,让色布腾巴尔珠尔带领三百骑兵继续追击,因为知道自己的女婿比较笨,同时让大将明瑞陪同前去。明瑞是孝贤皇后的亲外甥,自然会比旁人更加关心自己这个妹夫。此时,敌人早都跑远了,色布腾巴尔珠尔和明瑞白跑一趟。

乾隆二十三年(1758年),色布腾巴尔珠尔跟随定边将军兆惠到巴里坤进剿,趁着夜色偷袭敌营,敌人大败,四散奔逃。兆惠安排色布腾巴尔珠尔最容易胜利和立功的任务——伏击逃兵。没想到这次色布腾巴尔珠尔知耻后勇,亲自带兵冲锋,结果被敌将恩克图用枪刺伤了肋部,多亏侍卫五岱将恩克图射死,救了色布腾巴尔珠尔一命。虽然这次战斗规模很小,色布腾巴尔珠尔除了表现还算勇敢外,没太多再值得吹捧的功绩。但乾隆帝仍夸奖他:"你是朕的女婿,有过错就谴责,有功劳就奖励,这次的努力,说明你没有忘记我的养育之恩,在众多的蒙古王公中为自己争光,为朕长了脸。"借此机会封他为亲王。因为此时达尔罕亲王已经有人担任,于是色布腾巴尔珠尔被另封为和硕亲王。色布腾巴尔珠尔养好伤,准备回北京。清朝定制,为防止武将好逸恶劳,出外禁止坐轿只能骑马。蒙古王公觐见必须按照规定好的路线进京,不能乱走。乾隆帝十分关切这个女婿,特别下令,色布腾巴尔珠尔伤刚好,赐坐轿子,这比骑马舒服多了。还下令,色布腾巴尔珠尔不必按照规定路线行走,可以进内地从西安进京。这条路是抄近路,气候也宜人,且内地沿途的驿站数量多、条件好。乾隆帝命令沿途驿站的官员要加倍呵护。色布腾巴尔珠尔回京后赐给三眼花翎,并绘图入紫光阁,乾隆帝亲自为他写赞词,让后代子孙瞻仰他的功绩。

兆　惠（1708—1764 年）

　　这次对准噶尔部的整个军事行动,就所犯的错误程度而言,色布腾巴尔珠尔一点不差于额琳沁多尔济。额琳沁多尔济仅仅是没看住阿睦尔撒纳,而且阿睦尔撒纳逃跑的地点还没进内地,额琳沁多尔济手头士兵不多,行动犹豫也可以理解。而色布腾巴尔珠尔自恃身份高贵,先是干扰定北将军班第处理阿睦尔撒纳,后来阿睦尔撒纳野心暴露后,自己回北京居然还在乾隆帝前为其隐瞒,着实罪不容诛。乾隆帝废除了色布腾巴尔珠尔的王位后,很快便以微小的功劳恢复其王位,已经很过分,还赐给色布腾巴尔珠尔三眼花翎,绘图紫光阁。这是多少前线拥有巨大功劳的将军没有获得的。比如:喀尔喀郡王青衮扎布发动叛乱,二世哲布尊丹巴几乎都要相应。在整个喀尔喀蒙古差点丢失的情况下,赛因诺颜部亲王车衮扎布一面派兵镇压,一面飞报中央,力挽狂澜,也没有获得这样的荣耀。乾隆帝对色布腾巴尔珠尔的宠爱溢于言表,罚得极轻,赏得奇快奇重。

　　有了这样疼爱有加的老丈人,色布腾巴尔珠尔在经历了一些小挫折后,继续自己的坦荡仕途。清朝亲王这样的爵位只能表明身份和地位,要有实际的官职才有真正的权力。乾隆帝一心提拔色布腾巴尔珠尔,他刚刚回到北京便被任命为镶蓝旗满洲都统。满洲八旗的都统一般都是由满洲人担任,色布腾巴尔珠尔作为蒙古人,已然是破格了。乾隆三十三年(1768年),色布腾巴尔珠尔负责管理皇家亲兵健锐营事务。因为很长时间清廷没有大的军事行动,色布腾巴尔珠尔的无能得以隐藏。军国大事色布腾巴尔珠尔不行,但是他很具有八卦的精神,经常打听各种奇闻逸事。比如:土默特和硕额驸纳逊特古斯先给自己的亲哥哥下毒,后又给自己的妻子和硕格格下毒,都没成功。色布腾巴尔珠尔获悉后立即讲给乾隆帝听,乾隆帝认定纳逊特古斯有罪。其中一个重要理由是色布腾巴尔珠尔与他没有利害关系,为什么要陷害他呢? 色布腾巴尔珠尔的八卦精神为自己获得了一份功劳。

三眼花翎

(清代官员的冠饰,一般亲王、郡王、贝勒的贝子和固伦额附有资格享戴)

乾隆三十六年(1771年),乾隆帝派遣色布腾巴尔珠尔为将军,带领大军迎接土尔扈特部的渥巴锡投诚归顺。临行叮嘱他观察渥巴锡是否真的归顺,否则立即开始军事进攻。多亏渥巴锡在东归途中,损失惨重,再无力量与清军抗衡,诚信投诚。色布腾巴尔珠尔没再次于战斗中丢丑,但也没有多大的功劳。色布腾巴尔珠尔脑子灵活,一直思考着怎么能体现自己这次出兵的存在感的问题。他在清朝的地方官身上打主意。回军途中,一些地方官为了向当朝最红的驸马献媚,自称奴才,摘掉帽子叩头。清廷定制,官员只能在皇帝面前称奴才,别的人都不行,见了额驸也不能行叩头的大礼。这其实是小事,顶多是阿谀奉承的方式有些过人,换作别人笑笑就过去了,但色布腾巴尔珠尔立即报告了乾隆帝,结果一些官员的仕途因此走到了头。

色布腾巴尔珠尔在优容岁月中度过了14年后,终于等到清廷又一次开始的大规模军事行动。乾隆三十七年(1772年),清廷讨伐金川的战役开始了。乾隆帝任命大将军温福统领大军进剿金川。色布腾巴尔珠尔没什么军事才能,却对军事行动挺感兴趣。因此他屡次自不量力地恳求乾隆帝派他去军营效力,练习军务。乾隆帝最终同意色布腾巴尔珠尔一同前往,参与军事事务。经过这么长时间的历练,乾隆帝认为色布腾巴尔珠尔应该有一定的能力了,但想起早年平定准噶尔部他的胡作非为,乾隆帝临行仍不太放心,告诫色布腾巴尔珠尔:"你的心地纯洁,但喜欢奉承,一定要严格约束自己,和主帅和气办事。你要听主将的命令,不能胡乱争执,扰乱军务,再犯过去的错误。"事实证明乾隆帝的担心是正确的,只有璞玉才能雕琢成器。

色布腾巴尔珠尔一到前线又习惯性地犯糊涂,很快陷入清军将领内部的争斗中。因为金川藏人彪悍好斗,地势易守难攻,加之清军和平日久,不习战阵,战斗进行得非常不顺利。将帅之间开始产生分歧矛盾,主要分成两派,主帅温福为一派,参赞大臣伍岱、员外郎明德为另一派。伍岱在平定准噶尔部战斗中,曾经救过色布腾巴尔珠尔的命,他们有交情。色布腾巴尔珠尔刚到前线,五岱便预先派人迎接。因此色布腾巴尔珠尔极力偏袒五岱一方。温福虽是主帅,但五岱和明德在获得色布腾巴尔珠尔的支持后,与他大胆争论。温福因为地位较低,屡次劝阻,但没有效果。本来清军准备尽快攻占战略要地阿喀木雅南北山梁,然而色布腾巴尔珠尔听信员外郎明德的话,以为可以不战而屈人之兵,令贼人自动投降。清军官兵们也乐于认为,贼人不久就投降,不用再打仗,便没进攻。本方的军事关卡,自从三月二十九日维修后,到现在再没修缮。清军前线战斗还在进行,内部却乱成一片,将领们纷纷向乾隆帝告对方的黑状。其中温福是这样告状的:"伍岱、明德倚仗色布腾巴尔珠尔的势力,朋比为奸,陷臣于罪。"乾隆帝看到这份奏折大怒,没想到自己女婿还是这般不争气,不但老毛病没改,还变本加厉,直接参与军队高层的权力斗争。他立即下旨给色布腾巴尔珠尔严厉的处分,将他的所有爵位及职务全部革除,收回光荣的黄带子,立即召还回京,并且将他关了一段时间的禁闭。这次的惩罚太重了,色布腾巴尔珠尔辛辛苦苦几十年,转眼一切清零。

有时喜欢一个人是没有理由的,可以原谅他的一切错误,乾隆帝也是如此。色布腾巴尔珠尔都糊涂到这种地步了,乾隆帝仍然不忘继续培养他。色布腾巴尔珠尔受了空前严重的惩处刚刚一年,乾隆三十八年(1773年),乾隆帝任命阿桂代替温福为将军继续金川的战争。色布腾巴尔珠尔再一次被允许参赞军务。上次的打击给色布腾巴尔珠尔深刻的影响,这次机会他全力把握。六月,色布腾巴尔珠尔与阿桂一同由路顶进缴小金川,收复美诺,被赏赐元狐冠。乾隆三十九年(1774年),这一年是色布腾巴尔珠尔一生中少见的展现其军事才华与勇气的年份。该年清军进剿大金川,色布腾巴尔珠尔亲自率领二队士兵进发,攻打喇穆喇穆,攻克依谷。二月,攻打罗博瓦山。六月,攻克色溯普,收复所有的碉楼、关卡。七月,色布腾巴尔珠尔进兵围攻克尔宗。十月,攻克凯利叶及日尔巴当噶。十一月,抵达鲁克古,色布腾巴尔珠尔亲自督军登上山梁,派遣侍卫柏龄等人接应进攻丹霸的清军。

本来以为这次金川战役是色布腾巴尔珠尔辉煌的转折,没想到却是他的回光返照。乾隆四十年(1775年),色布腾巴尔珠尔病倒了。乾隆帝获悉,立即下令恢复其王位,派他的儿子及御医一起去探望照顾,希望这些好消息能冲冲喜,让他心情愉快,进而保住性命。可惜这些都不管用,色布腾巴尔珠尔不久死在军中。乾隆帝赏赐三千两白银治丧,令灵柩所过沿途地方官护送,谥号"毅"。乾隆四十一年(1776年),金川平定。乾隆帝命将色布腾巴尔珠尔的图像放入紫光阁,并亲自给他写赞文:"伊犁宣力,屡立战功。金川参赞,仍励忠勇,抱病军营,弗令奏闻,惜竟不起,未观成勋。"

色布腾巴尔珠尔逝世后,陵墓修建在北京东直门外。他的妻子和敬公主一直生活在北京,乾隆五十七年(1792年)病逝,终年62岁。比较特别的是和敬公主有两座陵墓,一座在北京东直门外,一座在科左中旗的八家镇的一个山岭上(今吉林省怀德县境内)。这是因为按照清廷规定下嫁蒙古的公主陵墓必须在所属的札萨克旗,当地王公要按时祭祀,使当地后人知道是公主的后代,从而加深对清廷的忠诚。

色布腾巴尔珠尔逝世后,因为他不是世袭罔替的亲王,他的长子鄂尔哲穆尔额尔克巴拜,降一级袭多罗郡王。他的妻子是郡君,他被授予固山额驸。乾

和敬公主府

(位于北京市东城区张自忠路7号)

隆对自己这个外孙还是比较关照,鄂尔哲穆尔额尔克巴拜初袭多罗贝勒,乾隆四十七年(1782年)袭多罗郡王,授官镶黄旗蒙古都统。乾隆四十九年(1784年),乾隆帝下旨授其世袭罔替。可惜鄂尔哲穆尔额尔克巴拜和他爹一样的不争气,因为犯错在乾隆五十六年(1791年)被革除了郡王的爵位。可毕竟是皇帝的外孙,同年九月被恩赐辅国公。此后,色布腾巴尔珠尔一系子孙世代承袭爵位,长驻北京,一直到清末。

参考文献:

[1]清高宗实录[M].北京:中华书局,2012.

[2]和硕毅亲王色布腾巴尔珠尔传[M]// 钦定外藩蒙古回部王公表传:卷十八.台北:台湾商务印书馆,1986.

[3]李景唐.达尔罕毅亲王色布腾巴尔珠尔及其后裔[M]// 政协哲里木盟委员会文史资料委员会编.哲里木盟文史资料第2辑.通辽:通辽民族印刷厂,1990.

穷途落魄——达赉父子

色布腾巴尔珠尔一系的满珠习礼子孙一直生活在京师,爵位没有多少变化,始终在贝子和辅国公之间摇摆。因为是清廷嫡亲公主的后裔,所以与清朝皇族来往密切。光绪初年,他们获得了难得的赏赐。光绪帝御赐“国恩家庆”之匾,慈禧太后的御书“福寿”之联,匾和联一直高挂府中,借此炫耀门庭。达赉是色布腾巴尔珠尔的七世孙。他于光绪二十七年(1901 年)承袭辅国公。民国建立后,袁世凯为笼络蒙旗王公,以支持共和的名义,将前清的蒙古王公各晋一级。因此,达赉晋为贝子,习惯称为达贝子。达赉的府第,最初在北京东城区铁狮子胡同。因为几代人都生活在北京,达赉对于遥远的科尔沁草原比较陌生。他府内的杂役多半是北京人和会讲汉话的蒙古人来充任,一般不怎么说蒙古语。达赉家族世代居住在北京,他从小就接受了良好的汉文教育,又通晓蒙古的情况。民国初年,蒙汉兼通的达赉得到了袁世凯的赏识,几乎成为哲里木盟十旗王公的驻京代表,而且被民国政府聘为高等顾问。达赉有特许可以坐着汽车直达总统府。他还是蒙藏院的议员。民国政府每年付给达赉的薪水达一千块大洋。

如同北京众多的王公子弟一样,达赉的生活极端奢侈。我们不妨来看看他怎样享受生活:

达赉每天饮食,除了奶茶、奶酪、奶皮子外,还有各种上好的糕点。每天三餐都要摆三种不同的酒席。开饭时,达赉和福晋两个人一桌,他的长子多尔吉及其妻子马淑俊另开一桌,多尔吉的姐姐单独放一桌,多尔吉的儿子包儒、包义为一桌,全家人一次吃饭要分成四处。管家王二、晋三和温玉堂专管达赉夫妇用饭;骆俊、楼什浑、李明山管多尔吉夫妇开饭。女仆北京人关也、张姐和绿叶等,专管达赉的独生女儿大格格一人开饭。关信、李明福、丹森等专管小少爷开饭。开饭时男女仆人站立在主人两旁,用双手往上端饭菜,主人有呼必应,有问必答,一直侍候主人吃完饭离开饭厅,仅在北京达赉家就有60个仆人。

每逢贝子和福晋的寿辰,或是小孩满月,都要演戏。当时北京的四大名旦,都在邀请之列。达赉每天吸大烟时,是由北京人晋杰臣跪着给他烧烟泡,烧好后送到达赉的嘴边。达赉除坐汽车外,凡是坐小车或是骑马,在上车下车或上马下马时,先命某个奴仆跪伏在地上,用脚踏着奴才的膝盖、肩膀或

达赉贝子

(1870—1929 年)

脊背上上下下。达赉在北京街上闲游,从来不与老百姓说话,到商号去买东西时,不亲自去买,端然正坐,旁若无人,让管家把东西拿给达赉看,他中意了,再由管家说明价格。达赉买东西从不讲价,一高兴还要多给。

虽然达赉久驻北京,但他主要的生活费用,都是由属下的管家,每年到科尔沁左翼中旗的北府和从怀德县中公益地局①,收取租赋来供应。达赉贝子在科尔沁左翼中旗北府的财产,按1910年的统计,有牛100多头,马3400匹,羊上千只;另外在怀德县公主岭有一处中公益地局,在榆树县有一个中成地局。这两个地局仅仅每年所收的地税就达20多万银圆。达赉虽有这些巨额财产和收入,可他花钱如流水,仍然是入不敷出。1913年4月24日,达赉因久居京师,耗费过大,外债累累,无法偿还,因此,以自己所属之台古、壮丁以及锡伯人等的人口日增、生计艰难为由,将所领有的牧地两段出卖。不论蒙汉旗民,给钱就卖,发给执照。地价分为两等:上等地每垧价银6两,中等地每垧价银5两。结果达赉放的一段不是自己的领地,是本旗闲散多罗贝勒济克登诺尔布林沁扎木苏

①清代和民国年间,蒙旗王公开放蒙地后,设地局收取岁租。

的领地,由此双方开始了长时间的官司。直到 1920 年,开荒卖地才全部完毕。达赉从中获得大量的金钱,可仍然感到经济拮据。1927 年,达赉再次在科尔沁左翼中旗内招汉人垦荒种地,约有 3 万亩,这样每年可收地租粮食上千石。

达赉的儿子多尔吉,汉名多振甫,是北京汇文中学的毕业生,比他爹还讲究吃喝摆阔气,人称“阔大爷”。他的妻子马淑俊年轻时在北京读书,结识了多尔吉。马淑俊容貌清丽,两人一见钟情,发誓结为终身伴侣。可是达赉认为马淑俊虽是旧道台之女,家业却早已衰落,因而坚决不同意二人的婚事。但多尔吉与马淑俊却先斩后奏、珠胎暗结,对于既成事实,终于使达赉被迫答应了他们的婚事。婚后,达赉家每况愈下,收入减少,消耗过大,债台高筑,难以解决。1923 年,达赉将祖上留下的府第,原北京铁狮子胡同的住宅,以 15 万现洋的房价,卖给了直鲁联军总司令张宗昌。民国期间,情况不像此前改朝换代,前代的亲贵财产被没收。然而,北京的大部分满蒙亲贵仍把自己家府邸出售,最主要的原因是奢侈的生活习惯了,没了经济来源,债主逼债只能卖房抵债。其实达赉不算太丢人,大名鼎鼎的大学士阿桂的后裔,住在北京东四牌楼灯草胡同,被称为“小府玉公爷”,竟然因为没有现钱,还喜欢吃羊肉,只好赊账,最后居然将自己的府邸折给了羊肉铺抵债。

达赉举家搬到北京东四十条汪家胡同十一号一座宽大的宅院里,这是每月以 1000 元租金租的宅院。迁到新居以后,多尔吉因恼恨达赉宠爱继母陈氏,钱财尽由陈氏掌管,于 1926 年偕妻马淑俊和儿子包义,连同亲信奴仆十几人,冒着寒风大雪从北京坐火车到沈阳,与其父争夺怀德县中公益地局每年征收的 20 多万元的租金。双方各自找关系门路打官司,几经曲折最终由少帅张学良裁定,将怀德县中公益地局租赋仍然归达赉委派局长收取。父子分家,令多尔吉回北府居住。对于中公益地局和中成地局的管理权,父子齐下手谕,叫奴仆为自己效力,使奴仆们左右为难。当时中成局局长张德增,在给北京达赉的辞呈上道:“抗违老爷为不忠,不尊少爷为不义,即不忠不义。奴才不知道该怎么办!”

1928 年,多尔吉夫妇去科尔沁左翼中旗北府时,途经通辽车站。迎接他们的奴仆,见到火车开动,电灯明亮,便跪在地上叩头,齐声惊呼“宝拉罕”,他们认为这是神力所为。多尔吉夫妇看到蒙民如此愚昧,深为感慨。因此,他们决心办学,以使蒙民子弟读书认字,增长知识。多尔吉主张兴学,在温玉堂辅佐下,将北府外院改修,作为"固山贝子府蒙汉小学校"的校址。多尔吉任校长,并派温玉堂、杜喜二人为劝学员。温大明和另一名蒙古人为教员,德玉白为学监。凡是达赉属下蒙民年满 11 岁至 16 岁的男子一律入学,所有服装、膳宿、书籍等费用,都由多尔吉负担。实际上多尔言夫妇并非真心捐资兴学,其中隐藏着个人的打算。此时国民党的势力,已伸入蒙古地区,国民政府声称要取消蒙古王公的优待。多尔吉怕世袭爵位化为乌有,土地一律交公,便以兴学为名,把自家拓垦之地及地局每年能收 1000 多石粮的产权转为校产。以自家私产为国家培养人才,这样既可保全私产,又可落得开通办学的好名声。

无论多尔吉的出发点是什么,他能给普通蒙古族儿童增强教育毕竟是件好事。但是好事没好人,多尔吉任命的劝学员温玉堂借办学之名中损公肥私,大量贪污学校的产业;另一名劝学员杜喜借劝学之机,到处欺骗蒙民说:"公爷立学堂让蒙民子弟上学,要剃去辫子学洋人,将来得拉去当兵。"蒙民害怕子弟入学,拿钱托人求杜喜留下自己的孩子。甚至一个蒙古儿童本来已经入学,家人听到这个消息,竟把家中仅有的一头牛,牵到学校要求换回孩子。通过这样无耻的方式,杜喜也发了一笔横财。在这些蛀虫的侵蚀下,学校办学资金被侵吞,学生也越来越少,不到半年就彻底垮台了。多尔吉、马淑俊不得不带领奴仆离开北府回到北平。

达赉经济收入日益减少,生活消费却仍然很大,不得已再次迁居。1929年,从汪家胡同迁到北海后门外帽儿胡同。迁到新居后,达赉家的情况更加糟糕。当时科尔沁左翼中旗灾荒严重,人民连饭都吃不上,征收租税很难完成。穷苦蒙民,为了生活揭竿而起,反对收

达赉贝子府

(位于北京市东城区帽儿胡同 6 号)

租。此时,民国建立已经 17 年,蒙古王公的权势大不如前,北府官员也不再像

过去那般听主子的话。在内外交困中,达赉忧病交加,在1930年五月初六,于北平死去。达赉逝世后,按传统其子多尔吉本该袭爵,可是此时的国民政府已经有了新的政策,现存的蒙古王公逝世,子孙后代一概再不准承袭爵位,因此人们只称多尔吉为多公爷。国民政府这一政策的确值得商榷。当时国内军阀混战,国外日本侵略气焰嚣张,这样处理蒙古王公,很容易造成他们的离心倾向,这也是众多蒙古王公后来倒向日本人的重要原因之一。如此,不得不再次敬佩达尔罕亲王那木济勒色楞的爱国之心。

"九一八"事变后,日本帝国主义侵占了东北。东北的政治、经济、交通等命脉,悉被日本帝国主义者所控制,多尔吉在东北的经济来源全遭断绝,生活日益困窘。1932年,日本侵略者在东北成立了伪满洲国,科尔沁左翼中旗札萨克达尔罕亲王那木济勒色楞不为日寇效力而迁往北平。因此,温都尔王阳仓扎布任伪科尔沁左翼中旗第一任旗长。当时,多尔吉见阳仓扎布当了旗长,就恳求他向日本统治者乞讨,才从原怀德县中公益地局的收入中得了几万元,勉强度日。

尽管经济来源几濒断绝,可是多尔吉倒驴不倒架,依然强撑自己的奢侈生活。府第里仍有办事人员20多名。在生活上仍是沿用旧制,早起放鸽子为乐,吃喝极为讲究,早饭在大厅开,中午饭在偏厅开,晚饭在内宅开。各个住房里都摆设着珍贵家具,陈列着珠宝玉器。多尔吉还请来一位河南人蔡润生教两个儿子读书,月薪大洋100块。

面对这种坐吃山空的危机局面,多尔吉的奴仆开始为自己准备后路。侍卫骆俊投其所好,极尽吹嘘,取得了多尔吉的信任,遂被任命为怀德县中公益地局局长。他在任上大肆贪污,在感觉自己要失宠后,不但带走大量金钱,还将多尔吉贴身蒙古丫鬟秋菊拐走,跑到伪蒙政府投靠补英达赖去了。另一个侍卫李明山,从小就给多尔吉当书童,成年后,李明山善于阿谀奉承,颇受多尔吉夫妇的宠信。李明山随后也拐走了丫鬟绿叶,投奔伪满洲国当上了警察署长。一向被多尔吉重用的侍卫温玉堂,偷着卖掉他的很多粮食,将钱带走,不辞而别。而科尔沁北府的官员排申达、哈番、扎兰、包义达等将所剩的牛马和财物私下瓜分一空,一哄而散,都与多尔吉彻底断绝往来。

在多重打击下,多尔吉生活日益艰难。到1940年,多尔吉一家人的生活全靠典当来维持,住房环境也越来越差,不得不从帽儿胡同迁到奉先胡同 18 号。不久又从这里迁到北海后门织染局 9 号。这里只是一座四合院,使用的仆人也只有 4 个人了。令人难以置信的是,在最困难的时候,多尔吉居然把他父亲达赉贝子殉葬的宝珠也偷出来卖掉。最后,多尔吉生活窘迫至极,看到手下的奴仆接连跑到伪满洲国,谋得一官半职,他认为自己是贵族子弟,满洲皇族姻亲,怎么也要比这些奴才强。于是多尔吉只身去长春,找傀儡皇帝溥仪,希望给自己谋个差事。起初,溥仪念他先祖是乾隆皇帝的额驸,系属皇亲,当场封他为三等侍从官。当"诏书"颁下,他谢恩后穿上礼服陪班护驾时,却被日本总务厅长驹井德三所发现,遂即批驳了"圣旨",说多尔吉"建国"无功,没有资格享受这个职位,当场被扒下官服,撵出宫外。多尔吉羞愤而归。他没想到当汉奸也不是想当就能当的。多尔吉的逻辑出现了错误,过去手下的奴仆去伪满洲国能当官,是因为这些人在社会上浸染已久,办事能力、生存能力都比较强。而多尔吉的能耐就是会吃、会玩、会摆阔气,别的都稀松。日本人利用的蒙古人或是号召力强有部民跟随的,或是有能力能解决实际问题的,用不着多来个"大爷"帮他们花钱。多尔吉回到北平后,经常聊以自慰地说:"溥仪皇帝是幌子,甘作东洋木偶人,中外人民笑话死,亡国封君不如狗。"多尔吉在日益窘迫的生活中坚持着活着,熬到了新中国成立,终于有了新的经济来源,他被新政府任命为巴彦淖尔盟政协委员。

参考文献:

[1]李景唐.达赉贝子和他的儿子多尔吉[M]//中国人民政治协商会议,内蒙古自治区委员会文史资料委员会编.内蒙古文史资料第 32 辑.呼和浩特:内蒙古人民出版社,1983.

[2]李景唐.达尔罕毅亲王色布腾巴尔珠尔及其后裔[M]//政协哲里木盟委员会文史资料委员会编.哲里木盟文史资料第 2 辑.通辽:通辽市民族印刷厂,1990.

女人之路——和硕卓里克图亲王吴克善

和硕卓里克图亲王吴克善是达尔罕亲王满珠习礼的亲大哥。他之所以能位列亲王,且是第一批清廷所封的三个世袭罔替的蒙古亲王之一,战功的原因是有的,而最重要的原因是他女人的路线走得好。

我们先来看看他的战功。吴克善跟随着奥巴归顺清廷后,他曾经带着满珠习礼驻守绰勒门城,防御察哈尔,献上俘获的骆驼马匹。天聪六年(1632 年),皇太极命令科尔沁各个王公率领属下士兵至昭乌达会师,一同征讨察哈尔。吴克善的军队很晚才到达。皇太极下诏斥责。不久,清军进攻明朝的大同、宣化等地。这次军事行动,吴克善比较卖力,在杀虎口擒获察哈尔将领。残余察哈尔人逃窜至沙河堡,吴克善前往索要。明朝宣化府巡抚将逃入堡中的蒙古人,以及明朝本来要赏赐的察哈尔汗财物,一起送出,一共送出了男人、妇女共 320人,牲畜 1440 头,绸缎布帛 6490 匹,额外还献上了大量的礼物。明军请求退兵,吴克善这才返回。

天聪八年(1634 年)六月,吴克善部台吉噶尔珠赛特,纠众叛逃索伦。吴克善带领土谢图济农巴达礼等人擒获噶尔珠赛特并将他处死。皇太极下诏吴克善统辖噶尔珠赛特所遗留人户。同年七月,从征明朝,攻入上方堡,至大同攻克堡垒 8 座。崇德元年(1636 年)冬天,吴克善再次带领巴达礼追擒喀木尼堪部逃人叶雷等于温多河。崇德六年(1642 年),吴克善带领满珠习礼护驾出征明朝,兵围杏山、高桥,胜利后获得优厚的赏赐。

上文是吴克善的战功,这些当然重要,但也没有特别的突出贡献。论出身,吴克善虽然也是贵族,但比奥巴要差,奥巴是大贝勒的时候,他只是小贝勒,奥巴被封为土谢图汗了,他还是小贝勒。论出身吴克善是赶不上奥巴,但吴克善能够一度位极人臣,恩宠冠众,是因为他有一条通往成功的捷径,那就是有四个女人的荣光,交替照耀着他。

第一个女人,吴克善亲姑姑哲哲。哲哲是皇太极的孝端文皇后。虽然科尔沁部的明安贝勒也曾经把女儿嫁给努尔哈赤,但明安的女儿只是做了侧室,和皇后是没法比的。吴克善的姑姑给他的家族带来第一次富贵。吴克善的爷爷莽古斯因为这个关系,被皇太极追封为和硕福亲王,奶奶被追封为和硕福妃。奥巴出身是好,但如果比爷爷、比奶奶,吴克善后来者居上。

第二个女人,吴克善亲妹妹海兰珠。海兰珠起初嫁给了察哈尔部的一个台吉。婚后不久,那个台吉骑马摔死了。海兰珠成了小寡妇,回到娘家生活。因为她的姑姑、妹妹都嫁给了皇太极,她也有机会经常进出清廷的皇宫,

孝端文皇后哲哲
（1613—1688 年）

接触到皇太极。皇太极对海兰珠一见倾心,钟情难抑,多次央求自己的丈母娘,满足自己的心愿,最终如愿以偿,抱得美人归。海兰珠嫁给皇太极后,被封为宸妃。虽然她的地位不如皇后高,但皇太极爱她爱得死去活来,恩宠雄冠六宫。为了让自己的爱妃开心,皇太极自然对海兰珠的家人格外照顾。崇德元年(1636 年),皇太极改国号为清,大封众臣,一共只封了三个世袭罔替的蒙古亲王。吴克善卓里克图亲王的王位,如果没有宸妃的关系,真不好说。毕竟论出身,他远比不上同封亲王的奥巴和林丹汗的儿子额哲。论功劳,喀喇沁部的固噜思奇每次清廷出兵,积极跟随,任劳任怨,只得了个贝子。论脑子灵活,转得快,科尔沁的明安贝勒可是最早投靠清廷,还是皇亲,才捞了个辅国公的爵位。为了让宸妃开心,皇太极爱屋及乌,对她娘家人都很好。宸妃的父亲寨桑早已

过世，吴克善作为家中男性首领，享受恩惠，首当其冲。崇德二年(1637年)，吴克善来朝，皇太极赐给他仪仗。崇德三年(1638年)，皇太极赏赐他鞍马、裘服。吴克善是个直爽的人，获得皇太极的赏赐后，说："感谢皇上的恩德，我的富贵已经到达顶点，获得了平静快乐的生活，今后一定全力回报皇上。"吴克善有点不好，就是吝啬。也许是经常来清廷拿东西习惯了，不太舍得给清廷送东西。崇德四年(1639年)，吴克善在每年送给皇太极的贡品中偷工减料。这引起了皇太极极大的不满。贡品本来就是意思一下，没让蒙古王公多给。可是就这么点东西，还送点残次品，吴克

海兰珠

(1609—1641年)

善让皇太极的面子往哪里放。朝臣开始的惩处方案是将吴克善削去王爵，罚没500匹马。有自己的亲妹妹在皇太极身边吹枕边风，吴克善自然不会被处罚得太重。皇太极从宽处理，不但免削爵，而且仅罚马50匹。吴克善的手下也贪财，且走得更远，他属下满达赖竟然盗窃别人的马匹。按清廷法律该罚没吴克善81匹马，皇太极再次从宽，仅罚三分之一。吴克善拥有一个海兰珠这样妹妹太幸运了，更幸运的是吴克善还有一个更厉害的好妹妹。

第三个女人是吴克善的亲妹妹木布泰。木布泰是海兰珠的妹妹，更早地嫁给了皇太极，被封为庄妃。她就是后来大名鼎鼎的孝庄皇太后。木布泰所受恩宠远不及姐姐海兰珠。同样是给皇太极生儿子，海兰珠生的皇八子，皇太极欢天喜地，按照立太子的规格，发出了清廷有史以来第一道大赦天下的诏书，邀请所有的藩部蒙古王公，王公大臣进行了空前规模的庆祝活动。半年后，木布泰生了皇九子。虽然木布泰有心计，怀孕时将红宝石和香料放在衣服里，发出红光，到处弥漫着奇特的香味经久不散，宫里到处传言以后这个孩子会富贵异常，但是皇太极何等人物，这种雕虫小技如何骗得了他，因此他并不在意，也没怎么

庆祝第九个儿子的出生。可惜,海兰珠的儿子不到两岁就夭折了。木布泰的儿子有出息。他是清入关后的第一位皇帝——顺治皇帝。木布泰母凭子贵成为皇太后,吴克善成为顺治帝的亲大舅。崇德八年(1643 年),皇太极决定将自己和木布泰所生的四女儿固伦公主雅图,下嫁吴克善的儿子弼尔塔噶尔。吴克善与木布泰的关系更为亲近,是兄妹兼亲家。因为木布泰的身份不断高贵,吴克善的父亲寨桑虽然早逝,仍被追封为和硕忠亲王,母亲被封为和硕贤妃。吴克善拼爹,拼妈,拼妹妹,超过了所有的蒙古王公。

第四个女人是吴克善的女儿。清军入关后,吴克善的地位更加崇高,女人路线走得更好。顺治帝是他的亲外甥。但吴克善仍然渴望更大的成功,在已经证明卓有成效的女人路线上更进　步。他通过木布泰的撮合,将自己的女儿嫁给顺治皇帝成为清入关后第一位皇后。顺治八年(1651 年),吴克善将女儿亲自送到北京与顺治帝成婚,同时送给清廷 8 万匹马作为嫁妆。同年八月十三日,顺治帝立吴克善之女为皇后。吴克善的另一个女儿,嫁给了顺治帝的堂弟多罗武英郡王阿济格儿子傅勒赫。通过女人的阶梯,吴克善终于如愿以偿,已经拥有了国丈、国舅等多重身份,与清朝皇族关系异常亲密,所有满蒙王公无人能及。

然而,成也女人,败也女人。吴克善的女儿成为皇后是他人生发展的顶峰,但也是分水岭。据说皇后在家娇生惯养,生活习惯非常奢侈,脾气又不好,经常与老公兼表哥顺治帝福临闹矛盾。这时候清廷已经一统天下,不是那个割据东北的地方小政权了。顺治帝乾纲独断,怎能在生活上太多委屈自己,不久就废了这个皇后降为静妃。吴克善也由此开始走下坡路。

吴克善凭借与清廷皇族的多重关系,作为长辈,有些不太把顺治帝当回事,尤其是自己女儿皇后之位废除,心存不满,自身言行不免有点托大。顺治十六年(1659 年),顺治帝下旨,命令下嫁蒙古的五位清廷公主和他们的丈夫,还有科尔沁部的卓里克图亲王吴克善、达尔罕巴图鲁郡王满珠习礼一同来京觐见。吴克善借口说自己的公主儿媳妇病了,不能来朝觐见。这个借口的确有趣,儿媳妇病了,他着这么大急? 吴克善兄弟的行为激怒了顺治帝,他立即下旨要处罚他俩。圣旨还没下,因为宫里面有人,消息立即传到科尔沁。满珠习礼星夜兼程引罪来朝。而吴克善就是不来,意思是谁怕谁。结果议政王大臣会议决定,要削去吴克善的王爵,降为贝勒。当然他的好妹妹孝庄皇太后此时说的还算,作为亲外甥的顺治帝也给大舅面子。吴克善最终被处理得很轻微。顺治说:"吴克善的王位都是太宗皇帝册封的,朕不忍心削去,暂时保留,改为罚马1000匹。"不久,也取消了马匹的罚没。可是这一事件,造成了吴克善与清廷皇室的隔阂。本来吴克善是科尔沁左翼中旗的第一个亲王,按常理他应该当仁不让地掌管旗的行政权力,没想到随着他四弟满珠习礼的崛起,清廷不再重用吴克善,也不给他实际的权力,旗里的行政权被交给满珠习礼的家族。

此后,吴克善再无大过,也无大功,安心做自己的太平王爷。在科尔沁三亲王中,吴克善是权力最小的。他没有主管的札萨克旗,只能依附在四弟的科左中旗之下,成为清朝蒙古地位最高的闲散王公。所谓闲散王公就是没有实际的权力,只能享受自己爵位带来的一些俸禄。或许对于普通人而言,不干活还能拿工资,太美了。但对于政治人物而言,丧失政治权力,就是巨大的失败。康熙四年(1665年),吴克善去世,像他这样的亲王去世,清廷一般会赏赐白银1000两治丧,规格高的会是3000两,更高则为10000两。但因为吴克善的自大,还有他女儿与顺治帝的关系不好,他的葬礼,清廷并没有赐给他银子。吴克善有6个儿子,他逝世后,他的第三子塔噶尔袭位。塔噶尔的妻子是固伦雍穆公主,他被授予固伦额驸。此后,吴克善子孙一直承袭卓里克图王位直至清末。虽然都是亲王,吴克善子孙的实际权力,远不如自己四弟满珠习礼的后裔。他们绝大多数时间是科尔沁部的闲散亲王,没有实际的权力,只有在和硕达尔罕亲王的继承人年纪尚幼的时候,暂时掌管几年札萨克旗的政务。这成为此后二百多年历史的常态。

参考文献:

[1]钦定外藩蒙古回部王公表传(卷十八)[M].台北:台湾商务印书馆,1986.

[2]李景唐.达尔罕王世家[M]//政协哲里木盟委员会文史资料委员会编.哲里木盟文史资料第1辑.通辽:通辽民族印刷厂,1985.

[3]清太宗实录[M].北京:中华书局,2012.

"高高的青天,被斑斓的云彩遮掩。父亲的故乡达尔罕旗,被可恨的大王爷卖完。十两银子的捐税,哪项没有按时交献?啊嗬咿,诺颜啊,你为什么倒卖了我们赖以生存的草原!"

——长篇叙事民歌《白音太来》

开创通辽——色旺端鲁布

色旺端鲁布是第十三代卓里克图亲王丹色里特旺珠尔的次子。很小的时候色旺端鲁布就被送到孟克召当喇嘛。他的未来几乎一目了然,即在青灯古佛前,耗尽一生。丹色里特旺珠尔逝世后,王位由他的长子额尔德木毕里克图继承。额尔德木毕里克图当了 10 年的王爷,按照规矩,王位该传给他的儿子。没想到额尔德木毕里克图去世时,没有儿子。遵循清廷的相关规定,这种情况下,要在血缘关系最近的亲属中选择王位的继承人。色旺端鲁布是额尔德木毕里克图的二弟,他是很有利的竞争者。福晋苏布特达呼瓦根据这种情况,上奏清廷。于是已经出家当了喇嘛的色旺端鲁布动了继承王位的心思。贵族出身的喇嘛虽然在寺庙里也可以由家里派遣的奴仆侍奉,但喇嘛的生活毕竟清苦,与莺歌燕舞、声色犬马的王府生活有着天壤之别。因为他喇嘛的身份是继承王位的障碍,色旺端鲁布花钱上下打点,北京的理藩院、东北的总督、旗里的相关亲贵,都要走好关系。色旺端鲁布为此花费了大量钱财。终于在色旺端鲁布的不断努力下,他完成了人生中的三件大事:重新还俗,娶嫂子为妻,成为第十五代卓里克图亲王。

色旺端鲁布长时间的清苦生活,让他有一种强烈的恶性补偿性消费心理欲望。当上王爷后,他开始好好享受生活了。闭塞落后的科尔沁左翼中旗怎能比得上北京的花花世界,由此色旺端鲁布开始长住北京,每天过着花天酒地的生活。朝廷的俸禄已远远满足不了他的日常花销,只得靠借债维持,等到自己债台高筑实在没钱还的时候,色旺端鲁布只好决定卖地还债。

卖地还债对于色旺端鲁布是比较熟悉的事情,这要从他爷爷济克登旺库尔说起。第十二代卓里克图亲王济克登旺库尔因为常年住在北京,生活奢侈,欠了大笔外债,仅在北京祥泰德商号吴玉祥名下,他就欠了 497360 吊钱。光绪十年(1884 年),恰好科左中旗第十一任札萨克和硕达尔罕亲王衮布旺济勒去世,年仅 5 岁的那木济勒色楞,承袭了和硕达尔罕亲王爵,成为本旗第十二任札萨克。当时只有 5 岁的那木济勒色楞因其年幼不能主政,朝廷令本旗闲散王爷卓里克图亲王济克登旺库尔署理科左中旗政务,代行札萨克职权,济克登旺库尔获得了久违的权力。最初他想出售自己的领地,可是被福晋育木吉特发觉,死活不肯,告到朝廷,才被迫中止。接着他决定出售采哈新甸荒。这块地不是卓里克图亲王的领地,而是属于本旗温都尔王的。济克登旺库尔在没有征得温都尔王同意的情况下,将长 60 里、宽 32 里的采哈新甸荒抵押给吴玉祥,并把蒙古文印据押给吴玉祥作为凭证。事已至此,济克登旺库尔仍不满足,他又与本旗台吉三音吉雅、德兴阿、色旺东喀鲁布等人合谋,把采哈新甸荒租给流入本旗的汉人王铭、张显芝、吕长安等 500 余人,这些人共计报领荒地 128000 垧,领得地照 128 张。济克登旺库尔收取荒价钱 658600 吊。济克登旺库尔将别人的领地,连续卖了两次,既还清了欠债,又白白得了银子。

这样的事必然东窗事发。买地的债主、租地的佃户纷纷上告,引发了一场旷日持久的官司。这一官司整整持续了 17 年,历经济克登旺库尔祖孙 3 代。光绪三十四年(1908 年),这个案子终于在光绪帝的亲自审理下得以解决。最终,因为达尔罕亲王是当时名义上的执政者,所以成了被告。温都尔王的领地被重新出售,所得 26 万多两白银,用来抵偿债主吴玉祥和佃户。剩下 2.9 万两白银,全归旗札萨克府作为公用。这个案件中,最吃亏的是温都尔王,自己的领地莫名其妙被卓里克图亲王卖了,给卓王家还了债;次吃亏的是达尔罕亲王替卓里克图亲王背了黑锅;只有卓里克图亲王家既没摊上官司,又还清债务,还白得了银子。

色旺端鲁布卖地还债的计划,从 1912 年开始实施。4 月 16 日他以"偿还债务"的理由,向东三省总督呈请,要求准许出放"卓里克图亲王牧场",以卖地收入"筹还京债"。东三省都督赵尔巽将色旺端鲁布的呈文转送给大总统袁世凯,得到批准后,东三省总督遂任命原呼伦贝尔兵备道黄仕福为"巴林爱新荒务局"总办。1912 年 4 月 22 日,黄仕福着手筹备有关放荒事宜,并拟定了《丈放科尔沁和硕卓里克图亲王所属巴林塔拉至爱新庙牧场荒地章程》。这个《章程》明确了放荒的范围是:"东至白音塔拉,西至爱新庙,南至小细河,北至辽河岸。东西长约 50 里,南北宽 30 里,外加辽河北岸胡家园子一带土地 6615 垧,约有荒地共计 67000 余垧。"这里,辽河的名称今天仍然存在,而白音塔拉在今天通辽市主城区南侧南沙坨子;爱新庙是卓王家庙,在科尔沁区原西六方乡幸福村东北角;小细河就是现在的清河。

1913 年 4 月卖地工作刚刚展开,达尔罕亲王、温都尔王及贝勒、贝子等召集属下壮丁 500 余名,声言色旺端鲁布财政紊乱,不弄清楚不得出放。之所以有这样的情况,是因为政府有明文规定:巴林爱新荒出售的全部收入作为十成,以二成报效国家,八成归卓王偿还债务。开垦的荒地,6 年后开始征收地租,标准是每垧每年 660 文。地租收入,一半归旗札萨克,一半归卓里克图亲王。但色旺端鲁布贪心很大,以筹办开荒事务开销颇大为由,首先声明卖地收入、地租都要全部归自己。这里所谓卖地的银子、土地的租税部分报效国家,其实不会进入中央国库,而是成为科左中旗的办公费用。色旺端鲁布不分钱,作为科左中旗的执政官达尔罕亲王、温都尔王等人当然不干,加上温都尔王的领地曾被卓里克图亲王家曾经冒名出卖,新仇旧恨交织,双方矛盾十分尖锐,实在没办法调节。色旺端鲁布请出他的老朋友——集宁寺的达尔罕色旺诺尔布活佛出面调解。色旺端鲁布来在孟克庙学经时,结识了集宁寺的色旺诺尔布活佛。此前,在色旺端鲁布还俗继承王位时也曾遇到过多方阻力,当时就是这位活佛从中游说,最终他才得以还俗。达尔罕亲王是位虔诚的喇嘛教徒,色旺诺尔布活佛以自己在宗教界的崇高威望,说服了达尔罕亲王及其属下,他们答应不再干涉。卓里克图亲王色旺端鲁布独占开荒资金的目的达到了。

同年 7 月草原又开始丈放。当出放时,荒务局收支员刘振亭收买大段荒地,再转手出卖,从中牟取暴利。此投机倒把的事情泄漏后,丈放工作一度停滞,直到 1917 年丈放工作才全部结束。科左中旗经多次放荒,旗民赖以生存的草场仅剩原来的十之二三,且已经放荒地段的旗民退到尚未开荒的草地,已造成草场承载过多。如今这片草场又将开荒种地,旗民苦不堪言,流离失所。

在巴林爱新庙荒出放之前,科尔沁草原已经有大量的牧场变为良田。最初在出放草场之时,均只管按事先批准的草场丈量出售土地,至于村庄、镇的位置不予考虑,因此造成了村镇规划方面的混乱。巴林爱新荒务局总办黄仕福打破常规,在出放草场之前,事先预留村、镇土地,并制定《丈放科尔沁和硕卓里克图亲王所属巴林塔拉至爱新庙牧场荒地章程》,此乃首创。其中第四项中明确写明:"此荒拟先勘镇基、屯基。此段荒内于适中之地,应留镇基一处,占地约五方。"在这段记载中明确提出了在这次放荒中,为了避免今后混乱,准备先勘留出一块面积为五方之地,作为建镇之地基。这也是自 1791 年科尔沁草原首次放荒以来 120 年的放荒史中,第一次在放荒之前进行的正式的城镇规划。在辽河东岸 5 华里地方设立镇基,命名为"通辽镇",通辽由此诞生。

通辽起初拟定占地 8 方里,中分大街 4 条,小街 2 条,每街南北相距各 60 丈,全镇地共划为 396 号。后来,通辽有了城墙、护城河、文庙武庙,更有诸多商铺货栈林立,也有妓院和烟馆,成为东蒙古重要的军事要地和商品集散地。之后,通辽成为哲里木盟盟委行署驻所之地,这确立了通辽的政治地位。正是在这块事先预留好的"五方之地",经通辽几代人的不懈努力,形成了如今跨西辽河两岸的草原新城。

在一些介绍色旺端鲁布的文章中,似乎他只是个贪财但对政治不太感兴趣的人。1912 年,活佛哲布尊丹巴宣布外蒙古独立,曾派人到科尔沁草原游说蒙古王公,许以高官厚禄。色旺端鲁布没有选择与他合作。其实事实并非如此。外蒙古独立后,色旺端鲁布与达尔罕亲王蠢蠢欲动。当时辽源知州发

八世哲布尊丹巴
（1869—1924 年）

现,卓里克图亲王私下派人招募胡匪 2000 余人。该知州带兵进行镇抚时,卓里

克图亲王言辞激烈,并说不许你们越境干涉我们旗政。蒙古达尔罕亲王和卓里克图亲王以辽源一带胡匪充斥、该处新设之放荒局难保为胡匪骚扰为由,新招蒙兵 100 名。所需军火,由该二王备价咨请东三省总部赵尔巽,代买快枪 14 箱,子弹 10 万颗。色旺端鲁布还联系日本军官守田大佐,提出用现金购买快枪 300 支、机关枪 2 挺、大炮 2 门的要求。

达尔罕亲王和卓里克图亲王在武装举兵的事情上,非常依赖赵尔巽和张作霖,一方面希望他们不要干涉;另一方面又希望他们能提供必要的帮助。但是,赵张二人在袁世凯的拉拢下,很快投靠了北京政府,并立即对蒙古王公的活动采取了监视和阻止的态度。1912 年 5 月,赵尔巽在向科尔沁左翼中旗派出宣抚官员的同时,干脆派遣吴俊升部队驻防到达尔罕王府驻地的郑家屯,实行武力监控。东三省更是加强了对蒙古王公和日本人的监视。在这种情况下,达尔罕亲王和卓里克图亲王

一等嘉禾章

最终没有能采取任何实际行动,武装响应外蒙古的计划被迫搁浅。北京的民国政府也没有过多的追究,继续对他们进行笼络。1912 年 10 月,长春召开了第一次东蒙王公会议。根据《参议院议员选举法》,会议选出色旺端鲁布为国会参议院议员。11 月 27 日,民国政府又授予色旺端鲁布一等嘉禾章。此后的色旺端鲁布继续当他的太平王爷,于 1930 年逝世。色旺端鲁布有一子,名贺喜业勒图,加入了国民党军队,升任中将。新中国成立后,贺喜业勒图因反政府、反对土改等罪,1952 年在北京被处决,时年 44 岁。

参考文献:

[1]博尔济吉特·温都尔涅夫.达尔罕王生平事略[M]// 中国人民政治协商会议,内蒙古自治区委员会文史资料委员会编.内蒙古文史资料第 32 辑.呼和浩特:内蒙古人民出版社,1983.

[2]白南定.民国初期东蒙古局势[D].呼和浩特:内蒙古大学,2010.

[3]李景唐.卓里克图亲王乌克善及其后裔[M]//政协哲里木盟委员会文史资料委员会编. 哲里木盟文史资料第3辑.通辽:通辽民族印刷厂,1987.

[4]王玉涛.回眸"老通辽"之一·卓王出放巴林爱新荒[N].科尔沁都市报,2012-01-11.

[5]王玉涛.回眸"老通辽"之二·话说卓里克图亲王[N].科尔沁都市报,2012-01-18.

公忠体国——忠亲王僧格林沁

清嘉庆十六年（1811 年）六月初五，科尔沁左翼后旗阿古拉苏木白兴吐嘎查的草地上，德力格尔和平时一样放羊。突然有消息传来，他的妻子给他生了一对双胞胎男孩。德力格尔也是黄金家族的子孙，是旗里的四等台吉，但成吉思汗的子孙众多，他只是属于边缘群体，到德力格尔这代家境已经十分贫寒。为了养家糊口，他还要给别人放羊。由此，他获得了一个"雅马台吉"的外号，意思是放羊的穷台吉。德力格尔郑重地给两个儿子起名，大的叫朗布

僧格林沁
（1811—1865 年）

林沁，宝贝大象的意思；小的就是中国近代史上大名鼎鼎的僧格林沁，意为宝贝狮子。兄弟俩都是用藏语起的名字，因为当时的蒙古人都信仰喇嘛教，认为用藏语起一个和喇嘛教有联系的名字会给孩子带来幸福和安宁。大象是普贤菩萨的坐骑，表示踏踏实实的生活、修行。狮子是文殊菩萨的坐骑，表示智勇兼备，能破除一切烦恼。愿望是美好的，现实却是残酷的。原本贫困的家庭，由于又多了两口人，生活更加艰难。穷人的孩子早当家，僧格林沁 9 岁的时候，就和父亲一起放羊。12 岁的时候，僧格林沁当喇嘛的伯父布和特木尔，将他送到郡王喇嘛庙，由此他开始了小喇嘛的生涯。这么做因为做喇嘛一则可以为家里人

积功德,二则可以省下一个人的口粮。谁也没想到三年后,僧格林沁的命运突然发生了翻天覆地的变化。

道光五年(1825年),僧格林沁的远方族叔,科左后旗的第九代札萨克郡王索特纳木多布斋病逝。索特纳木多布斋是最早归顺努尔哈赤的科尔沁部明安贝勒的嫡系子孙。明安是卓里克图亲王吴克善和达尔罕亲王满珠习礼的爷爷莽古斯的二弟。虽然明安最早归顺清廷,但清廷授予他这一系的爵位很低。他的儿子栋果儿爵位是辅国公,死后才被追封为贝勒。他孙子彰吉伦,顺治帝念其祖父的功德,加封他为科左后旗多罗郡王。明安子孙世代与清廷皇族联姻,地位高贵显赫。索特纳木多布斋是道光帝的三姐夫,他的妻子是嘉庆皇帝的女儿和硕庄敬公主。公主只生了两个女儿,没有儿子,谁来继承王位成了一个难题。面对天上掉下来的荣华富贵,同族的子孙们各显其能地疏通关系,希望能得偿所愿。

具有戏剧色彩的是,和硕庄敬公主有一天忽然做了个梦。她梦见一个老喇嘛送来一只黑虎,说:"把他还给主人家,你要好好地对待他。"公主惊醒。第二天,果然有一个老喇嘛带着一个小男孩来到公主的住所,他就是15岁的僧格林沁。公主十分惊讶,便与道光帝说起这件事。道光帝亲自面试,见僧格林沁仪表非凡,便立他为公主的养子。僧格林沁蓄起了头发,成为新一代札萨克郡王。这样的转变,对僧格林沁而言简直是一步登天。从社会的底层,一跃成为王爷,成为皇亲国戚。在这一转折中,僧格林沁的伯父布和特木尔起到了关键作用,正是他借助和索特纳木多布斋的侧福晋密切的关系,又买通了公主身边的太监宫女,才给僧格林沁创造出这个继承王位的机会。

从此,僧格林沁离开了科尔沁草原,进入北京的皇宫里,作为道光帝名义上的外甥,与皇子们一起读书习武。道光八年(1828年),僧格林沁成年。多罗贝勒文和将女儿嫁给了他。文和是康熙帝大哥福全的后人。僧格林沁与清朝皇族关系从此更加亲密,仕途相应更为坦荡。道光十四年(1834年),僧格林沁被授予御前大臣,补授正白旗领侍卫大臣、正蓝旗蒙古都统,掌管清帝的禁卫军。不久他又调任镶白旗满洲都统,这是只有满人才有资格担任的官职。道光帝驾崩后,僧格林沁成为四大顾命大臣之一。正如《清史稿》所言:僧格林沁,"出入禁闼,最被恩眷"。

中流砥柱

此前僧格林沁的升迁更多是因为他的运气好,关系硬。而此后的一系列事件,则展示了他的军事才华。咸丰元年(1851年),广西爆发了太平天国起义。太平军将领林凤翔、李开芳带领太平军的北伐军所向披靡。咸丰三年(1853年),咸丰帝命令僧格林沁与左都御史花沙纳等人,专门负责北京城的防御工作。八月,钦差大臣讷尔经额兵败临洛关,太平军进入到河北正定,形势危急。清廷授予惠亲王绵愉为奉命大将军,僧格林沁为参赞大臣。咸丰在亲御乾清宫亲自赐给僧格林沁纳库素光刀,掌此刀的官员,可以对司道提镇以下将领、打仗不用命或泄露军机者,先斩后奏。僧格林沁率领京城军队驻防涿州。十月,太平军攻陷静海,逼近天津,之后兵进永清,又攻入王家口。北京震动,京城的达官显贵、富裕商民纷纷南逃。然而,太平军此时已成强弩之末,不能再前进了,于是拒守独流镇。

咸丰四年(1854年)正月,僧格林沁会同钦差大臣胜保的军队,趁着夜色,越过壕沟,攻破太平军的堡垒。太平军大败,向西南方逃逸。僧格林沁追到子牙镇南边,斩首擒获大量太平军,咸丰帝赐号"巴图鲁"。僧格林沁继续追击,在河间东束存、献县单家桥、交河富庄驿连续获胜。太平军撤至阜城县城,附近的城村都被太平军构筑了营垒。僧格林沁与胜保率领副都统达洪阿、侍郎瑞麟、将军善禄等诸路人马,围困攻击,攻克了堆村、连村、杜场多处营垒,用大炮炸死了太平军将领吉文元。只是太平军仍然坚持抵抗,阜城连遭几

咸丰帝

(1831—1861年)

个月围攻,仍然屹立如初。太平军上层获悉北伐军的困境后,派出援军,由长江北岸的丰县渡河,攻入山东,靠近直隶境内,想借此牵制清军。胜保与善禄被迫先后分兵抵御,形势危急,北伐军很可能逃出生天。咸丰帝连发上谕,严令僧格林沁尽快攻下阜城。于是僧格林沁在阜城周围挖出又长又深的壕沟,围困太平军。四月的一个夜晚,狂风大作,太平军乘风突围而出,撤退到连镇。连镇横跨运河两岸,分为东西两镇,村落错落分布,太平军抢先占据各个军事要冲。僧格林沁亲率西凌阿屯兵运河东岸,令托明阿屯兵西岸,另外派遣骑兵扼守桑园。

不久,胜保在山东击败太平军的援军,回军合攻连镇。五月,太平军将领李开芳带领更机动灵活的两千多骑兵,从连镇东边突围奔向山东。胜保率骑兵追击。李开芳在撤退途中占据高唐州。咸丰帝下诏斥责僧格林沁防备不利,命令他尽快攻克连镇赎罪。此时,连日大雨,河水猛涨。林凤翔率领太平军驻军在高处,清军屯住在低处,战况非常棘手。僧格林沁与众将商定在太平军驻地周围,修造高堤,挖开河堤,引水去灌太平军军营。大水冲向太平军营,这给太平军带来巨大的困难,屡次突围,都被击退。九月,东西两镇太平军各出几千人,想突围而逃,再次被清军击退。此时,太平军粮食已经耗尽,附近的村庄也都被攻克,清军集中军力猛烈攻击,双方进行了数十次战斗。十二月,清军打死了太平军黄姓将领。看到大势已去,太平军将领詹启纶出降。清军焚烧西连镇太平军营。此时,太平军只剩最后的两千多人。清军以大炮连环轰击。咸丰五年(1855年)正月,清军终于攻破连镇木城,太平军冒死突围,被清军全部歼灭。北伐军首领林凤翔被擒,用囚车押送到北京,凌迟处死。京畿地区太平军被肃清。咸丰帝册封僧格林沁为博多勒噶台亲王,"博多勒噶台"是蒙古语智慧谋略的意思。清廷还赏其子二等侍卫伯彦讷谟祜为御前行走。同时命令僧格林沁迅速带领军队赴高唐州督办军务。

僧格林沁到达高唐州,立即奏劾胜保,胜保被罢官。李开芳的太平军听说连镇被攻克,想要逃跑。僧格林沁故意放松防备,太平军果然想趁夜色逃走。僧格林沁亲自率领500名骑兵追击50里。太平军撤到冯官屯,以此防守。清军合并围攻,四面用大炮轰击。太平军在地上挖出三道盘旋的壕沟,壕沟里又藏有很多的洞穴,太平军士兵藏在里面,伺机攻击清军。清军开始强攻,死伤惨重。僧格林沁再次利用水攻。环绕冯官屯,修起高坝,引出旁边的骇河水,水灌太平军营。太平军屡次突围,都被击退。四月,大水冲入太平军的军营,太平军全军痛哭,哭声震天,纷纷出降。李开芳划着竹筏,身穿黄衣,带着两个清秀的小男孩一起出降。进入清军营帐后,李开芳往地上一坐,让清军上饭,左右小男孩给他打着扇子,谈笑风生。李开芳声称:"如果清军能饶他一命,他可以说服南京一些太平军将领来降。"僧格林沁将李开芳,以及他的手下黄懿端等8名将领,用囚车送到北京,凌迟处死。至此,太平军的北伐军全部被消灭。咸丰帝大喜,加恩赏赐僧格林沁亲王世袭罔替,使他成为科尔沁部第四个世袭罔替的亲王。同时赏赐其兄朗布林沁辅国公爵位,赏其弟崇格林沁二品顶戴。为后人诟病的是僧格林沁对待太平军俘虏的方式。他下令将80名太平军俘虏,以及李开芳身边那两个小男孩,活挖人心,祭奠战死的清军。从此,僧格林沁以其战功和手段声名大震,与曾国藩并称"南曾北僧"。

僧格林沁击败太平军北伐军的战役,打得非常艰难。此次的北伐军并不是太平军的主力,只有两万多人,算是偏师。林凤翔、李开芳也仅是太平军的二等将领,劳师远征,后方补给困难。而北方,特别是京畿地区是清军力量最雄厚的地方。加之,太平军到达天津时已进隆冬,这些士兵大多是南方人,不适应北方的气候,因此大量冻伤,非战斗减员非常严重。清廷居然让这样一支太平军打到天津附近,可见当时清军力量的薄弱。清军数量是太平军数倍,但很多士兵不习战阵。加之,最初咸丰帝居然在清军前线设立两个指挥官——僧格林沁和胜保,导致军令不一,这也是最初战斗不顺的重要原因。直到连镇之战开始,僧格林沁可以独当一面,后来的高唐州之战,胜保被弹劾,终于让清军军令统一,体现了僧格林沁的军事能力。僧格林沁是清军中难得有能力的将领,尤其他指挥的蒙古骑兵行军迅速,作战勇猛,在以步兵居多的太平军方面占据了巨大优势。这也是太平军虽然多次突围,但无法彻底甩掉清军的追击的原因。

咸丰五年(1855 年)五月,僧格林沁撤军回京,咸丰帝在养心殿召见他。君臣行抱见礼,赐朝珠及四团龙补褂。所谓抱见礼是满洲人最亲密的礼仪。清军入关前,满洲亲近之人如果很久没见面,再见时往往行抱见礼。这种礼仪不分男女,先抱肩,再抱腰,肩膀还要相对碰触,朝鲜人对此有详细的记载。的确,这种礼仪现代人会感觉有点太亲密。清军入关后,因为清朝皇帝地位高了,一般只在极其重要的场合才行抱见礼。礼仪的形式也变成臣子跪下,抱住皇帝的腿。清朝中后期,因为受汉文化的影响,清帝行抱见礼的情况极为稀少。参照众多资料,僧格林沁是清帝最后一位行抱见礼的清廷臣子,可见其重要性。

巩卫京师

僧格林沁对抗太平军的军事胜利后,咸丰帝命令西凌阿带领一部分获胜的军队援助湖北。僧格林沁被留在了京师。咸丰六年(1856 年),僧格林沁的生母去世,按照当时的规矩,僧格林沁应该辞官回乡丁忧,守三年的孝。当时清廷危在旦夕,所以咸丰帝没让僧格林沁辞官,给他一百天的假期,在北京守孝。不久,将他调任正黄旗领侍卫内大臣。正黄旗是八旗中的上三旗之一,足见僧格林沁地位的不断升高。咸丰七年(1857 年)四月,英国军舰抵达天津海口,清廷命僧格林沁为钦差大臣,督办军务,驻军通州,托明阿屯军杨村,督军前进。清军仓促征调,难以集中,英军却已经占据海口炮台,闯入天津内河。清廷决定开挖南北运河放水,阻挡英军从陆上的进攻。军事上清军已经处于被动,咸丰帝被迫派遣议和大臣桂良、花沙纳到天津与英军签订《天津条约》。五月,条约谈判基本完成,英军撤退。一些条约的细节,由桂良等人去上海与英国使臣详细讨论。因为这次天津的危机,清廷决定筹划海防的建设,命僧格林沁赴天津修筑双港、大沽炮台,增设水师。同时任命瑞麟为直隶总督,协助办理此事。僧格林沁奏请提督每年二月至十月亲自到大沽防御。从天津至山海关海口、北塘、芦台、涧河口、蒲河口、秦皇岛、石河口各炮台,一律兴修,构筑营垒。特别将大沽口 1600 余名陆兵增至 3000 名,并抽调黑龙江、察哈尔、蒙古马队 5000 名增援,在大沽口南北岸各重建炮台 3 座。

咸丰九年(1859 年),桂良等人在上海与英国使臣的谈判破裂。离京之前,僧格林沁还不知道咸丰帝到底主战主和,临行时,咸丰帝亲自斟酒赐给他说:"你尽饮此杯,祝你获得全胜。"因此僧格林沁这才彻底明白咸丰帝主战的意图。当年五月,英法联军兵发天津。僧格林沁先隐藏清军的精锐,以羸弱的表象迷惑联军。等到联军拔出木桩、毁坏海口的铁链、军舰开到鸡心滩及大炮轰击炮台之时,清军的伏兵和大炮才开始战斗。水师提督史荣椿中炮战死。英军派遣步兵登岸。清军在僧格林沁的指挥下向敌船环叠攻击,击毁敌船多只。一部分联军又乘20多只小舢板船,企图到南炮台河岸登陆。清军用抬枪、鸟枪连环射击,联军纷纷倒地,登陆部队伤亡惨重。第二日凌晨,英法联军登陆部队完全撤出。此次战斗,英军6只炮舰被打得不能作战,其中4只被击沉,25名水手和64名海军陆战队队员被打死,93名水手和252名海军陆战队队员受伤。法军参战仅60人,被击毙4人,受伤10人,英法联军总计伤亡448人。之后两军对峙数日,英法战舰撤退。

咸丰九年(1859年)六月,英法俄美四国军舰一百多艘,再次入侵天津。他们知道大沽口防御牢固,另外选择在清军防守相对薄弱的北塘登陆,清军战败。联军以骑兵、步兵1万人进攻新河、军粮城,攻陷塘沽。僧格林沁全力扼守大沽口两岸。咸丰帝紧急下手谕:"天下根本在京师,应该迅速守卫天津城,万万不可将自身性命寄托于大沽炮台。如果不考虑大局,只为了自己的名誉,是辜负了朕的用心。"咸丰帝知道僧格林沁忠诚尽职,担心他以身殉国。不久大沽口右岸的战斗清军战败,炮台被攻陷,提督乐善战死。僧格林沁退守通州。作为战败的惩罚,他被夺取了三眼花翎,撤掉了侍卫内大臣及都统的职位。

咸丰帝派怡亲王载垣、兵部尚书穆荫为钦差大臣,往通州议和。谈判期间,僧格林沁接到谕旨,带兵擒拿了巴夏礼等英法使团39人,其中21人被杀,英军使臣巴夏礼被僧格林沁送至京师。清廷不理性地处理英法使团,让双方战争进一步升级。僧格林沁军在张家湾一触即溃。不久,两军在北京通州八里桥展开大战。清军背靠北京城,不能后退。25000名蒙古骑兵和为数众多的民团所组成的清军,以血肉之躯冲击西方的现代兵器,死伤惨重,僧格林沁败走。这是中国近代史上惨重的一页。

今天八里桥之战经常被当作爱国主义的一个典型战役。经常引用的一段文字是法军德里松伯爵的《翻译官手记》中的记载:"桥头站着一个身材极为高大的鞑靼人,他看起来像是总司令的旗手。他手执一面写有黑字的大黄旗,并且把这面旗帜不时指向所有的方向。此乃僧王之旗,所有官长的眼睛都注视着它,因为它正在向全体中国军队下达着命令。此刻,敌人已告全面撤退,而且战场上,全军精锐亲自所保卫的那座桥也业已堆满尸体,然而这个鞑靼人尽管已孑然一身,却仍挺立在那里,可能正在传达僧王的最后命令。子弹、炮弹在他的周围呼呼作响,飞啸而过,而他却依然镇静不动。"这一幕被放入电影《火烧圆明园》的结尾,影响了一代人的记忆。

还有一段是法国人吉拉尔在《法兰西和中国》中的叙述:"八里桥之役,中国军队以少有之勇敢迎头痛击联军。他们的军队是由两万五千名鞑靼兵和为数众多的民团所组成的","尽管他们呼喊前进,勇猛和反复地冲杀,还是一开始就遭到惨败!然而,他们顶住了使他们惨遭伤亡的强压火力",最后,他们"还是宁愿一步不退,勇敢坚持,全体就地阵亡"。

如果只看这两段记载的确非常感人。可是我们看看只是英法联军的力量和损失实在让人沮丧。联军只有两个旅一共5000多人。至于损失,指挥战斗的法军将领孟托班回国后,被法国皇帝拿破仑三世封为"八里桥伯爵",成为参议员。当法皇提议再给他年金5万法郎作为奖赏时,却遭到了多数议员的反对。议员们认为,发生在八里桥的不过是"一场引人发笑的战斗","在整个战役期间,我们只有12个人被打死",不值得再给他那么高的奖赏!而最近的研究发现,联军只战死了5个人,包括3个法国人及2个英国人。

当时虽然英法联军的武器比清军先进,可是像后装线膛枪、马克沁机枪这样的火器还没有应用到军队。且在八里桥之战中,因为道路难行,联军炮兵是战斗中期才赶到前线。骑兵作为一个重要的兵种,如果应用得当,当时仍然具有强大的战斗力。在同时代的美国南北战争、克里米亚战争,甚至20世纪初的苏联卫国战争中,骑兵都起了很大的作用。骑兵二战之后才逐渐退出军队。僧格林沁不是第一次和欧洲人打仗,如果采取合适的战略战术,不该自己损失这么惨重,却只打死这么少的敌人。成千上万的中国士兵集体在战场上被屠杀,他有不可推卸的责任,而且他在战败后,自己逃出战场。

之后直隶总督瑞麟又败于北京安定门外,联军进入北京。咸丰帝先逃至热河。清朝著名的万园之园圆明园被联军焚毁。因为这次失败,咸丰帝废掉了僧格林沁的王位和职位,仍保留钦差大臣的职务。这已经是很轻的惩罚了,清朝官员有守土之责,战败被杀、被抄家的官员,在清朝史书中比比皆是。僧格林沁虽然没了王位,但咸丰帝没有按惯例,将世袭的王位转封给别的亲属。这表明咸丰帝仍想给僧格林沁翻身的机会。僧格林沁也知耻后勇,在此后对捻军的战争中,奋勇战斗。

征讨捻军

咸丰十年(1860年)九月,清廷与西方列强签订《北京条约》。清廷与外国的关系刚趋缓解,国内的形式却更加恶化。北京南边土匪蜂起,捻军①的势力已经进入山东,且越来越大,严重威胁了清王朝北方的统治。清廷恢复了僧格林沁的郡王爵位,命令他带领瑞麟征讨捻军。从此,僧格林沁开始了他与捻军长达5年的殊死搏斗。

一帆风顺

最初僧格林沁的进军非常顺利。清军到了河间,当地土匪本来就是一群乌合之众,见到大军前来,大多自行解散,僧格林沁不战而胜。清廷继续下诏命他到山东济宁、兖州督师。当时山东的情况非常复杂,不但有捻军虎视眈眈,当地还存在大量成分复杂的长枪会和邪教教匪。十一月,僧格林沁抵达济宁,捻军获得消息后,已经撤回大本营。在济宁,僧格林沁向清廷上了一道非常著名的奏折。奏折里僧格林沁介绍了捻军的作战方式,并提出了主动进攻的战略方案:"捻军头领张洛行、龚瞎子、孙葵心等人,各自聚集众多死党。此外,还有若干大小头目,率领的人数也不少。每年他们数次离开巢穴搜集粮食,目标是没有官军驻扎的地方。等到官军到来,捻军已经掠夺得足够。捻军所到之处,抢夺财宝、粮食,村庄被烧为赤地,老弱之人被杀死,少壮之人被裹胁而去。当地人如果不参加捻军,剩下的人也无家可归。所以捻军每出巢一次,即增添很多人口。这就是捻军日益壮大的原因。捻军巢穴方圆一二百里以外的地方,村庄都被焚毁,水井也被填塞。官军需要自己携带大量的粮食和饮用水,怎么能长久的对峙呢?一旦官军撤退,捻军尾随攻击,官军往往战败。这就是各路官军仅能防御,不能进攻的原因。

"捻军每次出动,骑兵、步兵数十万列队百余里。官军数量与之相比众寡悬殊,所以经常不敢交战,任由捻军猖獗横行,不知道该怎么办。过去太平军和捻

---

① 捻军的"捻"字,是从捻绳而来,意为合成几股为一股,团结起来,力量更大。捻军共有黄、白、红、黑、蓝五旗。最早在安徽等地开始,后力量日益壮大。

军各自发展,近年来他们开始互相联系,一起作战。官军在北面,太平军在南面,捻军在中间,成为太平军的屏障。如果集中重兵进剿,捻匪一旦遭受重创,太平军也蠢蠢欲动,即便不竭力相助,尝试准备向北方进攻,也能分散我军的力量。这是捻军不容易剿灭的原因。

"臣带来的骑兵、步兵共有 6000 人,后续调来陕甘、山东绿营及青州八旗兵,一共有 12000 多人。等到各路人马到达,臣会和傅振邦、德楞额二军,选择好的战机准备直捣捻军老巢。"

僧格林沁的奏折,是想要釜底抽薪。奏折上达后,咸丰帝最担心的是捻军如果北上,打到北京就坏了,保住自己是最重要的,连忙下诏:"捻军正打算北上进攻,你应该坐镇山东,避免捻军北犯,不要轻举妄动,毁坏整个局势。"咸丰帝的方案是让僧格林沁不要主动进攻,要进行防御,成为北京的屏障。

同年,捻军从徐州向北进军。僧格林沁在巨野县的羊山带兵迎战。咸丰十一年(1861 年)一月,五旗捻军同时出动,僧格林沁率领诸将在菏泽李家庄、汶上、杨柳镇连续激战。四月又派兵解救滕县之围。八月,捻军渡过运河,进攻泰安、济南。僧格林沁亲率大军追踪而至,在孙家镇大败捻军。这一阶段,僧格林沁就像个救火队长,到处救火,处处堵截。九月,清军袭击临朐县南的捻军。捻军黑旗军沿着诸城至沂水,跨过河水拒战。清军分兵进攻,追至兰山县兰溪镇全歼该旗捻军。捷报传至北京,清廷恢复了僧格林沁御前大臣的官职,赏还了黄色马缰,授予镶红旗汉军都统,管理奉宸苑。不久,咸丰皇帝病逝,同治帝即位。在这次清廷最高层的权力斗争中,僧格林沁站队正确,支持慈禧太后发动辛酉政变,废黜了八大顾命大臣,成了有功之臣。同治帝特下诏嘉奖僧格林沁的勤勉与功劳,恢复了他多勒噶台亲王爵位。当然此战僧格林沁也遭受了严重损失,副都统格绷额、察哈尔总管伊什旺布阵亡。

同年冬天,僧格林沁会和东路清军进攻曹郡的会党,攻破濮州红川口的长枪会据点,搜斩无遗。此后又剿灭了刘家桥、郭家唐房的长枪会巢穴,在大张寺击败定陶长枪会,收复范县。西凌阿等人在巨野境内大胜捻军。占据定陶的长枪会会党闻风逃走。会党首领郭秉钧自河西进攻,清军连续作战于崔家坝,至黄河南岸,屡次获胜,肃清了曹郡的反清力量。在僧格林沁的指挥下,清军取得了初步的胜利。

　　此时，清廷却给僧格林沁找了两个麻烦。一个麻烦是僧格林沁的"老朋友"，胜保又被清廷派来协助平定捻军。胜保有两个特点。一是志大才疏，喜欢打仗，但善于不断打败仗。从太平军兴起，他就一路追赶。别的将领打败了，就借故撤出前线。而胜保不同，屡败屡战。肃顺就经常嘲笑他，说他的名字应该叫"败保"。二是他不会处理人际关系。早先在江北大营的时候，他就和统帅琦善关系紧张。协助僧格林沁阻击太平军时，两人也是经常闹矛盾。当时僧格林沁好不容易把他奏劾得丢了官，没想到，没几年，"前度刘郎今又来"。

　　另一个麻烦是清廷命令僧格林沁进军捻军的核心地带——亳州。经过多次与捻军作战，僧格林沁更加了解捻军的厉害。他于是上奏反对，表达了两个意思：

　　一是自己不能屯兵亳州。因为捻军老巢主要在宿州、蒙城、亳州境内。捻军北上进军，每次由归德的虞州、永州、夏州，徐州的丰县、沛县、萧县、砀县，直入山东的曹县、单县、鱼台县；或由宿州、徐州向北至韩庄、八闸进发。现在如果清军重兵进驻亳州，亳州处于西南一角，北面距离徐州三百多里，再往东边更是鞭长莫及。如果派遣军队出战，由西路进攻捻军，即使获胜，距离大本营亳州太远。东路捻军岂能坐视不管，必然会由丰县、砀县、韩庄抄袭清军之后路。亳州清军不得不进攻北路捻军。大军一动，亳州东边的捻军必然尾随骚扰，如此清军必然处处受捻军牵制。所以屯兵亳州的建议，对于河南省是良策，如果想保卫山东省兼顾北路的战略要地，则不可行。僧格林沁准备等到曹县的捻军彻底肃清后，移营单县，观察安徽捻军动静，剿抚兼施。邹县的教匪踞险难攻，暂时招安他们，以表现朝廷的羁縻之策，并且留兵镇压。等待南部捻军的战事缓和，再选择机会处理。滕县、峄县的长枪会，让德楞额招安刘双印、牛际堂等，如果再有反叛，再去剿灭。

　　二是为了让胜保快点走，僧格林沁赶紧搬出胜保的糗事。他说："今年年初，河北省的教匪、捻军，两次出动，人数总共一两万人。胜保手握重兵却一直不能击败他们。臣令西凌阿、国瑞两次协助会剿，胜保才勉强获胜。胜保对于力量如此弱小的土匪尚且不能独自剿灭，怎么能对付十几万的捻军呢？寿张县及曹县所属地带，臣已办理就绪，不需要胜保前来会和。"奏折上奏后，清廷的高层还是比较虚心接受不同意见，同意了他的建议。僧格林沁保住了统一指挥平捻之战的军事权力。从此,僧格林沁更加卖力,不顾疲劳,连续作战,几乎无月不战。

同治元年(1862年)正月,捻军两万多人由江北丰县进攻金乡、鱼台。僧格林沁令翼长苏克金阻击获胜。二月,亳州捻军老大张洛行联合长枪会向西进攻,来势凶猛。僧格林沁率领骑兵赶到河南杞县许冈城。捻军列队宽十余里,苏克金等清将领军奋力冲击,杀死捻军2000多人。此时,西路的捻军援军到达,清军河南的援军也到达,环绕城池守卫,两军连日鏖战。僧格林沁让一支骑兵埋伏在城壕边,等待捻军懈怠,城中骑兵突然杀出,冲击敌营。事先埋伏的骑兵也同时接应,左右夹击,击毁捻军营垒7座,斩杀1000余人。第二天,清将余际昌率领步兵赶到,与苏克金一同出击,将捻军分为两段,追杀2000余人,攻克赵圩的捻军大营。各路清军一同攻打焦寨。捻军数次援军到达均被击退。焦寨捻军被迫趁着夜色逃跑。这一战,清军歼灭捻军10000余人。捷报入京,同治帝特别下诏褒奖。

僧格林沁带领诸将穷追逃跑的捻军,在尉氏县东再次大胜。当时捻军占据营寨坚守,清军围攻,不久清军故意放松东边的防御力量,诱惑捻军突围。捻军中计,逃至樊家楼,全部被歼灭。五月,僧格林沁再次成为正黄旗领侍卫大臣。他过去的爵位官职全部恢复。为了迎接这个喜讯,僧格林沁的军队取得了一系列的胜利。长枪会首领董智信逃到东明县,苏克金前去进剿,董智信投降。营总富攻破坦头集的捻军大营,招抚了被胁迫的数十个圩寨。恒龄攻克曹州,捻军将领焦桂昌投降,仍被杀。

六月,僧格林沁带军进攻商丘金楼寨,教匪郝姚氏及金鸣亭,长久盘踞金楼寨,他们的手下尤本立、常立身尤其凶悍敢战。清军屡攻不克。僧格林沁先派遣间谍使用离间计,进行诱降。清军故意将金鸣亭投降的消息,泄露给常立身。常立身立刻杀掉了金鸣亭。从此,金楼寨内部头领之间互相猜忌,严重影响了战斗力。于是僧格林沁命令各军一同进攻。游击将军许得等人在投降人员的引导下,率先攻入。大军随之进入,双方进入了残酷的巷战。郝姚氏及其二子、常立身、尤本立、杨玉聪都被杀,教匪被全歼。清军夷平金楼寨,乘胜又在邢家圩、吴家庙、营廓集,接连击败教匪援军。僧格林沁进驻夏邑县。清廷下诏嘉奖僧格林沁的忠诚,命令他统辖山东、河南的军务,而且直隶、山西四省督、抚、提、镇统兵大员均归他节制。僧格林沁达到他权力的顶点,成为清廷北方最有权势的将领。

八月,僧格林沁令恒龄、卓明阿等追击捻军姜台凌部至裕州博望驿,大破捻军,余众逃到山里。另一股捻军李城、赵浩然趁清军大军西进,纠集队伍滋扰永城,再从砀山向北撤退。副都统色尔图喜追至鱼台罗家屯,被捻军击败。僧格林沁催促恒龄等人回援,亲自督军,双方在巨野满家洞开战。清军的骑兵先引诱捻军追击,之后回头迎战,恒龄、国瑞两面合围,击杀捻军数千。又连败捻军于子山集,捻军余部向东南撤走。

亳州北白旗捻军首领李廷彦以邢大庄为老巢,附近还有众多营垒互相呼应。九月,僧格林沁亲自攻打卢庙,令国瑞、恒龄攻邢大庄及张大庄。李廷彦迫于形势,希望能投诚,被僧格林沁骗出营寨诛杀。他的属下多乞求投降。只有孙老庄的孙彩兰不肯出降。僧格林沁利用投降的捻军将领李菊奇为内应,攻入其营寨,擒杀孙彩兰,其他的营垒都被攻下。亳州东部的黑旗捻军首领宋喜沅,因与苏天柏相仇杀,势力大为损耗,于是该旗的大小头目闻风归顺。亳州北部彻底肃清。

僧格林沁的军事胜利给捻军诸部带来极大震摄,很多人希望能够被清廷招安或准备逃跑。同治二年(1863 年)正月,马林桥、唐家寨、张家瓦房、孟家楼、童沟集诸路捻军先后剿平。著名的捻军首领魏喜元、苏天才、赵浩然、李大个子、田现、李城等或者投降或者逃跑。张洛行为捻军的总首领,察觉形势不好,也准备逃跑。当时孙丑、刘大、刘二、杨二等捻军将领,由鹿邑向西撤退。僧格林沁命令舒通额、苏克金等追击,双方战于魏桥,清军大胜。张洛行想由宿州撤往徐州,被知州英翰所截。他又获悉西路捻军被重创,便潜回雉河集老巢,以尹家沟、白龙庙与雉河集互为犄角。二月,僧格林沁令舒通额等进攻尹家沟。捻军出战,被击溃。清军继而进攻雉河集。张洛行趁夜逃遁,清军追至浍河北岸,两军再战,清军大胜,擒斩捻首韩四万等。逃逸的捻军多潜匿于各庄寨,清军分军驻索。眼见大势已去,捻军内部开始松动,西洋寨捻首李勤邦投诚,诱擒张洛行及其子张憙献给僧格林沁,二人后被凌迟处死。处死张洛行,标志着僧格林沁平捻战争的巨大胜利。北京获得捷报,同治帝大喜,下诏嘉奖僧格林沁智勇兼备,加恩亲王世袭罔替,并允许穿皇上赐给的衣服,以表示特别的荣耀。从此,捻军进入了后期阶段。

僧王之死

张洛行死后,因为实力的衰减,捻军开始尝试与其他反清武装更多的联合。同治二年,北路的捻军与教匪和各地的土匪互相联合肆扰地方。僧格林沁回师,命令恒龄、苏克金赴直隶与山东交界处会剿,剿灭了盘踞淄川的土匪刘德培部。六月,捻军倾巢而出,被清军击败在田庄,继而攻克县城。刘德培逃到大白山,被擒获处斩。清军之后进攻邹县。当地的白莲教教首宋继明,屡降屡叛,属下有两万多人,凭借险要的地势,抗拒清军的进剿。僧格林沁令总兵陈国瑞、郭宝昌猛攻,攻破其山寨。宋继明逃至红山,死守了几个月后,粮食用尽,想要逃跑。僧格林沁令舒通额等人在岭下设伏,陈国瑞在山北攻上,焚烧其营寨,杀伤过半。逃到山下的教匪,中了舒通额的埋伏,全部被歼灭。擒住匪首李九。陈国瑞获得了宋继明的尸体及其家属。

刚刚获得胜利,僧格林沁马不停蹄,带领陈国瑞赶赴安徽进攻苗沛霖。苗沛霖是一个有名的地方武装首领,首鼠两端。曾经投降了清军统帅胜保,擒送了太平军著名将领英王陈玉成。可是他在淮北的独立性很强,叛服无常。当张洛行被杀,苗沛霖害怕了,请求遣散军队,自己回家务农。然而等到僧格林沁大军北上,清军力量薄弱,加之又有消息传来,当初招降苗沛霖的胜保,被清廷赐死,这使苗沛霖担心清廷秋后算账,遂集合旧部袭攻蚌埠、怀远、寿州,包围蒙城。安徽当地军队不能抵抗,僧格林沁率兵讨伐。陈国瑞的军队先到,连战连胜。十月,僧格林沁的主力军进入亳州,连续攻克蒋集、杨家寨。两军合攻苗沛霖,断绝他的粮道,攻破蔡家圩,淮河两岸的营垒都被攻克。苗沛霖深夜想越过壕沟逃跑,被属下刺杀。总兵王万清将其斩首献上首级。苗沛霖的党羽苗憬开等均被斩首。不久清军又攻破西洋集,擒获葛春元。颍州、亳州、寿州等地的匪患都被平定,安徽境内逐渐安定。

捻军总首领张洛行死后,他的侄子张总禹成为捻军新的总首领,进军河南。僧格林沁令苏克金率骑兵前往会剿。此时,太平军的余众,各路捻军都集中在张总禹的麾下,准备向南进军,声援江宁的捻军。僧格林沁于是赴许州督师,进南阳,与河南、湖北诸路清军一起行动,连续战胜捻军于信阳、应山、郧阳之间。

六月,江宁收复,清廷重赏诸路军队。僧格林沁功勋卓著,被加赏贝勒爵位,赐给其子伯彦讷谟祜。又因为蒙古骑兵最得力,保举从来没有过多过滥,特别给予格外奖励,赏给士兵白银 10000 两。

七月,太平军余部与捻军聚集在麻城。僧格林沁令苏克金、张曜、英翰等分路进击,击破营垒数十座。捻军头领陈得才带领 10000 余人迎战,两军交战于红石堰。在此次战斗期间,苏克金突然病逝,僧格林沁令成保代替领军。捻军撤至麻城南边的闵家集,构建堡垒防守,成保很快攻破。总兵郭宝昌攻克蔡家畈,捻军撤至河南光山、罗山。僧格林沁亲督骑兵追击,战于萧家河。捻军大量援军抵达,萧家河水稻田地众多,地势狭窄,不利于骑兵作战,清军大败,自翼长舒通额以下,阵亡将领 12 人。八月,双方再战于光山柳林寨,清军先小胜,被引诱中伏,被捻军所围困,奋力作战,才得以突围,总兵巴扬阿战死。

九月,张总禹向东进军,与上巴河、蕲州之捻军合并,占据风火山。僧格林沁会合湖北军队进剿,连战连胜。捻军分别进入安徽境内的潜山、太湖、英山。十月,清军连胜捻军于土漠河、乐儿岭、陶家河。捻军将领黄中庸率 1000 多人来降。清军追至黑石渡,令黄中庸为前锋,攻袭捻军军营,清军随后攻击,将捻军冲开为两段。捻军将领温其玉等人,率 9000 余人投械乞降。僧格林沁获得谍报,捻军分三路进攻,于是分遣士兵分路迎战,捻军头领马融和率所属 70000 人投诚,愿为前锋。捻军将领甘怀德诱擒捻军端王蓝成春献给清军,磔于军前。余党汪传第、吴青泉、吴青泰、范立川等各率众乞抚,先后受降十几万人,捻军的首领仅存数人。陈得才见形势窘迫,选择自尽。只有张总禹、陈大喜西逃至河南、湖北境内。此时,太平天国的首都南京已经被湘军攻破,洪秀全自杀。平定捻军的战斗也不断获胜,僧格林沁的最终胜利似乎近在眼前。然而捻军和太平军余部充分联合后,在新头领张总禹的领导下,逐渐摸索出对付僧格林沁大军的方法,僧格林沁的失败逐渐增多。

同治三年(1864 年)十一月,僧格林沁督军击败光山县境内的捻军,进至枣阳县。太平军余部赖文光、邱元才,捻军牛洛红、任柱、李允等占据襄阳黄龙垱、峪山。清军进攻失利,而张总禹、陈大喜乘机与这些武装合并,准备进攻樊城。清军追击到邓州唐坡县,捻军倾巢出战,两面包抄,清军大败,伤亡甚多。对于这次空前的失败,僧格林沁自请清廷严厉的处罚。同治帝下诏宽免他的过错。

僧格林沁于是驻军南阳。

同治四年(1865年)正月,捻军折返向南进攻鲁山县。清军赶到,双方战于城下。清军前锋小胜穷追,不想后路为捻军抄袭,翼长恒龄等阵亡。舒伦保、常顺率领骑兵接应,陈国瑞横突扼守桥上,清军才得以撤退,然而损失惨重,僧格林沁心腹大将舒伦保、常顺等伤重而亡。捻军遂又进入叶县、襄城,陈国瑞乘雪夜袭攻,纵火焚烧。捻军向东北进攻新郑县、尉氏县,清军追到双溪河,翼长诺林丕勒等击走捻军。捻军又向南行军,由临颍、郾城肆扰西平,裹胁众多,进攻汝宁县。

二月,僧格林沁进至汝宁县,捻军由息县、罗山至信阳。清军抵达信阳,捻军又向北走,追至确山。陈国瑞等步兵也赶到,与全顺、何建鳌、常星阿、成保数路合击。郭宝昌设伏山口,僧格林沁登山督战,捻军悍将齐集,合力拼死战斗。清军陈国瑞部鏖战最得力,捻军进入清军埋伏圈,郭宝昌伏起,捻军大败,尸横遍野,由遂平、西平、郾城、许州、扶沟直走睢州。清军追至,又奔入山东境,渡运河至宁阳,折向曲阜。当时,在僧格林沁看来,战争马上结束了,这次胜利,是最后扫荡的时候了。只是他不知道战场的形势正在悄然反转。

赖文光领导的捻军行踪飘忽,盘旋于兖州、沂州、曹县、济州之间。由汶上进入郓城水套,联络当地的私人武装,数量又暴增至数万人。僧格林沁督师猛进,连续追击捻军一个多月,每天行军300余里,从河南追入山东,急行军几千里,部下人困马乏,军中怨声载道。僧格林沁认为最后的胜利就在眼前,自己不睡不吃,累极了只是下马在路边小睡片刻,或喝两大杯烧酒,继续上马追击。因为疲惫之极,连马的缰绳都抓不住,必须用布带把缰绳拴在肩膀上。终于最后的时刻来临了,清军进至曹州北高庄,捻军迎战。据说战前僧格林沁命令曹州知府准备500头白猪,500头肥羊,只等战斗结束后犒赏三军。清军分兵三路进攻。张总禹的弟弟小黑,19岁,异常骁勇,与捻军将领任柱一起猛烈攻击清军。僧格林沁军队的炮弹如雨倾泻,小黑不顾,与任柱带领骑兵脱弦猛冲,清兵大败,被迫军退至扎荒庄,被捻军围困。清军没有食物,半夜突围乱战,夜黑看不清路,逃至吴家店,此地又名落王坡。最后僧格林沁身边还有五百亲兵红盔红甲,被称为"红孩儿",配备大量来复枪,骁勇能战。捻军利用一丈几尺粗细均匀的青竹,竹端安装利刃,作为特殊的长矛。红孩儿多被长矛挑死,僧格林沁也受了伤。夜晚僧格林沁只身藏在麦田里,被十几岁的小捻军张皮绠发现杀死。那一天是同治四年四月二十四日。该战,内阁学士全顺、总兵何建鳌也一并阵亡。

僧格林沁失败前的千里急行军,已经让清廷内部担心。同治帝下旨,告诫他要持重为戒。曾国藩也准备密奏,希望清廷下旨,命令僧格林沁的军队稍加休整,养精蓄锐。但这些都晚了,不久前线传来噩耗。曾国藩立时派左宗棠带人寻找僧格林沁的尸体,由于事发突然,没有棺椁。恰好前来为湘军输送给养的林榆县县令于良辰在场,马上说:"我祖母的寿木是上好的满洲材,外挂两层铝被,内有床,情愿解大帅燃眉之急给僧王收尸。"如此,僧格林沁才得以体面地入殓。

为什么在清军形势一片大好的情况下,僧格林沁会失败?自然他轻骑冒进是一个重要的原因。此外,还有一些深层级的原因。

一是各个派系的隔阂。僧格林沁以正统官军自居,一直看不起湘军、淮军这些地方团练性质的编外军队,他借口团练大臣杜某打仗怯懦,却经常扰民,奏劾了他的官。因此,双方存在严重的心理隔阂。僧格林沁的心腹战将苏克金、舒通额、恒龄等接连战死后,自己身边得力战将逐渐稀少。为了补充僧格林沁的军力,清廷调来的湘军、淮军的著名将领。因为过去的隔阂,这些将领大多持观望态度,不肯真正出力。僧格林沁也不愿意使用他们。如此僧格林沁的实力大受影响。

二是失掉了民心。带兵之初,僧格林沁军纪严格,严禁军队扰民。可是僧格林沁的军队多是北方人,长时间离家远征,高度紧张的战斗,使部队损失严重。为了提振士气,凝聚人心,僧格林沁也不得不放松对部队的管理,致使军队四处扰民。当时有民谣:"不怕蚂蚱吃,不怕黄水淹,就怕僧王住一天。"僧格林沁的军队进入湖北后,下属淫掠残暴,大肆掠夺壮丁、妇女。地方士绅想要反映相关情况,必须要向僧格林沁身边人行贿 100 两至 400 两不等的白银。当地百姓到辕门哭诉,僧格林沁皱着眉头说:"北方的军队离家时间太长,你们应该迁走躲避。"从此大失民心。本来部队就是客兵,人生地疏,很多时候需要依靠当地的百姓提供补给、传递消息、了解地形,失去民心后僧格林沁的军队丧失了地方的众多支持。其后期败多胜少,这是重要的原因。

三是失去了将领的拥戴。僧格林沁为人质朴,愿意与士兵同甘共苦,甚至与普通士兵吃一样粗陋的食物,士兵都休息了,自己才休息。这些自然非常重要,但是对于官兵而言,用生命做赌注,升官发财是更实际的要求。当时大多数的清军将领,在一次战斗后,经常夸大吹嘘属下的功劳,以使他们获得更高的官职、更丰厚的赏赐,致使赏赐过滥。僧格林沁凡事都从国家的角度考虑,大力杜绝这种现象。首先在自己的军队中,禁止额外的保举赏赐。自己又比较勇敢,经常轻骑突进。官兵跟随他,冒着比别的军队更大的生命危险,更辛苦的行军,却获得比别人更少的赏赐,天长日久,属下自然暗生埋怨,战斗力受到影响。

此外,僧格林沁还经常上奏,告其他官员的黑状。他认为这些官员施恩麾下的将领,以致保举的官员太多太滥。地方官吏治废弛,州县捏造灾害,私下仍征收赋税,却导致军饷不足。例如:蒙城解围时,安徽巡抚乔松年向朝廷列出一张嘉奖名单。乔松年虽然地位比僧格林沁低,但并不是僧格林沁的下属。对此,僧格林沁却管得太宽,进行了认真的复查,发现其中有很多冒功、邀功的情况。比如:英翰是等到援军到时才移营合攻的;徐登普是捻军投降过来的,应该先免其为贼的罪行;施绍恒是僧格林沁派往的,仅过几天蒙城就解围了,并没有战功。其实,这种冒功的情况当时非常普遍,连曾国藩也这么做,已经是一种官场潜规则,可是僧格林沁就这么较真。倒霉的安徽巡抚乔松年被清廷降三级留任,英翰被降五级留任。这让周边的清军和地方官对僧格林沁日益不满。终于,人困马乏之时,突然遭遇劲敌,僧格林沁带领轻骑兵率先冲入敌阵,而其他将领还未接战,便纷纷作鸟兽散。附近的各支清军在救援上也行动迟缓,僧格林沁必死无疑。

消息传到北京,两宫皇太后震惊,清廷给予僧格林沁一系列的纪念和表彰。同治帝下诏嘉奖僧格林沁忠诚勇敢,将国事当成家事,按照亲王的规格,从优抚恤,命令大内侍卫去驿站迎接灵柩进京。同治帝和两宫皇太后亲自祭奠,赐给白银治丧,于昭忠祠祭祀,在立功地方建起专门的祠堂,配享太庙,谥号为"忠",绘像紫光阁。同治七年(1868年),捻军平定。清廷派遣官员祭祀一坛。光绪十五年(1889年),慈禧太后还政光绪帝。光绪帝下诏在北京安定门内建立专祠,命名为"显忠祠"。僧格林沁之子伯彦讷谟祜袭亲王爵,孙那尔苏袭封贝勒,次孙温都苏封辅国公,甚至僧格林沁的生父毕启,虽已去世,也被追封为贝勒。

僧格林沁的贴身马童王世珍在乱军中逃出,把僧王的唯一遗物———一顶珊瑚红顶帽带回北京僧王府,结果被僧格林沁的儿子大骂赶走:"王爷死得起,你死不起,快滚蛋,不接!"连送三次,都遭到拒绝。最后,经内务部提议,王世珍被派到昌图任职养老,一直活到民国时期。晚年当地人送他外号"王五老爷"。张作霖的结拜兄弟之一——吉林督军吴俊升,就是他收养的义子。吴俊升又是末代达尔罕亲王的亲家。

杀死僧格林沁的小捻军张皮绠,战后获悉父亲和哥哥都已战死,嫂子在家生活艰难,便回家买田置地,娶妻生子,改名为凌云。后来兼营造酒、推油,日子过得红红火火。同治十二年(1873年),张皮绠因酒后吹牛,说自己杀死了僧王,被清廷暗探发现,并在他家中搜出僧格林沁的朝珠。张皮绠被押到山东济南,凌迟处死。

僧格林沁对清廷忠勇朴诚,被清廷倚为长城。有清一朝,外藩蒙古虽然王公众多,配享太庙这一荣誉,只有僧格林沁和策棱两位蒙古亲王,足见其地位的崇高。僧格林沁的逝世对清廷影响很大,以他为代表的清廷正统的军事力量,从此不再成为清军的主力,清廷转为主要依靠汉人军阀来维系统治。

僧王轶事

下文是僧格林沁一些琐事,由此可以更全面地了解他。

僧格林沁办事急切认真。在山东时,有一天一个地方官请他吃饭,刚刚入座,忽然外面人声鼎沸。僧格林沁命人打探,获悉:"某某村子,因为捻军前来抢掠,向王爷求救。"僧格林沁立即从座位上站起,叫人牵马。地方官请他稍微吃点饭再走,僧格林沁迫不及待,将案子上几个馒头放到怀中,匆匆上马而去。

僧格林沁虽然贵为亲王,但却平易近人,与大小将士说话,都有笑容。每当安营扎寨后,僧格林沁经常把马鞍放到帐外,独自坐在地上一边饮酒一边吃蒸猪。经过的军人纷纷环绕着他,要肉吃,僧格林沁就一片一片地割给他们。一群刚走,另群又来了,直到把一只蒸猪,分完为止。这种情况经常发生。僧格林沁战争前后经常巡营。不像别的将领骑着马巡视,他大多时间都是步行,陪同的将军、都统、提镇等官无不跟随步行,借此僧格林沁拉近与士兵的距离。

僧格林沁非常节俭,经常身穿灰布棉袍,青布马褂,头戴青呢大帽。一次见到属下穿着一件青呢马褂,僧格林沁问:"这件衣服花了多少钱?"告之 2400 文。僧格林沁说:"我每天给你 250 文,你买一件衣服,耗费了十日的口粮钱。你看我身上也只穿着便宜的青布马褂,你以后不能这样。"又一天,僧格林沁在帐外看见有白菜叶掉在地上,让身边的人捡起来,洗干净,下令:"加上盐,腌着吃,味道很好,为什么要暴殄天物?你们不记得在军营中吃草根树皮的时候了?以后要爱惜东西。"又一天,属下正在蒸米饭,僧格林沁路过,闻见香味,让人掀开锅盖,问用了多少米?回答是 10 斤。僧格林沁对侍从说:"把我的饭取来。"有一个人在后面,手里提着一个竹篮,里面装着四碗水,菜有两荤两素,饭则小米粥一碗,面馒头几个。僧格林沁指给属下说:"我只吃这些,你们为什么还要花高价买大米呢?嗣后做人要学习我的节俭。"

上文的几件小事,可以给我们僧格林沁的另外一个形象。不再仅仅是一个赳赳武夫,而是一个关心下属、工作认真、倡导节俭、杜绝浪费的王爷。

后代子孙

僧格林沁的长子伯彦讷谟祜自幼在皇宫读书,通晓蒙古、汉、满文,对清廷忠诚,深得皇帝信任和器重。僧格林沁战死后,伯彦讷谟祜承袭了博多勒噶台亲王爵位和科左后旗札萨克的职位。因为僧格林沁的赫赫战功,清廷对其子伯彦讷谟祜倍加重用。他的仕途走得比他父亲更为顺利。先后被授予御前大臣、军机大臣、领侍卫内大臣、九门提督、崇文门监督等要职。这些职位级别高、权力大、油水多,只有清廷的核心权贵才能有机会担任。例如:就拿看起来最不起眼的崇文门监督来说,这可是京官中最优的差事。崇文门税官是当时中国最大的税官,每年仅仅潜规则就能获得几万两银子的收入。北京民谣:"生不愿封万户侯,但愿一管崇文门。"伯彦讷谟祜在位 40 多年,与清帝关系亲密,权势庞大,当时有伯半朝之说。蒙古诸部的王公在承袭爵位或奏请朝廷审批重大旗政时,都要先走伯彦讷谟祜的门路。北京博王府极盛时期号称"日进斗金"。

僧格林沁虽然掌管科左后旗的政务,但因为长时间在外当官和征战,公务繁忙,所以没有时间管理科左后旗的政务。伯彦讷谟祜不同,他十分关心自己的家乡,不断过问旗政,每两三年回旗一次,留住一两个月,巡视各地或进行狩猎,借以了解民情。他注重文治,选用贤才,建立笔帖式制度,整顿旗政。伯王在任期间,科左后旗盗贼绝迹,民生安定,因而深得全旗人民的爱戴。

伯王很有慧眼识人的能力。有一年,伯王回旗视事期间,曾去自己家庙广福寺拈香拜佛。伯王拜完佛后,发现殿中诵经的几百名喇嘛里面,有一个20多岁的年轻喇嘛,相貌堂堂,卓尔不群。伯王便问这个喇嘛:"你是台吉还是平民?"年轻喇嘛欠身合掌答:"小的是希儒德努图克的四品台吉。"伯王听罢只说了一句:"这么好的台吉怎么让他当喇嘛呢?"

当天,伯王命人把该喇嘛叫到王府,问他:"念过书没有?"年轻喇嘛道:"念过二年蒙文。"伯王又问他的名字、年龄和家庭情况。年轻喇嘛口齿伶俐,对答如流。伯王对这个名叫乌力吉的年轻喇嘛比较满意,于是令他留发还俗,并任为候补协理参与旗政。由此乌力吉当上了副二品大官。三年后,乌力吉被提升为政务协理,伯王在京期间,他代理王爷掌管旗政。乌力吉没有辜负伯王的知遇之恩,他辅佐伯王及其孙子阿穆尔灵圭治理科左后旗达40余年之久,政绩斐然,名声卓著。光绪十七年(1891年)十月十五日,伯王因回乡给僧格林沁扫墓,悲伤过度,引发旧疾病逝,终年56岁。清廷赐予他谥号"慎"。

继承伯王爵位的不是长子那尔苏,却是长孙阿穆尔灵圭。这是为什么呢?这里还涉及一段清宫秘史。那尔苏天资聪慧、秀外慧中,用今天的标准就是一个万人迷的大帅哥,文化修养也很高,精通满蒙汉三种文字,擅长吟诗作赋,书法俊秀挺拔。他在北京的贵族公子中,声名显赫。因为祖辈的恩荫,那尔苏不到20岁,就被授予乾清门侍卫。光绪帝很喜欢那尔苏,擢升他为豹尾枪侍卫,官居一品。豹尾枪侍卫几乎就是皇帝的贴身卫士。那尔苏在保卫光绪皇帝的同时,兼顾保卫慈禧太后的责任,从而能与慈禧太后经常见面。慈禧太后寡居多年,喜欢那尔苏少壮英俊,曾召入后宫侍寝多次。天长日久,不免流言蜚语,这被伯王发现。伯王怕长此以往,会给整个家族带来大祸。为了防患未然,伯王借口回乡祭祀僧格林沁的陵庙,奏明皇帝,带那尔苏回旗,忍痛命其吞金而亡。那尔苏死时才30多岁。这一宫廷秘闻自然正史不载,在北京和科左后旗却都有类似的传说。有迹可循的是那尔苏去世前只是贝勒的爵位,也没立下什么功劳。他死后竟被破格连升两级,追封为亲王。有清一朝,从未有此先例,或许这是慈禧太后借此告慰自己命运多舛的情人。

阿穆尔灵圭是那尔苏贝勒的长子。光绪十七年(1891年),伯王病逝,其长孙6岁的阿穆尔灵圭承袭了王位。阿穆尔灵圭自幼聪慧,在自己王府内延师读书,先后攻读蒙汉文十多年,擅长诗词,散文、韵文根底也很深厚,还能写一手漂亮的楷书。阿王成年以后自己掌管旗政并奉旨为御前行走,任崇文门监督,受到清廷重用。宣统年间,他在清廷开始担任总司稽察守卫事宜王大臣、镶白旗汉军都统等要职。在此期间他还曾几度上奏清廷,提出在蒙疆"勘修铁路""兴业设治"的建议。

辛亥革命爆发后,东北地区的革命党人也开始到处活动。清廷命阿穆尔灵圭到东北,协助镇压革命。1911年12月中旬,阿穆尔灵圭以"钦命办理各盟蒙旗事宜"的头衔,抵达沈阳,又返回本旗。他首先征调本旗兵丁,配合东三省总督赵尔巽防堵革命党人在蒙旗附近进行活动,并要求赵尔巽拨发武器,用以武装大批蒙旗骑兵,同清军协调镇压革命。接着,他又筹划在郑家屯召开内蒙古东四盟王公会议,但由于迟迟得不到枪械、军饷,蒙古王公们也并不积极响应,阿穆尔灵圭的计划均未实现。此时,隆裕太后召开御前会议,讨论清

少年阿穆尔灵圭
(1886—1930年)

帝是否应该和平退位。会上,蒙古那彦图、贡桑诺尔布等蒙古王公,极力反对共和,反对清帝退位。阿穆尔灵圭获悉立即赶回北京,一同反对清帝退位。但是回天乏力,清朝最终还是亡了。

民国成立后,袁世凯任命阿穆尔灵圭为蒙藏院总裁,被他拒绝。如此才由喀喇沁亲王贡桑诺尔布任职。清朝灭亡后,众多驻京蒙古王公纷纷返回本旗,阿王仍常驻北京。辛亥革命后,阿王着力以振兴旗政,兴办教育和实业。他下令本旗札萨克衙门创办了一所小学校和一处实业公司。学校正式名称是科尔

沁左翼后旗第一小学校,地址在康平县城西八华里马莲屯。

这个学校前后断断续续办了三期,共培养出 300 多名学生,为发展科左后旗文化教育事业打下了初步基础。该校的第一期办得最好,在校学生都是官费,伙食制服均由公家供给,师资水平也较高,阿王甚至曾经专门请来日本的老师给学生授课。不想之后学校的情况越来越差,最后一期只有一班,50 名学生和一名教师,艰难地持续了一年,终因经费来源断绝,而完全停办。

对于实业,阿王曾经很有热情。早在 1910 年,阿王就倡导与部分驻京蒙古王公一起创办了具有近代资本主义性质的"蒙古实业公司"。进入民国后,他在本旗继续自己的计划,建立了一家股份有限实业公司,地址在科左中旗嘎海吐五家子屯附近。公司资金的 半由札萨克衙门垫支,一半是由旗内富人入股筹集。阿王为了振兴本旗畜牧业,从国外购入 300 多只美利奴种羊进行羊种改良工作,责成专人管理这个公司,但因缺乏商业人才,又监管不严,公司管理层贪污肥己,经营不善,两三年后种羊死了一半,最终失败。

阿王年轻时,颇想有所作为,振兴旗政,但到了而立之年后,因为仕途、旗政都不顺利,意志开始消沉,进而生活腐化,吸食鸦片成瘾,又从北京前门妓院纳名妓古良为侧室,迷于女色。加之,卖官鬻爵,为非作歹成风,使科左后旗旗政陷于混乱,旗民百姓生计艰难,怨声载道,已不复昔日的博王旗了。阿王 1930年病死北京,享年 45 岁。

阿王逝世后,他的独生子和希格成为科左后旗末代札萨克。和希格字沛生,1912 年被封为辅国公。1930 年阿穆尔灵圭亲王逝世后,经南京国民政府批准,和希格接任科左后旗札萨克,而未能承袭博多勒噶台亲王爵位。1932 年,伪满洲国建立后,日本人另外任命他为"内蒙古自治军总司令"。从此,和希格一直闲居北京。日本投降后,和希格被国民党政府任命为科左后旗旗长。1946 年春,他从北平回旗,当年夏天,中国共产党领导的东北民主联军和东蒙自治军解放科左后旗时,和希格在吉尔嘎朗被俘,被送到乌兰浩特兴安省公安总局审理。1947 年 5 月,内蒙古自治政府成立以后,被政府公安部审查一段时间后,因为没有什么重大政治历史问题,他被送回科左后旗酌情处理。旗人民政府令其自谋生计。和希格在科左后旗吉尔嘎朗街放了两年猪。中华人民共和国成立之后,因为他能写一手不错的大小楷书,北京市文史馆把他从科左后旗找去,让他专门写大小楷书。从此以后,和希格一直在北京工作生活。

和希格(后排)与父亲阿王合影

参考文献:

[1](民国)赵尔巽.僧格林沁传[M]//清史稿:卷四百四.北京:中华书局,1977.

[2]卓海波.僧格林沁研究[D].北京:中央民族大学,2006.

[3](清)李岳瑞.悔逸斋笔乘[M]//满清野史四编:笔记小说大观(三十五编):第九册.扬州:广陵印书社,1983.

[4](清)罗惇曧.太平天国战记[M]//满清野史四编:笔记小说大观(三十五编):第九册.扬州:广陵印书社,1983.

[5](清)黎庶昌.曾文正公年谱[M]//近代史料丛刊(第一辑).上海:上海出版社,1966.

[6]达斯敖斯尔.僧格林沁的传人——伯彦讷谟祜及其儿孙[M]//中国人民政治协商会议,内蒙古自治区委员会文史资料委员会编.内蒙古文史资料第32辑.呼和浩特:内蒙古人民出版社,1983.

[7]周学军.僧格林沁及其子孙出生日期考[J].内蒙古民族大学学报(社科版),2008年第4期.

[8]乌力吉套格套.辛亥革命时期阿穆尔灵圭的政治活动[J].内蒙古社会科学(汉文版),2002年第1期.

[9]中国史学会主编.第二次鸦片战争[M]//中国近代史资料丛刊.上海:上海人民出版社,1978.

草根精英——喀喇沁札萨克郡王家族的浮沉

前面的亲王无论成就如何,他们都是黄金家族的成员。高贵的血统让他们一出生就具有与众不同的特权。比较而言喀喇沁旗的兀良哈家族血统就差很多,无论他们怎么努力,他们都无法改变非黄金家族的身份。清代喀喇沁部的祖上是蒙古大将扎尔楚泰的儿子济拉玛,他辅佐成吉思汗有功,连传七代到和通。此时,该部有部众六千户,游牧于喀沁河,于是以河名命名自己的部落叫作喀喇沁。

到清代,喀喇沁部的首领是苏布迪。苏布迪是元臣济拉玛的第十四世孙。天聪元年(1627年),苏布迪率领部众投靠皇太极,仍封给喀喇沁故地。天聪二年(1628年),苏布迪曾经跟随清廷出征察哈尔。天聪三年(1629年),苏布迪跟随清军出征明朝攻克遵化州,不久去世。皇太极曾夸奖苏布迪与奥巴都是最优秀的人才。可惜苏布迪的出身不好,科尔沁部的奥巴都封土谢图汗了,苏布迪才获得一个不咸不淡的"都尚楞"封号,连主管本旗的权力都没有。不知道是否是因为苏布迪的境遇,刺激了自己的子孙,让他们意识到自己家族在血统上无法与黄金家族的成员相比,所以要加倍的努力,希望从另一个方向让自己的家族繁荣发达起来。苏布迪的儿子固噜思奇就是这样做的。固噜思奇的一生几乎都是在紧密跟随清军征战中度过的。

天聪八年(1634年)六月,固噜思奇随清军由都尔弼出征明朝,攻入得胜堡。固噜思奇攻打大同时,攻克堡垒一座。天聪九年(1635年)正月,固噜思奇终于被授予札萨克,有了喀喇沁旗的管理权。五月,他又随清军出征明朝,劫掠平鲁卫。崇德元年(1636年),皇太极称帝,大封王公。一次就封赏了众多的亲

固噜思奇
（1636—1658 年）

王、郡王。固噜思奇军功仍然不少，却只被封了个固山贝子，赠"多罗杜棱"号。贝子上面还有贝勒、郡王、亲王三个艰难的台阶。然而，史书中从来没有出现过固噜思奇有什么不满。他更多的是继续用自己勤勤恳恳的行动说话。刚刚获得贝子爵位，固噜思奇就跟随武英郡王阿济格出征朝鲜。崇德三年（1638 年），固噜思奇跟随郑亲王济尔哈朗攻打明朝前屯卫及宁远城。崇德六年（1641 年）六月，固噜思奇跟随清军围困锦州，击败总督洪承畴援兵。十一月，固噜思奇带领都统谭泰等自黄崖口，进围蓟州，与明朝总兵白腾蛟、白广恩带领的 3000 兵马遭遇，大败了明军，随后攻入山东。崇德七年（1642 年）在怀柔县螺山，固噜思奇击败明朝总兵唐通，献上俘虏。皇太极亲自设宴款待。清军入关前的每次战斗，几乎都有固噜思奇父子忠实的身影，可是封赏却总是不那么及时。

清军入关七年后，或许是顺治帝重新认识了一下历史，固噜思奇才晋封为多罗杜棱贝勒，世袭罔替。这也是他的最终爵位，直到顺治十五年（1658 年）去世。固噜思奇有三个儿子，长子图巴色稜袭贝勒位。他去世后，他的三弟班达尔沙于康熙三年（1664 年）袭位。康熙七年（1668 年），清廷对历史上的功臣进行了一次再认识，追叙班达尔沙祖上的功劳，晋封班达尔沙为郡王，世袭罔替。固噜思奇父子为清廷一生鞍马，终于在子孙身上获得了回报。

班达尔沙于康熙十年（1671 年）逝世，由他的二哥札什袭位。对于自己大哥、三弟的碌碌无为，札什终于迎来了属于自己的表现时刻。康熙十四年（1675 年），察哈尔部亲王布尔尼发动叛乱。清廷命郎中玛喇带着上谕，命令札什与蒙古诸部兵一起剿灭。当时奈曼郡王扎木三响应布尔尼，发动叛变。他派人哄骗札什说:"科尔沁、扎鲁特、阿鲁科尔沁、乌珠穆沁、浩齐特、阿巴噶诸部举兵响应,你也一起参加吧。"奈曼郡王的谎话太不靠谱,科尔沁部与清廷皇室存在密切的姻亲关系,怎能全部背叛。而且札什可是把大哥、三弟都等没了,经历了多少江湖风雨,才轮上的郡王,这个爵位来之不易。札什也没有彻底和奈曼郡王翻脸,而是客客气气地送走了使臣,婉拒了他的邀请。之后札什立即派属下达喇世向清廷疾驰奏报自己不依附叛逆的情况。这么光辉的时刻,当然要第一时间让最高领导知道。

清廷派理藩院员外郎图尔哈图去喀喇沁旗联系札什。札什与图尔哈图的话体现了他的精明。札什说:"我蒙圣上的恩德,爵位是郡王,怎么敢一起反叛呢?如果只有两个旗的叛乱,我能对付,但恐怕叛乱的人很多啊!"这段话里,札什首先声明坚定支持清朝的立场。之后呢,担心自己被清廷派去当炮灰,或者战败后追究自己责任,事先把自己的力量声明清楚。他又说:"使臣不可久留,应该快速回奏圣上。奈曼郡王扎木三迁徙到察罕郭勒,布尔尼移营也在靠近。他们的士兵已经会合,别处没有反叛的军队。如果出动军队,应该从古北口的方向进军。"这段话向清军提供了第一手的叛军信息,说明札什是个有心人,提前就派人搜集了相关的情报,向清廷告密。札什又说:"途中凡是遇到有询问的人,请使臣回答:'我们奉旨来召札什,因为他的马瘦不能进京,我们先回去了。'"札什很聪明,担心走漏了他密报清廷的消息,给自己留下更多的活动空间。或许,他也是以马瘦为借口,拒绝奈曼王的。这里透漏出他的智慧和对叛军的一丝暧昧,毕竟谁也保不住布尔尼是否能成功,留下个中立的印象挺好,给自己也留条后路。

图尔哈图将札什的话转告了康熙帝。对于札什既忠诚又有头脑的表现,康熙帝很高兴,赐给他御用的甲胄表彰札什。札什再次派遣护卫丹西喇奏报:"奈曼部台吉鄂齐尔,不跟随扎木三反叛,携弩箭逃到臣的牧地。"康熙赐给丹西喇三等达尔罕世职。不久,清廷在主力军队平定南方三藩之乱的情况下,居然迅速派出一支由抚远大将军信郡王鄂扎统领的几万人的大军,强弱一目了然。札什彻底表明立场,立即带兵加入清军的队伍,一同出击布尔尼,在达禄打败了他。在清廷平叛布尔尼的过程中,喀喇沁郡王札什表现出既忠诚又理性,还能战斗,给康熙帝留下很好的印象。

　　康熙十六年（1677年），康熙帝出巡塞外，专程到达察罕河驻扎，召札什来觐见。札什立即用行动表达对皇帝重视的感恩，请求该部1500名士兵为前锋，给康熙帝开路。康熙帝赏赐给他弓、天服、钱币等。康熙二十九年（1690年），噶尔丹与清廷的大战一触即发。清廷命令札什侦查噶尔丹，追随理藩院尚书阿喇尼的军队。不久又命令他护卫军粮，不用亲自随军到前线。噶尔丹兵力强大，来势汹汹，多少人盼着找个理由远离战场。可札什不这么想，他表现得非常勇敢，让儿子垂扎木素上奏："皇上天恩，体恤臣太多了。臣不才，蒙皇上恩养，如果能亲自效力，怎么敢不努力报恩呢？臣准备了士兵900人，愿意命臣属下塔布囊巴尔图等人，督率士兵500人护卫粮草。臣亲自率军400参加战斗。"康熙帝同意了他的请求。札什这次是真的冒险，因为在此后的乌尔河之战中，清军大败，清军统帅理藩院尚书阿喇尼都被杀掉。札什能捡回条命，着实幸运。札什对此似乎并不害怕。同年七月，他继续参加与噶尔丹的战斗，跟随裕亲王福全在乌兰布通打败了噶尔丹。康熙三十一年（1692年），康熙帝赐札什及手下官兵服装、钱币。对于这么勇敢忠诚的札什，作为奖赏，康熙帝将自己的三女儿——和硕端静公主，嫁给了他的二儿子噶尔臧。这是清代公主第一次嫁给蒙古非黄金家族的成员。札什和皇上沾上了亲，地位自然不一样了。康熙三十五年（1696年），札什的地位提高了，专程护卫康熙帝亲征克鲁伦河，赏赐鞍马。

　　康熙四十三年（1704年），札什去世，清廷诏令专门建立墓碑表彰。同年，札什次子、和硕额驸噶尔臧袭札萨克多罗杜棱郡王。本来这几乎是喀喇沁兀良哈家族最好的晋爵机会，因为此后清廷还有一系列仗要打。噶尔臧作为康熙帝的亲女婿，如果能像他父亲一样拥有智慧和军事能力，获得亲王的爵位还是很有机会的。然而，噶尔臧不但没有站在父祖的肩膀上继续往上爬，还一下子葬送了几代人不断的努力，终清一朝，喀喇沁再没出一个亲王，自己也落了个因禁致死的可悲下场。为什么会有这样的结果？事情的始末是这样的：

　　本来康熙帝将自己的女儿和硕端静公主嫁给噶尔臧，对他而言简直是一件天大的好事。可是，婚后两个人的感情生活极不幸福。清代蒙古王公和清廷皇族的适龄男女，不能随便结婚。他们必须要服从朝廷的统一安排。清朝的满蒙联姻，从政治的角度而言是成功的，但是从个人的角度而言是反人性的。从清朝公主的角度来看，清军入关前，那时公主的生活还不那么优越，嫁到蒙古后，公主大多不开心,甚至有公主向父皇报告,蒙古人不烧火炕,冬天冷得受不了。入关后,公主的生活条件更为奢华,更难容忍蒙古的生活。有的满洲女子一生气就回了娘家。为了避免这样的事情发生,影响满蒙关系,清廷甚至规定满洲皇族女子嫁给蒙古王公,没有朝廷的特别允许,十年之内不许回家。一个娇生惯养的皇家之女,嫁到陌生的塞外草原,十年不能回家,她们的痛苦谁能体会?

从蒙古王公的角度看,娶个皇族的女子也有很多烦恼。为了迎娶她们,当地的蒙古人要花很多的钱。皇族女子生活比较奢侈,这会大大增加家庭的开销。花钱还好说,可皇族的女子借着自己家的地位高,经常欺负自己的丈夫及丈夫的家人。皇太极的弟弟多罗饶余郡王阿巴泰的女儿,嫁给了科尔沁部贝勒色冷的儿子色尔古伦。郡主和丈夫结婚五年,关系一直不好。一次双方矛盾激化,郡主一赌气回娘家。万般无奈,她的公公、丈夫到沈阳来找媳妇。没想到一进府门,就被王府里的丫鬟、婆子痛打一顿。色尔古伦向老丈人诉苦,被阿巴泰训斥说:"你别想欺负我女儿。"喀喇沁旗最有名的末代王爷贡桑诺尔布的福晋,是清肃亲王的第三女善坤。她自认为下嫁,骄纵异常,对贡王视若草芥。不只是毫不尊敬,有时还横加凌辱,一切行动都要顺从她的意志。贡王内心虽然不满,但慑于阔威,敢怒不敢言。皇族的女子架子大,连身边的下人也有派,甚至蒙古王公要和自己的妻子亲近一下,还要向公主身边的人行贿才可以。因此,在蒙古地区流传着北京的媳妇为了不生孩子而故意吃药的传言。

如此,可以推想,当时噶尔臧与和硕端静公主的情况是怎样的。当然很多政治婚姻都不太幸福,大多数人也就隐忍过去了。和硕端静公主这里发生的情况比较极端。据说,因为夫妻感情不和,公主思念家人,情感无从寄托,居然和自己身边来自北京的侍卫发生了亲密关系。流言蜚语散播出去,噶尔臧开始不太相信。有一天他说他要出去打猎,两三天后才回来。没想到噶尔臧当天晚上就回来,冲到公主卧室,抓奸在床。噶尔臧在新仇旧恨的刺激下,一脚端在公主胸口上。金枝玉叶的公主哪里受得了这样的重击,当场身亡。关于公主之死,有一种说法是,噶尔臧将靴子里装上银子,增加硬度,专门想踢死公主。这倒不可信,因为这样做对他一点好处没有,害处却非常大。他这一脚不但踢死了自己的妻子,也断送了自己的自由和家族的政治前途。其代价如此惨重,在清醒的情况下一般人都不会这么做。这件事更符合逻辑的原因就是"激情杀人"。

清朝的官修正史当然不会记载这种皇家丑事,但也可以看出一些蛛丝马迹。《康熙实录》记载,康熙五十年(1711年),公主去世后,康熙帝便以行事妄乱的罪名,废黜了噶尔臧的郡王爵位。至于他究竟犯了什么罪,并未记载。试想一个郡王如果不是做出不可饶恕的罪行,一般不会被彻底罢黜的。比较一下前文提到的科尔沁部的额驸和硕毅亲王色布腾巴尔珠尔,便可以得出结论。而这个极大的罪行并没直说,此间必有蹊跷,所以公主之死的传说还是有些道理的。进一步的证据是,这样沉重的惩罚康熙帝感觉仍然不够,他并没打算就这么放过噶尔臧。公主去世后不久,喀喇沁塔布囊丹巴等人控告噶尔臧在公主丧事期间,霸占索诺穆的妻子。这样的事情不知道是否属实,退一万步,哪怕是真的,对于一个贵族在自己妻子的丧事期间,和别的女子发生些身体关系,是有罪,但罪过不是特别大。可是康熙帝处理得很重,他虽然否定了大臣们将噶尔臧行处斩的建议,但决定噶尔臧从宽免死,革除和硕额驸,彻底断绝与皇家的亲缘关系。之后把噶尔臧从喀喇沁押解进京,在北京监禁,交给步兵统领所属官兵看守。此后,噶尔臧处于无期徒刑状态,一直到死。在公主死后这个敏感阶段,噶尔臧如果不是杀掉康熙帝的女儿,还有什么事不能明说,却又极度让康熙帝仇恨他呢?

朝鲜《李朝实录》提供了另外一种说法:"噶尔臧想图谋造反,所以被罢黜、监禁。"这种说法的真实性也不高。康熙五十年了,清朝统治已经非常稳固,喀喇沁怎会造反?同在康熙时期,察哈尔亲王布尔尼在那么有利的条件下造反都失败,他能行?而且如果真是造反,清朝史书也该有些痕迹。布尔尼之母可是清朝的公主,康熙帝是布尔尼亲表哥,他的造反清廷官方记载都没避讳,所以种种迹象表明第一种说法可能性更大,这是一场家庭矛盾引发的悲剧。

公主去世时年仅37岁。她的陵墓距今喀喇沁旗锦山镇约28公里。相传公主来到喀喇沁时,康熙帝给她挑选了大批精明能干的仆人,总共10个姓氏。她去世之后,这些人守坟护陵,继续陪伴在公主身旁,久而久之,在公主坟墓附近出现了一个村庄,即今天喀喇沁的十家满族村。

噶尔臧和公主还生了个儿子叫作敏珠尔喇布坦。他是康熙帝的亲外孙,本来可以获得喀喇沁札萨克郡王,甚至更高的爵位和政治前途。因为他父亲的错误,敏珠尔喇布坦最初只被康熙帝封为一等塔布囊,历经康熙、雍正、乾隆三朝。

乾隆八年(1743年),敏珠尔喇布坦才被封为辅国公。乾隆二十一年(1756

年),他跟随乾隆帝去木兰围场狩猎有功,被赐予贝子品级。乾隆二十四年(1759年),他被晋封为固山贝子。据说敏珠尔喇布坦长大之后,大兴宫室,广罗人才。有人向朝廷告发他有野心,就在朝廷派来钦差调查之前,他获得消息,令人焚烧了正在兴建的宫殿,而在殿基上建起了寺院,即今日的灵悦寺。当钦差看到的不是宫殿,而是庙宇便不了了之。围绕灵悦寺建起的市镇,即今锦山镇前身。乾隆二十五年(1760年),敏珠尔喇布坦病逝。他的爵位不是世袭罔替,本应停止袭位。乾隆帝念敏珠尔喇布坦效力年久,其长子丹津达尔扎又任乾清门行走,加恩让他降袭镇国公。乾隆四十九年(1784年),乾隆帝下旨,因丹津达尔扎所袭的镇国公是由清廷恩封,故他的子孙不得世袭爵位。

和硕端静公主陵(位于内蒙古赤峰市喀喇沁旗十家满族乡十家村)

　　噶尔臧被废黜王位后,他的弟弟色棱袭位。色棱是札什的三儿子,一个太平王爷。历史上没有他太多的事迹。值得一提的是,他几乎是清朝最幸运的王爷,这种好运气几乎达到中彩票的程度。运气是个有趣的事情,曾国藩临死前,对自己的好友吴敏树、郭嵩焘说:"我死后的墓志铭必须依靠您两位了。其他文字的修饰,你们随便写,只是文字结尾,我自己想好了,就写:'不信书,信运气。公之言,传万世。'"色棱应该和曾国藩有精神共鸣。色棱成为郡王有两个的途径。一个是立大功。可惜他出生之后,没机会参加清廷的军国大事,此路不通;另一个拥有王位的途径就是袭位了。这首先必须要求他的父亲是郡王。可惜,他的爷爷固鲁思奇有三个儿子。他的父亲札什是第二个儿子，然而因为是小妾生的庶子，在袭位序列中排名最后，机会非常渺茫。清廷定制，爵位父死子承，除非札什的大哥和三弟都没儿子，且死得都比札什早，他才有机会。第一个袭位是札什大哥图巴色稜。他在位 6 年去世了。因为图巴色稜没有儿子，所以第二个袭位的是札什的三弟班达尔沙。班达尔沙比他大哥多在位一年，他在位 7 年病逝了，同样也没儿子。最后顺位的札什苦等 13 年，最终继承了喀喇沁杜稜郡王。他比他的兄弟厉害，一下子生了 4 个儿子。作为嫡子的色稜获得王位的机会虽然大了很多，但他前面还有自己的二哥噶尔臧。除非噶尔臧早亡无子，色稜才能重演他父亲的好运。不想噶尔臧虽然和公主关系不好，却生了两个儿子。这时色稜获得王位的机会几乎为零。没想到这样渺茫的事情居然发生了，噶尔臧在位 7 年，因为犯了大罪，不但自己的王位被罢黜，连自己儿子的前途也毁于一旦。色稜终于继承了郡王爵位。苏东坡有诗："唯愿我儿愚且鲁，无病无灾到公卿。"色稜也许就是此诗的典型代表。

又经过几代人的努力，乾隆四十八年（1783 年），第七位喀喇沁郡王次喇特纳曾经因为效力年久，忠于职守，被乾隆帝授予亲王品级，可惜不能世袭，后代仍然是郡王，直到清朝灭亡。次喇特纳往后又传了四代，旺都特那穆济勒是第十一位喀喇沁札萨克郡王，兼任索图盟长。福晋是清代礼亲王的妹妹。因为是"御前行走"，旺都特那穆济勒每年都要进京值班，和清朝的王公权贵过从甚密。北京的达官贵人大多非常喜欢京剧，溥仪的叔叔载涛就是其中的代表人物。一次老福晋病了，溥仪的生父载沣在身边伺候。载涛正好在家里搭台票戏，冲到房里拉住载沣的衣袖就往外拽，边走边说："《黄鹤楼》缺一角色，二哥扮周公瑾如何？"老福晋大怒："我病成这样，你仍然酣歌恒舞取乐？真是没有心肝啊！"

受他们的影响，旺都特那穆济勒也酷爱京剧。回旗之后，塞外不像北京看京剧方便，他便不惜巨资在王府的偏院内修筑了一座富丽堂皇的戏楼，叫作"燕贻堂"。为了训练演员，旺都特那穆济勒从北京花重金聘请京戏教师、琴师数人，教授新选拔进来的旗民子弟。这些蒙古人汉语都说不好，学艺还未臻熟练，王爷就迫不及待地强迫他们登台演出。旺都特那穆济勒正襟危坐地去欣赏，这些演员，毕竟和北京的名角差得很远。王爷听出有荒腔走板或吐字不清的地方，就勃然震怒，把演员拉下台来，痛打一顿。有一个叫六十六的演员，扮演京剧《芦花荡》中的张飞,在道白唱名时把张飞的"飞"字念为"灰"字的音,因一字之错,竟被这位旺都特那穆济勒抽了几十黑蟒鞭,又把他的眼珠刺破,揉进石灰,使这个假张飞双目失明。

旺都特那穆济勒还有一个残忍的怪癖,就是在每逢吃饭的时候一定要把一至二名奴婢打得头破血流,这才心满意足。他还沉迷喇嘛教,每天清晨都要念一遍藏语经卷,这在他生活中是一件必不可缺的大事。佛家本是劝人慈悲仁爱,旺都特那穆济勒在念经时,却用手里的法器,痛击近侍的头部,念得快,打得更快,像是击节一样,看到血流如注的时候,他才罢手。旺都特那穆济勒生性极端吝啬,对下人非常严苛。王府内上下数百名差役,每天每人仅发给两木勺小米饭,永远不让他们吃饱。下人们甚至连大小便都有一定的时间限制,而这些仅是他残暴苛责的冰山一角。

旺都特那穆济勒虽然对别人冷漠无情,但是对自己的儿子贡桑诺尔布却非常关心重视。他非常关注孩子的教育。贡桑诺尔布6岁时,旺都特那穆济勒由山东聘请一位姓丁的举人作为儿子的启蒙教师,同时还让他从师喀喇沁中旗蒙古文学者伊成贤学习蒙满两种文字。因为旺都特那穆济勒管教严厉,贡桑诺尔布从小刻苦读书,在十四五岁时已熟读四书五经和一些古典诗文,能写八股文,会作试帖诗。旺都特那穆济勒又令贡桑诺尔布跟随一位在西藏住过多年的喇嘛攻读藏文经卷。贡桑诺尔布还师从一位河北省的武术家练习拳击和骑射。因此,贡桑诺尔布从小就得到了全面的文化教育和身体训练。这为他成为清末蒙古地区近代化的先行者,创造了条件。

参考文献:

[1]札萨克多罗杜棱贝勒固噜思奇传[M]// 清朝国史馆编.钦定外藩蒙古回部王公表传:卷二十三.台北:台湾商务印书馆,1986.

[2]清圣祖实录[M].北京:中华书局,2012.

[3]吴恩和,邢复礼.喀喇沁亲王贡桑诺尔布[M]// 中国人民政治协商会议,内蒙古自治区委员会文史资料委员会编.内蒙古文史资料第32辑.呼和浩特:内蒙古人民出版社,1983.

[4]吴晗.李朝实录中国史料编[M].北京:中华书局,1980.

一言难尽——贡桑诺尔布

贡桑诺尔布，字乐亭，号夔盦，卓索图盟喀喇沁右旗札萨克亲王，兼卓索图盟盟长。贡桑诺尔布自小仁义孝道，对于父母晨夕定省问候，克尽为子之道。其父旺都特那穆济勒年老多病，贡王必亲手煎制汤药，自己先尝了才给他父亲去吃。夜间，衣不解带，侍奉于病榻之侧。光绪二十四年（1898 年）四月，其父逝世，贡王极为悲伤，备极丧制。第二年春天，27 岁的贡王承袭王位，就职北京。他把母亲迎接到京，使她安享晚年。母亲在京逝世，贡王悲痛万分，不远千里，抚枢回旗，将其母陪葬于父王陵寝。贡王对旗内平民也恩义和善，继承王位后，将他父亲时代的弊政尽行革除，解散了京戏班，遣送了梨园子弟；取消了每人每天两勺小米饭的限制；更重要的是减免了人民负担的无休止的徭役，改为定额制。长期遭受残暴统治的喀喇沁人民，终于得到了难得的休养生息。

贡桑诺尔布塑像
（1872—1931 年）

贡王的成就

贡王在启蒙文化教育、发展地区经济等方面做出了巨大的贡献,使闭塞的塞外接触到了新鲜的空气。贡王有强烈的求知欲,终其一生,手不释卷。他精通蒙、满、汉、藏等四种文字,喜欢诗文,工于书法,擅长绘画,其绘花卉,疏落苍秀,不掩其沉雄之气。贡王著有《竹友斋诗集》流传后世。出于对知识的热爱和旗民的关怀,贡王竭力促进喀喇沁旗文化教育事业。

启发民智

贡王兴办的新式文化教育,在内蒙古地区时间最早,效果最好。这些文化事业,包括男女教育、军事教育、政治教育、移风易俗等等。

崇正学堂　光绪二十八年(1902年)10月31日,贡王在王府的西院开办了喀喇沁旗第一所学校崇正学堂,招收旗民中青少年及适龄儿童入学。学校的硬件条件优良,有宿舍、饭厅、小型图书室,而且一切都是免费。

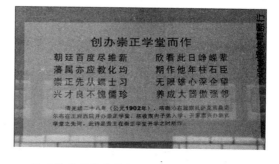

创办崇正学堂而作

朝廷百度尽维新　欣看此日峥嵘辈
藩属亦应教化均　期作他年柱石臣
崇正先从端士习　无限雄心深企望
兴才良不馈儒珍　养成大器傲强邻

崇正学堂开学典礼上,贡王即兴所赋之诗

对于家远而又不愿住宿的学生,在上学时王府都用四套马车接送。贡王自任校长,派管旗章京朝鲁为监督,并聘江南名士陆君略、钱桐为总教习,长安为汉文教员,富斋宝为蒙古文教员,并责成陆君略和博彦毕力格编写汉文四字句及蒙旗地理教科书。贡王在崇正学堂的开学典礼上当场挥毫撰写了一副楹联,悬挂在学校正厅的明柱上,文为"崇武尚文,无非赖尔多士,正风移俗,是所望于群公"。

学校的第一批学生是由十几个官员子弟和几个王府青年组成。他们接受蒙汉两种语言的教育。第二年,崇正学堂正式招生,旗内蒙民却传出各种谣言,比如,"学堂和天主教堂没有什么区别","我们的子弟一入学堂,不仅变成异教徒,还要被送到外国去,后果怎样,那是很难说",一时间人们都吓破了胆,有的带着子弟远走他乡,有的把子弟藏在地窖里。贡王多次派人到蒙民家里进行宣传教育,但毫无效果。于是他下令:"今后对于送来学生的人户,免去户口税,并且给他们的门首悬挂上解除赋役的特许木牌,以资奖励。"这样才陆续有人把子弟送进学堂。其实这也不能奢求当时的蒙古平民,鲁迅早年上洋学堂的时候,也被人看不起,说他把灵魂卖给了鬼子。光绪三十年(1904年),崇正学堂学生逐渐增多。贡王又从北京请来新式师范毕业的两位汉人教员。根据新制对学生进行一次考试,按每个学生的文化程度,分快、中、慢三班,分别授课。自此之后,崇正学堂发展更为规范。

按照贡王的授意,崇正学堂的师生,还组成了两个专门研究地方行政制度的政治小组,定名为"崇德学社"。该社开会时,贡王有时也亲自参加,坦率地发表他的个人见解。贡王非常不满喀喇沁旗行政人员的墨守成规和贪污腐化。他还在崇正学堂内附设了一个政治训练班,培养从事地方行政的人才,想把老朽昏庸的官员逐渐地加以淘汰,让拥有新知识的新一代来接替他们的工作。为了避免守旧分子的猜疑和情绪上的不安,政治训练班在表面上被冠以师范班之名。

女子教育   如果说过去的蒙古平民,男孩还有机会去寺庙里学习些知识的话,那女孩几乎就没有机会学习知识文化。在整个中国女子学校都凤毛麟角的时候,贡王开创了蒙古草原第一所女子学校。光绪二十九年(1903年)秋,贡王未经清廷允许,私下出访日本。访日期间,贡王会见了东京实践女学校长下田歌子,充分意识到女子受教育的重要性。回国后,贡王立即着手创办毓正女子学堂,改修"燕贻堂"为校址。光绪三十年(1904年)冬,女校正式开学。入学新生约50人,一半是王府内的侍女。贡王的妹妹七格格也入校学习。学校由贡王福晋善坤亲自主持校务,聘请巴图敖其尔为蒙、汉文总教习,喀喇沁中旗宁姓女子为蒙古文教员,又从北京聘请状元徐浦的第八女张夫人为汉文教员。这所学校很有特点的地方是还有外国教师。经日本陆军参谋本部福岛中将的介绍,贡王聘请日籍女性河原操子为日语、算术、手工、图画、音乐、体育等各门课程的教员。河原操子归国后,贡王又由日本继聘当时为帝国大学讲师的鸟居龙藏夫妇分担崇正、毓正两校的男女主任教员。毓正学堂的新式课程齐备,完全可与同一时期著名的上海务本女学和爱国女学比肩。这些女学生,能以蒙古语写作,又能读英文、日文,数学、手工也有初见成效。

选派学习　为了让学生接受更好的教育,视野更加宽广,贡王多批次向外地,甚至向外国选派学生。其中崇正学堂的学生徐文明、白瑞,被送入保定简易师范学堂;恩和布林、特木格图、巴达尔胡、太平4人被派往天津,在北洋实习工厂学习织布、染色,制造肥皂、蜡烛、粉笔以及电镀、照相等技术;双柱巴音宝、六十五、吉里嘎拉等4人入北京测绘学堂学习测量。贡王还通过布利亚特蒙古族高木布耶夫的关系,由崇正学堂选拔成绩优秀的学生德克精额、恩和布林、特木格图、诺仍丕勒等4人,送入北京东总布胡同东省铁路俄文学堂,专攻俄文。

光绪三十二年(1906年)冬,通过日本陆军参谋本部次长福岛安正中将的关系,贡王派遣男生伊德钦、诺门必立格、恩和布林、特木格图、于恒山等5人进入东京的振武学堂。贡王保送这5名学生留日时,并未得到清政府的许可。已经入学的学生,如被清朝驻日留学生监督发觉时,就有被遣送回国的危险。日本学校也注意到这一点,便把他们和安南留学生安排在一起,限制他们和中国留学生接触。这几名留学生由振武学堂毕业后,本应升入陆军士官学校,由于清政府有不许蒙人学习军事的禁令,恐被发觉,因此,除于恒山一人因故中途辍学外,其他4名分别考入东京农科大学、千叶县医科大学、东京慈慧医科大学等学校。

毓正女学堂则选出女生叶婉贞、吴秀贞入上海务本女学堂。光绪三十一年(1905年)冬,贡王乘日本女教师回国之便,选派毓正女学堂女生何惠珍、于保贞、金淑贞3人,与河原操子同船渡日,入东京实践女学堂肄业。由塞外走向内地,由中国走向世界,贡王致力通过教育培养蒙古的人才,其中一些学生在近代的政坛、文坛留下了自己的痕迹。

新式军事教育　光绪二十六年(1900年),八国联军侵入北京,慈禧太后、光绪皇帝逃至西安。贡王听到这些消息后,感到大清朝已经处于风雨飘摇之中,自己决定兴学练兵、发愤图强。光绪二十七年(1901年)春,贡王借进京朝觐的机会,由袁世凯推荐,重金延聘了保定武备学堂毕业的周春芳为军事教官。回旗后,贡王在旗内挑选了一部分青壮年,加上原有的王府卫兵及府内的青年差役,一同整编为一支新式军队。这支军队服装整齐,枪械精良。在周教官的新法操练下,军队取得了显著成绩。后来这一支军队在保卫蒙旗治安、剿灭地方土匪中,都起了很大的作用。

贡王办学展览

　　贡王为了培养下级军官,在同年的冬季,利用他三叔在王府西面大西沟门的旧宅,设立了守正武学堂,选拔本旗官员子弟约30人入学。经日本福岛中将介绍,延聘了日本陆军人尉伊藤柳太郎、陆军少尉吉原次郎为正副教官,又聘能操日语的浙江钱塘人姚子慎为翻译官。学堂学科用日本操典,由日本教官日语授课,操练时也要用日语口令,是一所完全日本化的军事学校。同时,贡王又从崇正学堂学生中选派诺仍王勒、阿拉塔、那顺乌勒吉、班达木吉、阿拉金布入北京陆军贵宵学堂学习,从守正武学堂选出温哲浑、陶克托胡送入保定军官学堂学习军事。

　　贡王还超级大胆地在喀喇沁新军中,遴选了乌尔固木吉、铁丹、纳木格其等几名优秀士兵偷偷送到北京东交民巷日本驻京军的军营内,和日本士兵一起学习器械体操和军乐。为了避免清政府的注意,让他们剪发改装。日本驻北京驻屯军赠送贡王日本步枪100支。他把这批新枪全部发给军队和守正武学堂的学生,用来替换旧枪。贡王招募了旗内青年20余名编为警察队,并在王府内设立警察局,置警察若干名,经常巡逻旗内各要冲,借以维持地方治安。数十年来喀喇沁王府附近各村落未受到一次盗匪的侵袭,和这些设施不无关系。

促进文化交流 光绪三十一年(1905年)冬,贡王为了启发民智、宣扬新政,在崇正学堂内附设一报馆,创办了《婴报》。该报为内蒙古地区的第一份报纸,也是国内第一份蒙古文报纸。《婴报》每隔一天印一大张。贡王要求崇正学堂的师生不断投稿。《婴报》后来逐步发展,总馆设在北京,在内、外蒙古及奉天、吉林、黑龙江等处均设有分馆。该报除刊登国内外重要新闻外,还登载有科学常识、各盟旗的动态以及针对时局的短评等。由送报员送到人烟稠密的村落,大量散发,不收报费,专为开通蒙人风气,以期自强。

在开展文化教育的活动中,贡王深感旗民中的文盲太多,便开展了相当广泛的旗民识字运动。他的具体办法是,用英文字母创造出一种简易的蒙古文字母和拼音方法,先在军队中试行,逐渐推广到旗民的男女老少中。贡王60岁高龄的母亲,也参加了这个识字运动。据说由于她的带头,不到数月,成绩斐然,大多数人都具备了阅读报纸的能力。与此同时,贡王花巨资在北京购买了《图书集成》《佩文韵府》等大批珍贵书籍,在王府的西跨院开辟了一个略具规模的小型图书馆,专供各校师生和旗衙门内的行政人员阅读。

贡王又发现本旗境内邮电不通,由此造成了诸多不便,于是派人到离王府45千米的围场县接洽。在取得县方的同意后,大量采伐附近各山的松树,贡王亲自督工,自围场县的克勒沟到喀喇沁王府,在长达45千米的道路上,架设电线杆,使对国内各地的电报畅通,改变了长久以来蒙古草原通信不便的问题。他又由旗内选出精壮蒙人三名分为三班,徒步往返于北京、喀喇沁之间,递送邮件。并设邮政代办所及电报收理处等机构,派专门人员管理。邮电畅通以后,各校师生及旗民中的知识分子,大批订阅北京出版的报刊书籍,使喀喇沁旗人民大量地吸收到外界的文化,文风蔚然,盛极一时。

移风易俗 蒙古地区有很多旧的风俗习惯,已经不适应新的时代需要。贡王公开宣布："现今世界,是以知识能力为贵,而不以血统出身为贵。今后把本旗所有伯牙楚德、和布德、札尔沁等贱民,一律改编为苏木阿拉特这样的平民。把他们也都登记在红档册上,使他们和苏木阿拉特有一样平等的地位,仅仅负担官差。他们之中有才干、有能力的人,也要和苏木阿拉特一样,提拔使用。今后对他们的子女永远解除其充当奴婢的身份。"

贡王规定本旗管旗章京及副管旗章京以下大小官员,因公晋见贡王时,可各称其官职,无官职的阿拉特,可称其本名。无论何人再不得向贡王自称奴才。同时改跪拜礼为鞠躬礼。他很反对婚丧中的繁文缛节和铺张浪费,极力提倡新式结婚,在其学生举行婚礼时,一定在红纸上亲笔写"文明结婚"四字派人送去,表示庆贺。贡王还规定今后旗民中有两三个儿子的,不允许再送去当喇嘛,有胆敢违抗的,将被押送至本札萨克衙门,听候法办。这种具有初步西方自由平等思想的改革措施,是蒙古草原千百年来空前的变革。清廷也对贡王兴办新学的成效给予鼓励,特赐予匾额"牖迪蒙疆"。

繁荣经济

贡王在北京任职多年,又去过日本游历,接受了一些新的文化思想。面对西方资本主义经济的飞速发展,贡王也深有感触。在本旗内,也尝试进行一些经济方面的改革和建设。

建立新型工厂企业 贡王派人从浙江购买桑苗数万株,经上海海运到天津,由天津装火车运到北京后,载以骡车再运到王府。在福会寺庙前和王府花园内,择地数百亩,广植桑苗,绿树成荫后,喀喇沁王府一带的养蚕之风获得巨大发展。贡王又在王府东的坯厂子村设了一所综合性的工厂,内分织布、染色、造绒毡、肥皂、蜡烛、染料等各部门,他聘请天津北洋工厂实习回来的学生为技术员,又聘请一名天津工人为织地毯的师傅,同时招收了很多蒙古族青年为学徒。

贡王又向北京的俄国道胜银行借银 3 万两作为资金,在王府西八家村开设了一家百货商店,名为"三义洋行",委王府官员哈莎巴塔尔、陶克托胡、博彦毕力格为正副经理,并由天津聘来一位高姓商人为助手,除出售综合工厂的一些产品外,由京津各地大量批发来蒙汉民所必需的洋广杂货。琳琅满目的商品,吸引了邻近各县乃至百里以外的蒙汉人民纷纷来此购物,每逢节日,人群熙熙攘攘。当时的喀喇沁王府被称为"小北京",世代饱受物资缺乏的边疆人民,初步享受到丰富商品带来的快乐。

改变赋税制度 喀喇沁旗旧的税制是按丁纳课,俗称人头税。这种税制比较适应蒙民传统的畜牧业经济形势。随着时代的变迁,近代喀喇沁地区的经济主体已经由畜牧业转变为农业。蒙民也效法汉民经营了农业。传统的按丁课税,已不再适应时代的需要。

札萨克旗还有一项弊政就是蒙旗大小官员,历来没有俸禄。他们的一切生活开支,都必须依靠剥削民众得来。这些官员经常利用权力,巧立名目,残酷压榨普通人民。还有一些人通过种种方式,侬附旗里的官员,逃避自己的赋税,而将繁重的赋税负担转嫁给大多数的普通民众身上。沉重的赋税让人民不堪忍受,有的人逃向东部各旗;有的人将孩子送去庙里当喇嘛,借此减轻家里的负担。结果,剩余的民众负担更重,如此恶性循环,使得喀喇沁旗人口日益稀少,人民生活更加贫困。

贡王发现这种弊端,就在札萨克衙门特设总管财务的度支局,所有税收都由度支局登记统一管理。并把丁税改为户税,分为三个等级,头等户课六贯,二等户课四贯,二等以下贫困户一律免征。除此之外,不得摊派其他任何税款。贡王并规定协理台吉以下大小官员,按年领取津贴,官兵按月支取薪饷银。因公出差官员,度支局按出差天数发给膳费,严禁其骚扰民众。度支局负责编造年度预算,量入为出,统一掌握一切开支,年终造报结算。并实行政务公开,把决算书张贴在全旗各地,公布在民众面前,使他们有所了解。

招民垦荒 兴学练兵、庶政维新这一系列措施持续了两三年之后,由于开支太大,旗内财政收入已难以负担,在既不能开源又不能节流的情况下,出现了严重的经费紧张的现象。为了筹措经费,贡王煞费苦心,起初把府内所存的珍玩古董、名人书画、衣服等物运往北京拍卖,但所得无几,尚不敷开支各学校教师一个月的工薪。他不得已遂将孟干沟及汤土沟的牧场荒地招募佃户开垦,以荒价收入弥补财政困难。办理荒事还不到一年,就大大增加了旗财政的收入,解决了很多的困难。

政治上的作为

光绪帝、慈禧太后的突然逝世,给清王朝带来了巨大的冲击。溥仪即位后,军咨府大臣载涛奉命建立皇宫禁卫军,命贡王协助招募旗兵。他在旗民中精选了壮丁 300 名,送入新建的禁卫军内编为马队第三营。作为奖赏,清廷任命贡王为御前行走,驻京当差,成为驻京蒙古王公。此时的中国南方各省革命党掀起了革命高潮。贡王的大舅哥肃亲王善耆向朝廷保举贡王,说他有才能可以重用。朝廷批准了这个奏议,派贡王回旗,招募本旗已经训练过的军队,并令其在卓索图盟、昭乌达盟,广泛招募蒙古族青壮年新兵,加以训练,以充禁卫军。贡王奉命回旗,数月之间,就招募了数千名新兵。贡王进京上报募兵经过情形,得到了皇帝的奖赏。

那彦图
(1867—1938 年)

武昌起义爆发后,南方革命党纷纷起义。1911 年 12 月 18 日,清廷与南方革命势力开始谈判议和。贡王与那彦图、博迪苏等人,召集几十位在京蒙古王公,于 12 月 24 日宣布成立了蒙古王公联合会。蒙古王公联合会成立的第三天,由资政院议员那彦图、贡桑诺尔布、多尔济帕拉穆、博迪苏 4 人牵头,内外蒙古 24 名显赫王公世爵署名,以“蒙古全体代表”的名义致函内阁总理大臣袁世凯申明了政见,表示:“蒙古藩部仍然忠于清廷,要求袁世凯不要向南方革命党让步,信中还表示拥护君主立宪政体。”袁世凯得到孙中山许诺让出大总统位之后,开始逼迫清帝退位。在隆裕太后的第一次御前会议上,袁世凯竟吓退两宫及各亲贵允认共和,仅有蒙古王公与各路军将反对,尤其是贡王和那彦图反对最强烈,结果会议尚未宣布逊位。蒙古王公的反对让清帝晚退位了十几天,终于逼迫袁世凯亮出底牌。1912 年 1 月 26 日,段祺瑞等 40 多名北洋将领通电要求"立定共和政权"的形势才彻底清晰,蒙古王公再不敢坚持强硬态度,开始赞成清帝退位,并与民国政府商讨如何优待满蒙王公。

贡王有许多面。据说贡王在京交友极广,除了清廷的权贵,他还和严复、梁启超、吴昌硕这些学者、画家们,也有深厚的友谊。他每年一定要由旗内运来大量奶制品分赠给这些人。贡王常年写字作画所用的湖笔,就是严复送给他的。他通过这些人的介绍,结交了一批才华横溢的江南名士,他在旗内推行新政,很多是由他们运筹帷幄代为策划的。令人惊讶的是,贡王还私下和革命党有联系。革命党人吴录贞与贡王交往甚密,常年有不断的书简往还,贡王有些事要和他研究后才能决定。一次吴录贞到达喀喇沁王府以后,贡王在自己的卧室里款待他,把酒夜话。吴录贞酩酊大醉,临出门的时候,倒卧在外边的台阶上。第二天,贡王亲书"吴绶卿醉卧处"六字,召匠人刻在台阶的右侧,现在铭刻犹存。贡王在民国初年曾参加了同盟会,和孙中山也有交往。孙中山曾到北京的太平街喀喇沁王府访问过他几次。国民党的中央党部刊印出来的初期同盟会会员名单中,也有贡桑诺尔布的名字。后来贡王正式加入了宋教仁的国民党。革命党和清廷是对水火不容的仇敌,贡王长袖善舞在不同政治力量之间游刃有余,使人不得不佩服他的社交能力。

喀喇沁旗蒙汉杂居已有200多年,在这期间发生过民族冲突。清末民初,贡王认为在此改朝换代的时期,如果再发生蒙汉冲突事件,对于哪一个民族都是不利的。他召集章京以下的官员、苏木富户及汉族书生、富户、商贾等数百人,在札萨克衙门开了9天的会议。贡王讲解了蒙汉两族的利害关系,解除彼此的误会,并提出了互相联合的各项规定。与会的蒙汉各界代表,听了贡王的讲话,心情开朗,大为醒悟。蒙汉两族领袖人物,共立盟誓:"尔今尔后,感激王爷仁慈为怀之大德,我等务必和睦共处,绝不辜负王爷之盛情厚意。"因此民国之后很多年间,喀喇沁旗蒙汉民族之间,从未发生过任何冲突事件。清末民初,时局动荡,内蒙古不少地区发生了蒙汉之间的冲突,正是因为有了贡王正确的引导,喀喇沁旗的蒙汉人民才得以共享平静的生活。

贡王的瑕疵

上文谈的是贡王在政治、经济、文化上的杰出贡献。只是人无完人，贡王也是如此。他另外一些作为，算是他一生中的瑕疵。

贡王与日本人交往密切。在日本驻清朝公使内田康哉的帮助下，未经政府许可，贡王秘密去日本游历。到达日本后，贡王与日本朝野名流接触频繁，特别是和陆军参谋本部次长福岛安正中将建立了密切的关系。贡王军校聘请的日籍教官伊藤柳太郎、吉原次郎是日本陆军当局在日俄战争的前夕，以教员身份派到喀喇沁王府的军事间谍。他们在贡王的优待和纵容下，进行过不少的间谍活动。在同一时期，北京的日本驻屯军也派出以炸东清铁路嫩江大桥为目标的两名"别动队员"，一姓冲，另外一个叫横川。他们由北京坐骡驮轿出发，经过古北口、热河、越茅金坝，一路到喀喇沁王府来找他们的同伙伊滕、吉原两个人，密谈了两日。贡王让他们下榻王府西福会寺，备极款待，临走时都给换了喇嘛服装，并派亲信辛占柱沿途护送到大巴林旗。巴林王扎嘎尔改派经文泰继续将他们送往哈尔滨，途中被东清铁路警备队发觉，遭到立即逮捕及当场枪决。日本的某一杂志上曾刊登过这两个特务被枪决时的照片。日军占领东北后，除在哈尔滨车站前修建一座"冲、横川两烈士纪念碑"外，在喀喇沁王府的后山上也同样地建立了一座，解放后被当地人民拆除。民国期间，有人曾在喀嗽沁旗贡王府书房的废纸堆中，发现日本人写给贡王的信，里面写道："支那已不足恃，文书已百里兴，吾王好自为之，必大有可观之处。"可见贡王与日本人交往的程度。

1912 年，辛亥革命成功，清帝逊位。外蒙古的哲布尊丹巴活佛称帝。贡王也有仿效其搞内蒙古独立的想法。他曾经访问俄国代理公使谭文，希望内蒙古独立时，能得到俄国的事实援助。因为俄国、日本之间早已划定各自在东北、蒙古的势力范围，俄国拒绝了他的要求。贡王转向日本寻求资金支持，由川岛浪速牵线，日本外务省批准，1911 年 12 月 18 日，贡王以本旗领地收入为抵押，向北京的日本正金银行借到白银 2 万两。1912 年 1 月 29 日，贡王以卓索图盟 5 旗全部矿产作抵押，与川岛浪速签订借款 20 万日元的协议。2 月 29 日，贡王从日本大仓洋行获得 9 万日元贷款，其中 8 万日元，约定日后在铁岭车展以购买武器的形式交付,贡王必须派人点收。不久他与在北京逗留的巴林王扎嘎尔,乘曹锟兵变之际,仓促回旗,招兵买马,准备取得武器后立即起事。

贡王回旗后,派遣管旗章京朝克巴达尔胡和商卓特巴喇嘛色日济扎木苏为代表,秘密去外蒙古联系哲布尊丹巴。同时他召集旗内高级官员举行了一次秘密会议。会上,他宣布了关于内蒙古独立的计划和主张。他说:"这几年来,开办学校,训练军队,振兴实业,这一切都是为了蒙古民族的独立做准备工作。现在清朝颠覆,民国肇造,外蒙独立,正是我们行动起来的好机会,如果再拖延下去,就要前功尽弃了。由日本泰平公司订购的枪支弹药,即将运来,需要马上派人去取,希望你们深思熟虑……"令贡王意外的是出席会议的蒙古官员,对于他的慷慨陈词,不但不感兴趣,相反地认为他要造反,害怕稍有风吹草动,就要招致杀身抄家之祸。结果全场默然,与会者不发一言,会议没有得到任何结果,不欢而散。会后甚有人威胁着说:"谁要给王爷去办理武器的事,我们就暗中派人在茅金坝上劫杀。"

不久之后,贡王在赤峰召集卓索图盟和昭乌达盟的王公会议,商讨归顺"大蒙古国"的问题。参加会议的蒙古王公大多担心起事不成,却遭横祸乱。连续两次会议的结果都让贡王非常失望,但接收武器一事又是当前非办不可的事。贡王找了两名亲信学生,在他府内的外书房里密谈了几个小时,晓以大义,激以热情,使他们欣然地接受了从日本人手中接收武器的秘密使命。他们马上起身,先到北京,改乘京奉线火车到达了约定地点铁岭站,投宿旅馆,等候了几天却毫无泰平公司运来枪支的消息,只好很懊丧地回到北京,并写信给贡王复命。

后来贡王才知道,泰平公司没有按照合同的内容把武器运到铁岭车站。他们把几十木箱的枪支弹药,外标"东蒙古开垦用新式农具"等字样,分载于十几辆大车上,还有十几名改穿中国服装的日本浪人坐在车上押送。行至郑家屯附近时,被吴俊升的驻军查获,人被枪决,枪支弹药均被没收。贡王听到这个消息后,非常悲观。先前,贡王派往外蒙古的代表也从库伦返回,告之库伦政权内部矛盾重重,政治经济混乱不堪,贡王深感失望,只好放弃了倡导内蒙古独立的全部计划。

贡王搞内蒙古独立的计划虽然失败,但他不甘寂寞,又提出一个"热河境内实行自治"的倡议。1912 年冬,他在自己的王府内召集了一次热河境内各蒙旗王公、札萨克和各县士绅的联席会议,讨论了实行自治的具体方案,全场一致推举他为筹备自治的总负责人。他正要进一步采取措施的时候,这一事件为热河都统熊希龄所侦知,急电大总统袁世凯请示制止的办法。袁世凯用调虎离山之计,任命贡王为蒙藏事务局总裁,晋爵亲王,电促赴京就职,并赐给北京太平街王府。从此,贡王长久住京,不亲旗政,名为倚重,实即监视。袁世凯称帝时,贡王又被位于"上卿"之列,晋爵亲王。

贡王的晚年

民国政局混乱,政府官员走马灯般迅速变换。袁世凯以后,黎元洪、冯国璋、徐世昌、曹锟、段祺瑞等相继为大总统或执政,可是贡王的蒙藏院总裁一职,始终安若磐石,没有受到任何影响,时间长达 16 年之久。贡王跃居蒙古王公中的第一把交椅,位高望重。袁世凯时代的蒙藏事务局,真正的实权人物是袁世凯的亲信,以熟习蒙情自居的副总裁姚锡光。贡王虽有总裁之名,实际上也不过一个尸位素餐的"牌位"而已。姚锡光去职后,贡王终于获得了部分的权力,可惜他也没有多少作为,只建立了一所经费不足、时刻有

晚年贡桑诺尔布

断炊之虞的蒙藏学校。这所学校就是今天中央民族大学附属中学的前身。

贡王晚年生活凄凉。政治上的不得志,让他开始心灰意懒。经济上也出现了问题,他本有一些积蓄,却都被自己的福晋卷走。道胜、正金两银行的巨额债务,重重地压在他的身上,使他周转不灵,一筹莫展。"英雄落魄,百年岁月感慨多。"种种的失意,让贡王纵情诗酒借以排遣,有时出入在北京廊房头条"青云阁",有时与蒙藏院秘书李思本等下棋饮酒。在兴之所至的时候,贡王还要捧一捧鼓姬王凤友,有时在八大胡同里也看到过他的踪迹。曾经为喀喇沁草原上精明能干的王爷,已经沉醉于纸迷金醉、歌扇舞袖的生活。1928 年,国民党北伐胜利,贡王卸任蒙藏院总裁。为了生计,他当了一任蒙藏学校校长,因学生反对而

辞职,从此心情沉重,病魔缠身。1930 年秋,贡王患脑溢血死于北京府邸,时年 59 岁。

参考文献：

[1]吴恩和,邢复礼.喀喇沁亲王贡桑诺尔布[M].中国人民政治协商会议,内蒙古自治区委员会文史资料委员会编.内蒙古文史资料第 32 辑,呼和浩特:内蒙古人民出版社,1983.

[2]邢致祥.贡桑诺尔布传[M].讷古单夫译.//中国人民政治协商会议,赤峰市文史资料研究委员会编印.世界名人传:第三册,1986.

[3]白拉都格其.辛亥革命与贡桑诺尔布[J].清史研究,2002 年第 3 期.

[4]清德宗实录[M].北京:中华书局,2012.

雪花如血扑战袍,夺取黄河为马槽,灭我名王兮虏我使歌,我欲走兮无骆驼。呜呼,黄河以北奈若何。呜呼！北斗以南奈若何。

——魏源《圣武记》

绝望终点——博硕克图汗噶尔丹

噶尔丹是一个饱受争议的人物,也许一百个人就有一百个人的看法,我们不妨从起点开始浏览噶尔丹波澜壮阔的一生,玩味许多关于他的故事。

奇异少年

顺治元年(1644 年),当清廷的八旗军勇猛地冲进山海关,打进北京,入住中原时,在遥远的中国西北一个男婴出生了,他就是噶尔丹。噶尔丹又称为博硕克图汗,即大可汗。噶尔丹出身高贵,父亲为巴图尔珲台吉,是世代承袭的绰罗斯部的首领。绰罗斯部是卫拉特四部之一,另外三部是和硕特部、杜尔伯特部、土尔扈特部。小噶尔丹的母亲是大名鼎鼎的和硕特部顾始汗的女儿雅穆阿嘎。

噶尔丹引人注目还因他有一个独一无二的身份:他一出生就是三世温萨

噶尔丹

(1644—1697 年)

活佛的转世灵童,同时还伴随着一些神话传说。事情是这样的,西藏的格鲁派曾经受到反对者的军事威胁,德高望重的三世温萨活佛受西藏格鲁派上层派遣,到卫拉特四部蒙古请求援兵。卫拉特的各部汗王商议后,决定派遣3万援兵。温萨活佛怀着十分喜悦的心情准备返回时,巴图尔珲台吉之妻雅穆阿嘎跪在地上,抓住呼图克图的衣襟,请求说:"我只有一个儿子,请再赐给我一个儿子吧。"雅穆阿嘎这么做是因为她只有一个亲儿子,而巴图尔珲台吉却有5个儿子。如果儿子太少她一方面担心自己的地位,另一方面担心自己的儿子形单影只被欺负。活佛说:"我是一个出家人,无法给你儿子。"雅穆阿嘎请求道:"虽然您作为出家人,无法给我儿子,但您年事已高,归天后,可否托生为我的儿子呢?"活佛同意了。温萨活佛回到西藏后不久就圆寂了。那一年,雅穆阿嘎有了身孕,满9个月后生下噶尔丹。于是噶尔丹被认定为温萨活佛的转世,其声名由此远扬。据说,噶尔丹的母亲曾经梦见印度的僧人,说要投胎,之后便有了身孕。她怀孕期间有很多特异的征兆,比如,阿尔泰山上飘荡着五彩祥云。巴图尔珲台吉因此十分高兴,从此更加宠爱她。

因其高深的佛法修为,三世温萨活佛在卫拉特蒙古地区享有崇高的声誉。西藏格鲁派上层之所以将地位如此突出的一位活佛转世于卫拉特蒙古,转世于当时声名显赫的巴图尔珲台吉之家,与昔日达赖喇嘛的转世灵童出现在土默特蒙古阿勒坦汗之家的目的是一样的,都是为了争取当时实力强大的蒙古人的支持,以摆脱格鲁派当时面临的重大威胁。此外,三世温萨活佛曾经是一世哲布尊丹巴的老师,在哲布尊丹巴5岁的时候给他授出家之戒,这也是后来噶尔丹要求惩戒哲布尊丹巴的理由之一。

噶尔丹幼年时便卓尔不群。顺治六年(1649年),他刚刚5岁,就喜欢捧读佛经,且有伟大的志向,希望能建立不朽的功业。父母非常疼爱他,13岁那年想把噶尔丹立为王位的继承人。噶尔丹说:"哥哥在,不应该我当。"于是把自己的头发剃光,孤身一人前往西藏。噶尔丹向东边纵马驰骋了五六天,突然有十几个黄衣喇嘛迎接他,见到他问道:"小哥哥,你是噶尔丹么?"噶尔丹回答说:"是啊,你们怎么知道?"有一个拿着短枪的喇嘛,把枪递给他说:"这是前世温萨活佛用过的东西,现在达赖喇嘛派我们还给你。"噶尔丹惊喜交加,立刻下马行礼接受了短枪,于是一同前往西藏,拜见达赖喇嘛。

因为温萨活佛的安贡寺在后藏地区,被称作畏饰金岗之宫的圣地,是格鲁派修行密宗教法的发祥地,所以噶尔丹先拜班禅额尔德尼为师,三世温萨活佛的土地与子民也归属于他。康熙元年(1662年),四世班禅圆寂后,噶尔丹到达拉萨,拜在达赖喇嘛门下学经。达赖喇嘛对他特别精心地加以培植,并给予了很高礼遇。达赖喇嘛的弟子遍及西藏,但他最看重的是噶尔丹,经常与他私下亲密地交谈,这样的待遇,甚至是连大宝法王、二宝法王也无法获得。在西藏的长时间学习中,噶尔丹没有辜负达赖喇嘛、班禅大师的厚望,潜心学习佛学,获得很高的佛学造诣,并坚定了佛学信仰。同时噶尔丹还刻苦习练武功,经常练习短枪。作为喇嘛这样的行为是有些反常的,因而引起一些喇嘛的不满。一次一个喇嘛对噶尔丹说:"西北的蒙古人,不尊奉佛教,即使护法如韦陀菩萨的人在,也不能让他们皈依。"噶尔丹笑着说:"你怎么知道现在西北传播佛法的人不存在呢?"在西藏期间,噶尔丹还与西藏的实权人物桑结嘉措关系亲密,这也为此后他们之间纷繁复杂的关系奠定了基础。

康熙六年(1667年),噶尔丹的亲哥哥僧格刚刚即位,身边政敌环视,而自己的儿子又太小,因此身在西藏学佛十年的噶尔丹回到了准噶尔。当时准噶尔地区地位最高的活佛咱雅班第达早已去世,所以在准噶尔地区所有呼图克图和喇嘛中,无论其宗教职位,还是学识及影响,噶尔丹都是最高的宗教领袖。在此期间,噶尔丹也全身心帮助兄长管理国家的内政外交。当时有俄国使节来访问,噶尔丹对他们一行没有提供食宿,并把他们关入布哈拉地区的地下牢房,使他们饱尝饥饿之苦,以此作为此前僧格使者伊什在俄罗斯的土木斯克,被该市当局关进监狱而几乎饿死的报复。政局初步安定下来,噶尔丹再次返回西藏修行,然而就在他返回西藏不久,准噶尔部就发生了剧烈的宫廷政变。

走向巅峰

噶尔丹的爷爷哈赖忽喇最后娶的一个妻子,生子名叫车臣。哈赖忽喇非常宠爱他,想立他为继承人。而噶尔丹的父亲巴图尔是长子,年纪大,加之久握兵权,由此哈赖忽喇被迫放弃立车臣为继承人的想法。作为妥协,他将巴图尔的部分部属分给了车臣,让他居住在沙陀山偏西的地方。车臣勇猛且善战,捉野马如同骑羊,人们都为他伸出了赞叹的大拇指,夸奖他为准噶尔第一好汉。因为太过出色,别的兄弟并不很喜欢他。车臣掌管着精锐的 1 万军队,势力日益强大。哈赖忽喇死后,巴图尔袭位,巴图尔死后,传位给僧格,他们都居住在金山称作黄台吉。车臣部属越来越多,亲信党徒日益繁盛,他便自称为黄台吉,僧格无力禁止。僧格同母的兄弟,只有噶尔丹,还在西藏当喇嘛,因此他孤立无助。1670 年,车臣与噶尔丹同父异母的兄弟卓特巴图联合杀死僧格,兼并了他的部众,并将僧格的妻妾变成自己的妻妾,不再称自己为黄台吉而改称汗。

僧格有一个美丽、睿智的妻子,叫作阿奴。她出身高贵,是和硕特部鄂齐尔图汗的孙女。她深深爱着噶尔丹,悄悄派人带着她的亲笔信,去西藏报信。噶尔丹获悉后,立即向达赖喇嘛禀报,从高楼下来,脱下僧服,还俗报仇,向金山而去。在噶尔丹将要出发的时候,达赖喇嘛与他进行了长久的密谈,噶尔丹拜别班禅额尔德尼与达赖喇嘛,长叹说:"杀气太盛,我才出山啊。"僧格遇害时,部落逃跑的一百多人,囤积在沙陀沙漠的东边,不知道该归附谁。

在漫长的等待中,一天深夜,他们忽然看到有千百个火光,远远地从东方而来。所有人都大惊失色,起身勒马,将弓拉满严阵以待。一会儿,走近了,原来是噶尔丹。大家审视后,惊喜交加,下马罗拜,认为噶尔丹是神。过去僧格的部众听说噶尔丹回来了,纷纷来投奔,一共汇集了 1000 人马。噶尔丹想要发动进攻,众人说:"士兵太少,地势凶险,不如暂时留在原处,等待时机。"噶尔丹说:"前进!你们看我枪所指的方向。"众人都说:"是。"此时,噶尔丹又获得了鄂齐尔图汗的支持,向金山进攻。

开始车臣汗有些看不起噶尔丹这点兵马,认为很容易就能把他们干掉,于是率领 1 万人马迎战,将军队分为三部分,向东方攻击,大队人马扬起的尘土遮天蔽日。噶尔丹无所畏惧、身先士卒、跃马持枪,向敌阵的最深处杀入,斩杀百余人,最后打败了这支军队,而自己身上却没受一点伤。车臣汗退到金岭的山口,岭高险峻。车臣汗军用石头居高临下攻击噶尔丹军,石头像雨一样落下。噶尔丹命令军队轮番仰面进攻,众人没人敢上。噶尔丹立即在军前斩杀几名胆怯的将领,当众宣誓。之后亲自率领 20 名骑兵率先登山攻击,喊杀声惊天动地。噶尔丹远远看到车臣汗,便杀入他的军队中,亲手抓住他,并用绳子将其捆住。车臣汗左右的卫士都吓跑了,没人敢阻挡噶尔丹,剩下的军队极其震惊,认为噶尔丹是神,丢下弓箭,下马跪拜投降。噶尔丹征服车臣汗后,自封格根珲台吉,招兵买马,礼遇谋臣,根据土地条件,劝课农桑,扶植牧业,修明法令,赏罚分明,制造作战需要的器械、兵器。凡是曾经归附车臣汗的人,满门抄斩。1671年,五世达赖授予已经控制了准噶尔的噶尔丹印信和衣服,授其洪台吉称号。按北方游牧民族的习惯,噶尔丹将兄长僧格的妻子、和硕特部落首领鄂齐尔图汗的孙女阿奴塔娜娶为夫人。噶尔丹成为汗之后,称其为阿奴合屯。不久噶尔丹将阿奴的妹妹阿海也变成了自己的妃子。噶尔丹成亲的同时,成为准噶尔部新的首领,并以此身份还俗,但是其为西藏高僧温萨转世的身份,并没有任何变化。最终,噶尔丹以活佛身份掌握了世俗的权力。

此后,噶尔丹与曾经帮助过他的鄂齐尔图汗发生了矛盾。鄂齐尔图汗是和硕特部拜巴噶斯长子,游牧于阿拉善地区。1643年,鄂齐尔图汗协助准噶尔部长巴图尔珲台吉,战胜了游牧于伊犁附近之吉尔吉斯,抓获了其苏丹。鄂齐尔图汗帮助噶尔丹平定内乱后,鄂齐尔图汗以年纪大、辈分高、地位尊贵为由成为厄鲁特四部之黄教最高护法者。而噶尔丹想要取代他,两人遂生间隙,明争暗斗达5年之久,最终演变成全面的战争。1677年,鄂齐尔图汗率兵越过塔勒奇山,袭击伊犁。噶尔丹前期侦知,伏兵于塔勒奇山口,出其不意,一举击败鄂齐尔图汗。鄂齐尔图汗返走,奔斋桑泊,噶尔丹追袭,抓住了他。其部众星散,一部投降噶尔丹,大部南逃入边与柴达木青海之和硕特会合。噶尔丹曾经将一部分俘获的鄂齐尔图汗马匹、弓箭献给清廷,希望清廷承认他吞并鄂齐尔图汗的合法性。康熙帝以都曾经是清廷的藩臣,不忍心鄂齐尔图汗受难为由,拒绝收取这些礼物。

噶尔丹打败了和硕特部的鄂齐尔图汗后,又连续平定了杜尔伯特、辉特等卫拉特各部,成功地形成了一个比较统一的政权。1678年冬天,达赖派遣使者向噶尔丹洪台吉授持教受命王,即丹津博硕克图汗的称号。持教是丹津的蒙古语译义,与卫拉特最初的汗、和硕特部的顾始汗的称号一致。五世达赖确认了噶尔丹作为坚定的格鲁派的支持者的身份,拥护他成为拥有如顾始汗一样崇高的地位的全卫拉特蒙古的大汗。

噶尔丹很有才能,且颇得人心。虽然他的叔叔楚琥儿乌巴什和岳祖父鄂齐尔图汗都曾经公开起兵反对他,但是噶尔丹打败抓住他们后,并没有加以伤害,而是将他们拘禁起来。在噶尔丹的治理下,准噶尔汗国在西部地区日益繁荣富强。噶尔丹在沙子中获取油汁,煮土获得硫黄,利用泻卤土生产硝。铜、铅、铁都从矿产中获得。准噶尔的骏马和富饶的草场,周围没有谁能比得上。清廷馈赠给准噶尔部丝绸锦帛及红色的盘子。噶尔丹说:"路途遥远,别的东西不方便运输,然而不能不回报人家的好意。"于是命令每名台吉献马一匹,清朝的使者带着数百匹名马返回内地。噶尔丹曾经以织金线绣大蟒、立蟒,刺绣各种颜色。噶尔丹穿着这样花纹的绸缎外出,准噶尔部的其他上层人物,及周边的部落首领都来观看。噶尔丹指着自己的衣服问:"好看吗?"大家都说:"很好看!"噶尔丹说:"我国唯独缺少这样的东西,这是清朝的东西啊。"这些上层人物十分地艳羡,围着噶尔丹徘徊良久,舍不得离去,噶尔丹借此显示中原地区物品的华美。

准噶尔部日常使用的东西齐备精巧,器械精致坚固,不用去远处获取,例如,他们制作的小连环锁甲胄,轻便如同衣服,却异常坚固,因为如果弓箭能射穿,则杀工匠。噶尔丹从回人处习得火器的使用方法以及他们的战略战术——先用大炮轰击,之后用鸟枪射击,最后军队冲锋。噶尔丹命令士兵拿着短枪,腰部带着弓箭和佩刀,用骆驼驮着大炮。出征的时候,将国内的军队分成三部分,轮流攻击,远近的大小部落闻风丧胆,纷纷臣服。这时清朝内部的三藩之乱开始了,噶尔丹想图谋内地。达赖喇嘛派遣高僧告诉他:"时机尚未成熟,不要轻举妄动。"噶尔丹于是暂时停止了该项计划。

噶尔丹的一位谋臣对他说:"立国的根本,在于攻击的次序问题,不可以紊乱。李克用的先世不懂得这样的次序,所以不能成大事。成吉思汗兴盛的时候,灭掉国家四十个,拥有四方,之后才逐次灭掉夏国和金国,统一天下。"噶尔丹认为他说得很对,于是开始实行远交近攻的战略。1619 年,噶尔丹占领哈密和吐鲁番,次年远征塔里木盆地的西部六城,先后征服了喀什噶尔、叶儿羌、和田等城。当地自称黄台吉的有六七个,噶尔丹都抓住了他们的首领,统领了他们的士兵。在这个过程中,没有遇到强大的敌人和坚固的城池。噶尔丹又向周边的其他民族地区发放檄文,这些民族争先恐后地俯首称臣。这些地方是成吉思汗的第二个儿子察合台的子孙东察合台汗家的领地。此时生活在此的伊斯兰统治者,是以穆罕默德后裔自称的和卓一族,他们分为白山党和黑山党两派,两派进行着激烈的斗争。察合台伊斯迈尔汗作为热心的黑山党支持者,将白山党的头目阿帕克和卓从南疆地区驱逐出去。阿帕克和卓经过克什米尔逃亡到西藏,请求达赖五世的援助。达赖五世给噶尔丹写信,让阿帕克和卓持信向其请求援助。根据这一请求,1680年噶尔丹征服了南疆地区,将察合台汗一族和黑山党的和卓幽闭。噶尔丹以白山党的阿帕克和卓为代官,安排在叶儿羌,以统治南疆地区为代价,向该地征收了巨额的贡赋。因此,塔里木盆地的突厥系统的伊斯兰教徒,被噶尔丹征服。至1755年灭亡为止,准噶尔部以天山之北的准噶尔盆地为基地,始终统治着南部的塔里木盆地诸城。噶尔丹令自己的亲信控制这些民族,并在与喀尔喀蒙古交接的地方,不断地刺探消息。

征服东方后,噶尔丹开始向西方发动进攻。1681年之后,噶尔丹连年向西扩张,1682至1683年,噶尔丹率领骑兵进攻哈萨克的头克汗①。该处的回人信奉伊斯兰教,噶尔丹的军队刚入其国,头克汗就立即假装投降,声称要改信喇嘛教,噶尔丹同意了,带领军队入城。在一个暴风雪的深夜,回人外面的援军到达了,城中的军队鼓噪响应,内外合攻,火光烛天,噶尔丹的军队大败溃散。当时积雪很厚,覆盖了深坑、沟壑,噶尔丹的人马很多陷入其中,无法逃脱。城中的回人,尾随追击,噶尔丹军队伤亡达十余万,马匹、器械损失惨重。只有噶尔丹跃马持枪脱身逃走。回人割去俘虏来的准噶尔士兵的辫子凯旋。被削掉的辫子很多,需要好多头骆驼来运走。

这次战斗,噶尔丹损失惨重,但他逃回本国后并未丧失锐气。他更大量地增兵,训练像当初一样。噶尔丹向哈萨克派出使臣说:"如果你不来投降,我每年派军队攻击你国,夏天蹂躏你们的耕地,秋天焚烧你们的粮食,今年我还不到40岁,等到我头发花白,牙齿掉光,攻击才会停止。"哈萨克人听说后,万分恐惧,城门日夜紧闭。

次年,噶尔丹再次发兵,攻下塔什干、赛拉木、吐鲁番城,擒获头克汗之子作为人质,押往西藏,送给达赖喇嘛处置。之后,噶尔丹听说在其西边有一个国家,女子十分美丽。于是准噶尔兵锋直抵黑海沿岸的诺盖人部族聚居区——"美人国",抢夺了大量美女而回。1683至1685年,噶尔丹与费尔干纳的布鲁特人、乌兹别克人进行战争。1683年秋在远征布鲁特人时,其军队到达了帕米尔

---

① 1680—1718年任部落首领,其父杨吉尔汗曾于1643年大败噶尔丹之父巴图尔珲台吉。

的穆尔加布河,甚至远征到了萨雷阔里山。不久,准噶尔骑兵又占领了费尔干纳。回人都投降了,不敢再次反叛。当时的准噶尔汗国统一漠西蒙古各部,南并回疆,西扩哈萨克,攻取降服者1200余城,成为军事力量十分强大的国家,仅仅驻扎在金山的士兵就有50万之多,这还不算属国的军队。噶尔丹强盛时其势力所及,东至吐鲁番、哈密,南至青海、西藏,北至南西伯利亚与俄罗斯相接,西至今中央亚细亚。

噶尔丹曾经派人出使清王朝的河西。河西将领陈兵5000,让噶尔丹的使臣观看,旌旗招展,弥漫山野,甲胄刀戟在阳光下闪闪发光,他说:"大部分士兵驻扎在要塞之上,这些仅仅是护卫的亲军。"使臣说:"哦,我也怀疑兵太少啊。"清将问:"你们的军队有多少呢?"使臣回答:"比你们的军队多多了,只是丝绸色彩差很多。"

噶尔丹征服了西方千余里的疆域后,开始重新审视东方,以与喀尔喀三汗并称大汗为耻,开始有了远征的野心。噶尔丹统一内部政令,训练军队,进行了很多秘密的军事部署。渐渐地,喀尔喀人对准噶尔汗国开始有了戒心,双方的矛盾日益加深。为了更好地开展自己的军事活动,噶尔丹与俄罗斯展开外交合作,希望获得共赢的结果。实际上从最终的结果看,噶尔丹被俄国人利用了。

康熙十六年(1677年),当噶尔丹攻击鄂尔齐图汗时,喀尔喀蒙古土谢图汗在他妻子的怂恿下曾率兵驰援鄂尔齐图汗,这引起噶尔丹的强烈不满,从此两大部落矛盾公开激化。于是在喀尔喀蒙古札萨克图汗与土谢图汗的内争中,噶尔丹采取了支持札萨克图汗的策略。康熙十七年(1678年),噶尔丹与札萨克图汗结成了对抗土谢图汗的联盟。康熙二十六年(1687年)六月,噶尔丹移营与札萨克图汗相会,共同防御土谢图汗的进攻。康熙二十七年(1688年)正月,土谢图汗先发制人,攻杀了札萨克图汗与噶尔丹之弟多尔济扎布。加之两年前,康熙二十五年(1686年)枯冷白齐尔盟会上,喀尔喀蒙古土谢图汗部的哲布尊丹巴呼图克图不尊敬达赖喇嘛使者,与西勒图活佛抗礼踞坐,大为非礼。这些都给噶尔丹入侵喀尔喀蒙古制造了借口,双方的战争一触即发。

与此同时,与土谢图汗部接壤的俄罗斯,不断蚕食土谢图汗的土地,建设城塞,奴役当地的蒙古人。土谢图汗奋起反抗。1688年初,双方的战争达到最高潮,以土谢图汗察辉多尔济弟西第什哩巴图尔辉台吉为统帅的喀尔喀军,包围并反复进攻驻守在色楞格斯克的俄军。

额尔德尼召

　　噶尔丹与俄军在贝加尔湖以东向蒙古进攻的军事行动密切配合，最终形成对喀尔喀的钳夹攻势。他突然发兵三万越过杭爱山进攻土谢图汗，给他背后一刀。噶尔丹早就向喀尔喀蒙古地区派遣了上千名的喇嘛，名义上是传播佛法，实际上是为其做间谍，通风报信。在战斗打响后，他们又充当内应。土谢图汗腹背受敌，内部混乱，临时只能组织5000人的军队抵抗，结果大败，节节溃退南遁。车臣汗的军队更是一触即溃。土谢图汗从俄军前线调回主力军与噶尔丹大战三天，结果噶尔丹利用夜间进行偷袭，土谢图汗的军队彻底土崩瓦解。噶尔丹给喀尔喀蒙古诸部带来了空前的浩劫。他洗劫并焚烧了喀尔喀最著名的召庙额尔德尼召，迫使喀尔喀蒙古诸部举部内迁，遗弃牛马，死者相枕，溃卒布满山谷，行五昼夜不绝。到八九月间滞留于清朝北境的喀尔喀蒙古部众达数十万。喀尔喀蒙古被击败后，噶尔丹下一个敌人很明显就是清廷。

　　当噶尔丹东征喀尔喀时，土谢图汗不得已急令正在北部边境要塞楚库柏兴戒备俄军的蒙古军队撤出北线，向西转移抵御噶尔丹，这就给了俄军反扑的机会。俄使戈洛文及其军队趁火打劫,从乌的柏兴(今乌兰乌德)奔袭蒙军,并镇压蒙古牧人的反抗,杀害 200 个蒙古人,戈洛文又强迫 1200 余帐篷蒙古牧民加入俄国国籍。戈洛文还在楚库柏兴和乌的柏兴增建工事、架设大炮,并增募士兵、调运粮食。

喀尔喀人及其首领土谢图汗和哲布尊丹巴呼图克图逼近清朝边界,噶尔丹的威胁直接危及清廷控制下的漠南蒙古地区,这引起清政府的震惊。康熙帝急调军队,在内外蒙古边境堵防噶尔丹军队。同时,还调拨了巨大的人力、财力,着手解决蜂拥而来的喀尔喀难民的安置问题。这样,清政府的精力明显分散,无法按原定计划,此时与俄方进行谈判显得十分被动。康熙帝根据形势的变化,调整了对俄谈判方针。清政府在噶尔丹发动喀尔喀战争,并公开挑衅的情况下,向俄国做出重大领土让步,希望以此换取和平,从而集中力量对付噶尔丹。

真正的较量

当噶尔丹如秋风扫落叶般横扫喀尔喀蒙古时,他几乎到达了自己政治军事生涯的顶点,一统蒙古诸部似乎近在眼前。然而就在噶尔丹获得极大成功的光辉时刻,潜藏的危险接踵而至。

首先,后方基地的丧失。噶尔丹的哥哥僧格有三个儿子,即策旺阿拉布坦、索诺木阿拉布坦、丹津鄂木布,如今都已长大成人,在噶尔丹的军政事务中占有重要地位,尤其前两人权力更大。当噶尔丹驰骋在喀尔喀蒙古时,他们负责留守本部。噶尔丹征战期间,突然有消息传来,有两个回部的首领领导一部分回人发动了叛乱。本来事情不大,这次动乱很快被留守的侄子策旺阿拉布坦、索诺木阿拉布坦扑灭。可是在这一过程中,有谣言传来,说他这两个侄子想趁着噶尔丹不在,图谋不轨。毕竟僧格次子索诺木阿拉布坦是嫡子,曾被支持僧格的力量拥立为新的汗王,噶尔丹不得不心存芥蒂。而噶尔丹迎娶的阿海本来是策旺阿拉布坦曾经准备迎娶的妻子,因为妻子被亲叔叔抢走,策旺阿拉布坦也常常在私下抱怨,他的怨言也传到了噶尔丹的耳朵里。

噶尔丹相信了这些谣言,从而萌发了秘密杀害亲侄子的念头。在一个夜里,他悄悄派人勒死了索诺木阿拉布坦,而策旺阿拉布坦当时正在外出,噶尔丹当夜想要连他也杀死。在回来的路上,有一个喇嘛对策旺阿拉布坦说:"你的兄弟已被杀害,你要是不走,肯定要杀你。"因此,策旺阿拉布坦带上7名亲信,出逃到蒙古人放牧的博尔塔拉河流域。这个地方是忠于清廷的,所以策旺阿拉布坦一行人在这里见了康熙帝的使臣,获得了清廷的支持,为自己找到一个安全的藏身之处。策旺阿拉布坦就是这样在博尔塔拉河流域安居下来,并从此在那里繁衍人丁牲畜。康熙二十七年(1688年)末,策旺阿拉布坦降服了附近众多穆斯林部落,他又收编了从俄国跑回来的土尔扈特部1.5万帐部民,生擒了他们的首领阿奇玉汗的儿子散扎布,从此势力大增。策旺阿拉布坦趁噶尔丹南下内蒙古追击喀尔喀蒙古之际,发动袭击,控制了天山南北以及准噶尔汗国的故地,将噶尔丹排挤到科布多以东的地区,使噶尔丹失去了坚实的大后方。

第二,俄国支持的减少。其实此时俄罗斯没有真心想援助噶尔丹,因为噶尔丹只同意以平等地位与俄国交涉,拒绝以归顺为援助条件。就此而论,噶尔丹还是有原则地接近沙俄,不因寻求援助而丧失民族独立。这样的作风直到他濒于绝境也义无反顾地贯彻到底。噶尔丹捍卫原则的代价就是得到沙俄虚多实少的援助,所谓军事同盟,实际是有名无实。在以后的清准对阵中,噶尔丹往往也是借名假威,大言借俄罗斯鸟枪兵,其实俄罗斯并无意真正帮助。俄罗斯在利用噶尔丹获得了在喀尔喀蒙古及中国东北大把的利益后,已经彻底放弃了对噶尔丹的支持。

第三,自身给养的困难。自策旺阿拉布坦发动政变、控制准噶尔部本部后,噶尔丹失去大后方,而新占据的喀尔喀草原刚刚经历过激烈的战争,遭到了严重的破坏,有限的财源也已无法满足其属众的需求,生计艰危日益突出。据史料记载:"噶尔丹败于策旺阿拉布坦,下人散亡略尽,又极饥窘至,以人肉为食。"准噶尔军首先掠尽喀尔喀拖多额尔德尼台吉,随后掠夺昆都伦博硕克图部众,接着抢掠济农阿难达赉人畜,南下内蒙古后又掠夺乌珠穆沁旗人马。如此一路劫掠也说明了他们远征物资的缺乏。

噶尔丹的军队给养十分困难,甚至拥有一匹马都是富人。在这种情况下,既是为了追击南逃的喀尔喀蒙古,又是为了在内蒙古抢夺更多的给养,噶尔丹向清廷提出送出土谢图汗与哲布尊丹巴,便收兵不战的要求。这个条件遭到清廷断然拒绝,于是他进行了军事的大冒险——向清廷发动了三次激烈的大会战,即乌尔会河之战、乌兰布通之战、昭莫多之战。

噶尔丹南下内蒙古的目的是为了缓解眼前窘境,并迫使清朝遣返喀尔喀部众,从而解决部族的长远生计。噶尔丹尽管在乌尔会河打败了清军,但仍未捕到土谢图汗、哲布尊丹巴二人,因而在解决喀尔喀问题上没能取得进展。所以噶尔丹在继续追寻土、哲二人的同时,不断寻找战机,试图再打一场胜战,迫使清廷在喀尔喀问题上做出让步。

前哨战

乌尔会河,汉名芦河,今名乌拉盖河,源出大兴安岭西麓索岳尔济山,向西南流经乌珠穆沁左翼旗,至乌珠穆沁右翼旗境内的克勒河朔之地枯竭。康熙二十九年(1690)六月,清军与准噶尔军在内蒙古乌珠穆沁左翼旗境内的乌尔会河发生了双方历史上的第一次大战,该战清军惨败,史称"乌尔会河之战"。

康熙二十八年(1689年)十二月,噶尔丹率领近两万人离开科布多营地,开始第二次东征喀尔喀。准噶尔军沿塔米尔河、额德尔河进入土谢图汗部境内。转过年三月上旬,噶尔丹先击败喀尔喀草原上残留的拖多额尔德尼台吉,掠尽其牛羊,然后渡过乌尔扎河,掠夺昆都伦博硕克图部众,并抢掠济农阿难达赍人畜,迫使更多喀尔喀人南逃汛界。接着经巴颜乌兰,沿克鲁伦河北岸顺流东进。

清廷在获悉噶尔丹开始新的进军后,急令理藩院尚书阿尔尼前往侦查,并陆续调遣内蒙古各旗军队和八旗兵到土剌河迎战。清廷还派遣侍卫阿南达到车臣汗吴默赫等处要求他们配合清军迎击噶尔丹。吴默赫愿意出兵 1 万。然而,在长达一个多月的时间内清廷未能掌握噶尔丹的确切动向,因而调兵极其缓慢。到了五月末,清廷才获悉噶尔丹的军队分为四营,号称 4 万,实际有 3 万人。清军认为阿尔尼兵力不够,再发科尔沁十旗预备之兵两千,及禁军每佐领护军一名前往,并命令诸路军马速赴阿尔尼军前集合,以便一举荡平噶尔丹军队。

五月十四日,噶尔丹军队的前锋已到达乌尔会河东岸的乌兰之地,劫掠乌珠穆沁人马。尽管几个月来清廷一直在遣将调兵,但除阿尔尼率领的兵丁接近乌尔会河以外,其余诸军均未到达集合地点。

　　康熙帝获知噶尔丹的军队进入乌尔会河一带后,决定亲自出征。然而,清朝大军从北京出发日期被定为七月初四,这个时间正是噶尔丹进入乌尔会河的第20天,主力大军从京师到乌尔会河还需要20天时间。由于军中缺少火器和马匹,需要一些时日筹措,所以尽管清廷尽全力压缩时间,发兵日期比原来只提前了3天。沿边流动的阿尔尼军队,在移动迅速的对手蒙古骑兵的面前,显得笨拙迟缓。他们在噶尔丹进入乌尔会河的第8天才到达乌尔会河,致使远征而来的准噶尔军有足够的休整时间,以逸待劳。

　　六月二十一日夜,阿尔尼在乌尔会河岸边,眺望准噶尔军选择高地扎营。此时清军地形不利,只能仰攻;军力不够雄厚,两万轻装军队,不是清军精锐,没有大炮,只有弓、矛。阿尔尼决定抢先发动进攻。清朝与噶尔丹的战争正式在乌尔会河拉开了序幕。当时,两万噶尔丹士兵抢掠乌珠穆沁的男女、牲畜、辎重,行走缓慢,沿着河岸向上游方向游牧。阿尔尼得知这个消息,派出由200名蒙古多士兵组成的敢死队偷袭、500名喀尔喀兵驱散噶尔丹士兵掠走的人口物品,目的是引起混乱,之后带领大军趁机攻入,一举获胜。没想到这700个蒙古士兵见到对方抢掠的好东西太多,贪心大起,没有进攻噶尔丹的军队,只顾着争抢被准噶尔军抢掠的女子、牲畜。自己人抢成一团,军队乱成一片,阿尔尼立即撤回军队。清军第一次进攻未遂,不仅没有达到目的,反而给准噶尔军以备战时间。偷袭不成,双方开始了正面较量。

　　噶尔丹在清军第一次攻击时,没有反击,而是隐藏自己真实的军事力量,列扇形阵与清军对峙。这种阵型是正面派出比较薄弱的军队示弱,诱敌深入,在两翼埋伏重兵,等敌人进入包围之中,三面合围,将其一网打尽。阿尔尼认为准噶尔军力量不足,清军用优势兵力能够强攻;清军全部是轻装,能急进急退,即便受挫也能迅速撤退,保住主力。阿尔尼令前战失利的蒙古士兵与喀尔喀士兵再次进攻。噶尔丹的军队拥有大量从俄罗斯买来的鸟枪,立即射击。喀尔喀士兵胆子较小,害怕鸟枪,最先逃跑,蒙古士兵也跟着一起逃跑。阿尔尼整军后,发动第二次进攻。噶尔丹两翼军队,从山上绕出,迂回到清军的左右两边,三面用鸟枪、火炮等火器猛烈开火,一起进攻,清军损失惨重。噶尔丹遂令埋伏的军队从阵地绕出,在败逃之清军左右迅速形成夹攻。战斗进行了一上午,清军几乎全军覆没,只有阿尔尼和少数人逃脱。此次战斗噶尔丹缴获大车500多辆,以及清军几乎全部的物资。

双方首次交锋,清军惨败。噶尔丹信心大涨,挥军南下,对康熙皇帝直接要求:"你在南方当皇帝,我来当北方的老大。你把我的仇人土谢图汗和哲布尊丹巴送过来,我就不再攻打你。"此次对抗清廷的军事冒进是导致噶尔丹最终败亡的一个重要原因。乌尔会河之战既是噶尔丹军事生涯的顶峰,也是他走向低谷的起点。一次战斗也许有偶然性,但长期的战争最终要靠双方的综合实力,噶尔丹即使再能打,手里的 30000 人,怎么能对抗拥有近百万军队的庞大清帝国。对噶尔丹的条件,康熙帝一口拒绝,御驾亲征,一个多月后双方开始了真正的较量。

乌兰布通之战

康熙二十九年(1690 年)8 月 1 日,在内蒙古克什克腾旗南部的乌兰布通,噶尔丹军与清军进行了惨烈的战斗。

噶尔丹在乌尔会河大胜清军,并乘胜追击,挥兵南下,兵至乌兰布通,距北京仅有 700 里,局势骤然紧张,京师进入空前戒严状态。八旗每牛录下枪手加征至 8 名,几乎倾国而出。城内的仓库都立即封闭,米价暴涨至 3 两一石。许多汉人官员及北京城内的有钱人,听到风声,立即收拾行李,逃亡南方。康熙帝决定御驾亲征,出发前他让李光地占卜看看能否获胜,结果是"复之上六"主丧统帅的大凶之卦。李光地大惊失色,康熙帝强作镇定,笑着说:"现在噶尔丹背天犯境,自取灭亡,这个卦象是预示他的,不是预示我的。所以我军必胜。"出兵之前,康熙帝突然梦见自己的奶奶孝庄太后劝阻自己,她说:"你要谨慎点,不要出兵,否则可能没有益处。"康熙帝坚持亲征,结果半路病重,在众多官员的劝阻下返回京城。康熙帝将军队指挥权交给了自己的亲哥哥福全。清军军事具体安排是这样的:

7 月 2 日,康熙帝任命和硕裕亲王福全为抚远大将军,皇长子胤禔为副帅,率一路大军出古北口;命皇弟和硕恭亲王常宁为安北大将军,和硕简亲王雅布、多罗信郡王鄂札为副帅,率另一路大军出喜峰口;内大臣佟国纲、佟国维、索额图、明珠、阿密达等参赞军务。7 月 6 日起,两路 10 万大军陆续出发。14 日,康熙也启程北上,亲征噶尔丹。24 日,康熙帝因病从河北隆化半路返回,又将两路大军合为一路,统由福全指挥。清廷吸取乌尔会河交战失利的教训,严禁前线侦探及各军自行开战,要求不断刺探敌军动向,尽量使其靠近大军,以便各军协同攻击,确保胜利。

清军人数是噶尔丹军的 3 倍多。鉴于清军人多势众、防备森严,噶尔丹特别注意沿着有利地形行军扎营,有意避开清军堵截,挥兵南下,等清军尾随而来时,噶尔丹已经到达乌兰布通,再次以逸待劳,并依山扎营,占据最有利的地形。西藏第巴桑结派来的大喇嘛济隆呼图克图日夜为噶尔丹军祷告祈福,噶尔丹已经准备好迎击清军。7 月 29 日,福全获悉噶尔丹囤军于乌兰布通,立即整顿军队准备迎战。8 月 1 日黎明军队开始进攻,中午远远望见噶尔丹的军队。清军为了防止噶尔丹的骑兵突袭,设置鹿角、排列枪炮,排好战阵,徐徐前进。下午两点,两军相遇,战斗打响。清军枪炮齐发,冲至山下,清军此次是仰攻。噶尔丹军在山上的树林中列阵,隔着河水与清军对峙,将骆驼横卧(称驼阵),作为掩体。战斗开始时,清军占据优势,他们拥有康熙帝赐名的"威远将军"的新式火炮,这种炮是戴梓发明的子母炮,发射炮弹时,一起发射母子两颗炮弹,母弹送子弹飞出,而子弹落下时炸开,很像西方的开花弹。

佟国纲塑像

清军用猛烈的炮火轰开驼阵,士兵们奋勇冲锋,将噶尔丹的阵地一分为二,使噶尔丹的前锋军损失惨重。噶尔丹立即改变战斗部署,在大沼泽后面重新布防,致使清军不能进行战略包围。右翼清军因为河水和悬崖、淤泥,进攻受阻,被迫撤退。清军左翼从山腰攻入,噶尔丹军凭借性能优良、火力强大的排枪,猛烈向清军开火。清军骑马跑动时,或者勒马站停时,火器和弓箭的技术都不佳,没有起到足够的作用,而且清军士兵冲锋,阵型过于密集,没有明确的进退号令,指挥不当,行动混乱,大量官兵被噶尔丹军乱枪击中。清军从将领到士兵都伤亡惨重,包括康熙的亲舅舅佟国纲。他是皇亲国戚,能力不凡,带兵打仗、战略战术都很在行。在这场战斗中,佟国纲身先士卒,激励部下官兵奋勇冲锋。清军最初的胜利,正是他指挥的火炮营轰开了清军进攻的道路,督兵进击。不幸的是,佟国纲被噶尔丹的军队用鸟枪打死在阵前。从下午两点开始,两军战斗一直持续到夜幕降临,福全率先命令全线撤退。这次混乱的指挥,让福全丢人现眼,部队伤亡惨重,该怎么向他的皇帝弟弟交代呢?于是福全谎报战功,说清军打了一个大胜仗,甚至连皇帝的舅舅阵亡这样的重要消息也没敢说。

8月2日,噶尔丹军队仍然据险坚拒,清军因为恶战也进行休整。双方各有算盘,开始了虚情假意的外交谈判。噶尔丹首先派人与清军讲和。虽然他在8月1日下午的激战中获胜,但他毕竟孤军深入,没有后继,不可能坚持长期作战。而清军虽遭重创,但兵力仍很雄厚,所增调之各路军队陆续挺进乌兰布通,即将对准噶尔军形成包围之势。在这种形势下,噶尔丹迅速脱离战斗,退回漠北,才是唯一的出路,否则后果将不堪设想。

为了安全撤退,噶尔丹精心设计了一个完美的金蝉脱壳之计。8月2日,噶尔丹派大喇嘛伊拉古克三呼图克图到清军统帅部请和,以自己军事胜利作为筹码,向对方坚持索要土谢图汗和哲布尊丹巴呼图克图,但遭到清军统帅们的严厉拒绝。噶尔丹使者表示要继续谈判,并说一两日内,济隆胡图克图即来讲理修好。4日,西藏大喇嘛济隆呼图克图率弟子70余人到清军统帅部求和,只要求将哲布尊丹巴遣送其师达赖喇嘛处。济隆还说噶尔丹要撤出乌兰布通,到有水草之地等待议和。福全等没有答应济隆的要求,并威胁马上就要进攻。济隆迫于压力,表示只要允许噶尔丹撤出边外,其他要求都可以放弃。其实,噶尔丹在乌兰布通尚未被清军所包围,后退之路依然敞开。但他担心一旦离开阵地就会遭到清军的围追堵截,所以噶尔丹用讲和稳住清军,以便乘机逃脱。对于来访的清朝使臣,噶尔丹显示了他影帝的潜质:头顶佛像发誓,从此不敢再次侵犯中华皇帝所属的臣民,并上书请罪。

清军统帅福全认为噶尔丹占据有利地势,如果再次强攻,损失仍然会很大,不如借和谈之名,尽力延缓噶尔丹的撤军,以便给盛京、乌喇、科尔沁诸军的到来争取宝贵的时间。没想到 8 月 4 日谈判当天夜里,噶尔丹便率部迅速撤离乌兰布通,自什拉磨楞河涉水横渡大碛山,连夜遁走刚阿脑儿,成功地甩开清军,奔向边外。清军在班师回朝途中又遭到损失,辽沈地区的八旗兵在返回驻地时,一些内蒙古的王公趁火打劫,借助夜色偷走他们众多的战马。

福全没有做好防范噶尔丹突围的军事部署。当噶尔丹撤离时,他没有及时有效地组织追击,没有严令各军沿途拦截准噶尔军,甚至有属下将领要求追赶,他也加以拒绝,从而使噶尔丹得以安全逃脱。福全给康熙汇报时说,自己的马匹力气不够,无法长时间追击。因为福全在这一次战争中吃了大亏,如果再继续作战,损失更大,谎话就更不好编了。噶尔丹能自己撤退,双方不再交战是最好的结果。其实福全还是有功的,毕竟挡住了来势汹汹的噶尔丹,阻止了他的南下,保卫了北京。然而,福全的算盘打错了。他返回北京后,康熙帝不许他进城,在朝阳门外听候审查,等待他的不是按功行赏。康熙追究福全等诸将,不行追杀、纵敌远遁的罪名,对他们进行了降职、罚俸等项惩罚。

噶尔丹在北撤途中,在克什克腾旗三佐领,抢去羊 2 万余只,牛马 1000 余匹,获得大量物资。不幸的是一场瘟疫降临了,士兵在途中边走、边病、边死,回到科布多的噶尔丹军队只剩下几千人。乌兰布通之战谁是胜利者? 如果单纯从损失来看,清军的人员物资损失肯定大大超过了噶尔丹,可是一场战争的胜利与否最重要的是看双方的战略目的是否达到,噶尔丹的最低目的是逼迫清廷遣返土谢图汗兄弟及喀尔喀蒙古属民,自己可以称霸喀尔喀蒙古;最高目的是一鼓作气冲进北京,称孤道寡。可是这两个目的他都没达到,自己有限的军队损失严重,且后方已失,难以补给,从此元气大伤,一蹶不振。后来噶尔丹自己也对当初的冒进懊悔不已,认为自己应该采用游击战的方针,先驻扎在克鲁伦河和土拉河附近,用真金白银或者各种离间计策,策反喀尔喀和内蒙古,使清廷处于首尾不能相顾之境地。如果清廷派少量军队攻击,就同他们战斗。如果清军派大军前来,就退走,把地盘让出去;当清军退走时,再回来。这样不用几年,清廷的财政就会出现危机,士兵疲惫不堪,他就能完成自己的大业。可惜这个世界从来都不缺后见之明。当噶尔丹与清军在乌兰布通血战之时,策旺阿拉布坦乘机将噶尔丹根据地的妻子阿奴、阿海和属民掠夺而去。这让噶尔丹也尝到了背后挨刀的滋味。

康熙则认真总结乌兰布通之战的经验教训，经过 6 年的周密筹划和精心准备，从 1696 年到 1697 年两年期间，连续三次亲征噶尔丹，最终摧毁他的基本势力。为此，清朝也付出了巨大的代价。据不完全统计，三次亲征动用近 20 万军队、战马约 30 万匹以及相应的巨额银两和粮草。

昭莫多之战

噶尔丹撤回科布多得到了休养生息，他的妻子阿奴趁机从策旺阿拉布坦那里逃回。休养数年后，噶尔丹军事实力得到一定恢复，随后又开始东征喀尔喀。然而，乌兰布通之役的教训，使噶尔丹意识到不能再贸然出师，孤军深入。于是他和臣僚们制定了一项长期的战略战术。其核心是：以喀尔喀东部地区为基地，与清军展开持久的拉锯战，消耗清军实力，最终使喀尔喀、内蒙古归于自己。

康熙三十四年（1695 年），曾经与噶尔丹暗中交往的科尔沁郡王沙律来信说愿意归附噶尔丹，只是为了保证自己的安全，希望噶尔丹能派兵到克鲁伦河附近接应。其实这是沙律在康熙帝授意下采取的诈降之策，因为科布多距离北京 3000 里，清军远征困难。克鲁伦河距离北京不足 2000 里。康熙帝希望噶尔丹能走得近些，方便清军包围清除。此时的噶尔丹心动了，但作为皇亲国戚的科尔沁王爷居然来投靠，还是让他有些拿不定主意。

作为格鲁派的忠实信徒，噶尔丹对于西藏方面的意见十分听从。此时的五世达赖已经圆寂，第巴桑杰嘉措秘不发丧，暗中以五世达赖的名义发布命令。第巴桑杰嘉措的使者奈冲鄂木布来到科布多，假传达赖喇嘛之旨意："南征吉大庆。"噶尔丹因此下定决心再度挥师东进。有时过分地听从就是盲从，第巴桑杰的瞎指挥将噶尔丹送上了绝路。后来，在昭莫多之战前，噶尔丹见闻康熙亲征而撤退之时，向其属下说："我初不欲来克鲁伦地方，为达赖喇嘛煽惑而来。"

康熙三十四年五月，噶尔丹率最后的 1 万多精兵，从空奎、扎布干向东出发。六月，到达塔米尔河。噶尔丹寻找那些尚游牧于故土而未及附清的喀尔喀诸台吉。八月，噶尔丹已深入喀尔喀，严禁属下妄行，以稳住喀尔喀部众，并派人顺克鲁伦河寻找喀尔喀诸台吉，一路晓谕他们就地安居，不必惊慌。可是残留在此地的喀尔喀王公,早已是惊弓之鸟,误以为噶尔丹来攻,遂尽弃牛羊,慌忙南逃。噶尔丹虽然没收集到人,但也收获大量牛羊,这一路的行军比较愉快。清军的哨探在拖诺岭曾经看到他们一边唱歌,一边行军,格外轻松,丝毫没有感到危险即将降临。

此时,清廷已经秘密地开始大规模的军事行动。康熙帝决计亲征,采取三路出兵,并进合击,实施大范围的战略包围,让噶尔丹在劫难逃。具体计划为,跨过内、外蒙古间的大沙漠,分进合击,在土拉河、克鲁伦河一带剿灭噶尔丹。康熙帝做了出征前的具体部署,中路大军由康熙帝亲自统率,决定于康熙三十五年二月三十日(1696 年 4 月 4 日)由北京出发,直奔克鲁伦河,发起主攻。中路大军包括京师八旗满兵、汉军火器营、绿营兵,加上喀尔喀兵 1 万,约 4 万多人,另有预备兵及厮役 1.7 万人。

西路军分为归化城与宁夏两支,由抚远大将军费扬古率领。这个费扬古是顺治帝孝献皇后的亲弟弟。孝献皇后就是顺治帝痴迷一生的董鄂妃。西路军于二月十八日分别由归化城、宁夏启程,在喀尔喀深处的翁金河会合后,向土拉河挺进,以堵截噶尔丹西退之路。归化城兵包括右卫兵、大同绿营兵、京师增发兵、内蒙古西部各盟旗兵、喀尔喀赛音诺颜部兵,总计在 3 万人以上。宁夏军包括甘州军、肃州军、凉州军、宁夏军、西安满洲军,加随役共约 1.7 万人,由振武将军孙思克率领,全军受费扬古节制。

东路军包括盛京兵、吉林兵、黑龙江兵,共 6000 人,加厮役约达 1 万人以上,由黑龙江将军萨布素统率,从三月起各兵相继出发,会师于索岳尔济山后,向克鲁伦河下游挺进,主要目的是堵截噶尔丹东窜。清廷命令锡林郭勒、昭乌达、哲里木三盟蒙古骑兵,集结于索岳尔济山之西乌尔会河源头,以便策应东路军。

康熙帝动员的三路军合计 15 万人左右,士兵每人带 1 名厮役和 4 匹马,据此可以推定全军所带马匹亦达 22 万匹以上,再加上运粮马匹,合计近 30 万匹马。所需马匹数量巨大,以致各地一时无法凑够。为了提高行军速度,加强诸军之间联系,清政府还设置了多路驿站,派兵驻扎,并在沿途先期开凿了不少水井。各项准备事宜就绪后,各路大军如期出发。

康熙帝于康熙三十五年二月三十日(1696 年 4 月 4 日)率中路军主力离开

京城,由独石口北上。另有汉军绿旗营由古北口出关,再同主力会合。为了加强中西路联系,兵部于土木地方专设官署,负责转送谕奏往来,以避免绕道京城,延误时间。由于中路军准备充足,康熙帝事必躬亲,行军极为顺利,几乎未遭损失。此年,中路大军沿途各地风调雨顺,没有水的地方有水,没有草的地方有草,十分有利。三月十八日,康熙到达察哈尔正蓝旗境内之浑善达克沙地边缘的挨宿布喇克,出古北口之汉军绿旗营在这里与主力会合。

四月十四日,经过明成祖于永乐八年(1410年)四月十六日征伐蒙古本雅失理汗时所经过的"擒胡山"。相隔近三百年的两次皇帝亲征蒙古,几乎在同一个季节经过同一路线,这绝不是巧合。康熙皇帝显然参照了明朝北征蒙古的经验教训。这时,中路军距离敌人只有六七天的路程了,而西路方面已经有一个月的时间没有任何消息。康熙帝在等待西路大军消息的同时,紧张地进行临战准备,等待约定时间同西路大军合击噶尔丹。

西路大军却没有中路幸运,途中遇到很多预想不到的困难。西路大军的路程要比中路远,自然条件也比中路恶劣。虽然西路大军比中路早12天出发,但沿线尽是荒漠沙滩,行程缓慢,加上遭遇暴风雪,人马损失严重。孙思克军中的甘、凉、肃三镇士兵,远距离行军到达宁夏,立即出征,导致来不及休养马匹、士兵的粮食和马匹都没有经过精心挑选,而且这些士兵以为不一定能遇到噶尔丹,出塞稍远,就能耀武扬威地回军了,并不爱惜粮食,结果缺水严重,此时草又未发芽,马匹大批倒毙,加之不时有连续几昼夜的暴风雨,到处是死在营房和路旁的士兵。逃跑的士兵,被斩首示众,仍然不能杜绝逃兵事件。在到达翁金之前遭遇暴风两昼夜,再遭大雨一昼夜,耽误了时间。在宁夏军未能如期到达翁金的情况下,费扬古只好单独前进,造成了西路内部归化城兵与宁夏兵无法策应的局面。紧急关头,孙思克决定汰弱留强,亲率2000名精兵追赶费扬古,过翁金与大军会合。

康熙帝获悉所谓俄罗斯借兵给噶尔丹是谣言,立即带领前锋军迅速攻击噶尔丹。因为保密工作做得好,直到大军抵达克鲁伦河时,噶尔丹在孟纳尔山遥望,远远望见清军遮天蔽日而来,大惊失色,立即仓促而逃。清军到达噶尔丹所驻之地克勒和朔,康熙帝看到噶尔丹的军队将蒙古包、佛像、锅釜、稚子之衣物、鞋子、妇女用物、摇篮、一些重铁器、枪柄、渔网、钓钩及釜内所煮之汤,全部丢弃而逃的情景,决定领兵继续追赶。十二日到达战略要地拖呐山,从一位准噶尔老妇人口中得知,噶尔丹离开此地已有 4 天。由于噶尔丹已远去而很难追及,尤其是兵丁所带 80 日口粮食用将尽,于成龙所运粮食迟迟未到,所以如果大军继续前进,运输粮食的路线会过长过远,容易产生危险。康熙帝经研究后决定,任命领侍卫内大臣马思喀为"平北大将军",率领 2000 名前锋兵,携带 20 日口粮穷追噶尔丹,大军则返回。

噶尔丹逃跑的路线正好与清西路军在昭莫多正面相撞。昭莫多是蒙古语,意思为树木繁多意,位于土拉河之北,肯特岭之南,汗山之东。山下是广约数里平川,林木茂荟,河流穿梭其间。森林之南,有一座马鞍形小山横卧右连南山,明成祖朱棣曾在这里大败蒙古大将阿鲁台,是兵家必争之地。清西路军历尽艰辛,跋涉 77 天,于五月十三日抵达昭莫多,兵力仅剩 1.4 万人。

双方的军队几乎同时到达了昭莫多。西路大军临近昭莫多时,其前哨在距昭莫多 30 里外的特勒尔济口与准噶尔军遭遇。费扬古闻讯后急进昭莫多。他决定占据有利地形,诱敌深入,围击消灭。于是费扬古立即命令前锋统领硕代、副都统阿南达等,如果是小股军队立即歼灭,如果是大股军队,则引诱其与清军决战。硕代等见准噶尔军人多势众,便佯装战败,引诱噶尔丹军队进入特勒尔济口。噶尔丹也为了抢占昭莫多制高点,向前冲击,兵力近 1 万人。

这次战斗是惨烈的遭遇战,这次安排埋伏的变成了费扬古。他命令将军孙思克率甘、凉、宁、肃四镇绿旗官兵居中;京城、西安满洲汉军官兵,察哈尔、诸札萨克蒙古官兵居东侧高地;右卫满洲、汉军,大同绿旗兵,喀尔喀诸札萨克兵居西侧沿河。在双方战场中间有一座 20 多米高的马鞍形小山,因为主力火炮未到,费扬古起初有意放弃,噶尔丹前来占据小山,随后凭借火力优势围歼噶尔丹军队。然而,宁夏总兵殷化行力谏费扬古必先据小山,且自告奋勇晚上驻守于此。他认为:自古用兵,高地不应该让给敌人。费扬古采纳了殷化行的建议并令其登山驻守。殷化行遂率部强行登山。清军刚到山顶,噶尔丹也从另一侧登至半山,可谓"胜负之机在呼吸之间"。清军立即居高临下,用大炮、子母炮轰击准噶尔军,费扬古也挥全军上山布阵,发起猛烈进攻。巧合的是,如果清军早已占据小山,那么噶尔丹发现后就可能立刻回头撤出特勒尔济口远逃而去。而清军缓登小山,却成了诱敌深入之妙计。噶尔丹陷入进退两难的危险境地,欲进则难以攻取山顶,欲退则背后受敌,只好决一死战了。在地形条件极为不利的情况下,噶尔丹的妻子阿奴带领攻山部队,以岩石为隐蔽,用鸟枪、弓箭等武器顽强地进行还击。阿奴穿着黄金铠甲,黄色的战袍,衬托着白皙的皮肤,骑着像是骆驼又不是骆驼的怪兽,率领着噶尔丹最精锐部队,临危不惧,冲锋在先,冒着暴雨般的炮火与飞箭,带领部下下马战斗,锐不可当。双方进行了整整一下午的猛攻恶斗,损失相当,胜负难定。

战斗进行中,殷化行发现噶尔丹的后军人马很多却一动不动,认为那是辎重所在,于是向费扬古建议攻击。费扬古命左侧军以柳林为掩护,突袭准噶尔军侧翼,并派另一支军队沿右侧,袭击妇幼辎重。顿时,准噶尔军阵后突然大乱,妇女儿童哭声震天。正在酣战的噶尔丹士兵听到这些声音,士气动摇,阵脚大乱。山上山下各部清军趁此机会,齐行夹击,呼声震天,箭射如雨。噶尔丹溃败,死伤甚多,受伤逃窜,掉到山谷摔死者,层层叠叠,河里到处漂着尸体,到处是丢弃的盔甲和武器。噶尔丹带着 20 多个骑兵突围出去。大将丹济拉、丹津俄木布也逃出重围。阿喇布坦断后,苦战不退,身受重伤,最后冲出。噶尔丹残部四处逃散。清军在月光下追击 30 余里,费扬古便传令收兵。此役,清军歼准噶尔军 2000 余人,俘降 2000 余人,获牛 2 万余头、羊 4 万只以及妇女、小孩多人。噶尔丹主力尽失,遭受了空前的惨败。最致命的打击是噶尔丹妻子阿奴中炮战死。阿奴最初密告噶尔丹使其自西藏返回准噶尔,又请求爷爷鄂齐尔图汗帮助噶尔丹平定内乱,等噶尔丹杀死索诺木阿喇布坦夺取汗位,又于康熙十六年击败并囚禁了鄂齐尔图汗,阿奴始终未与之反目,而是全身心爱着噶尔丹。康熙二十七年阿奴被策旺阿拉布坦抓获,她很快又逃向噶尔丹,最后在康熙三十五年昭莫多之役战死。阿奴是始终如一地忠诚于噶尔丹的勇敢女子。

在归途中的康熙皇帝日夜等待前线消息。十八日,康熙在拖陵收到了费扬古胜利的奏折。皇帝走出帐房,亲阅奏折,率领诸臣,行三跪九叩礼,拜谢上天。而噶尔丹再也无力反抗,等待他的只能是一步步走进绝境。

末日挽歌

昭莫多之战,噶尔丹的军队损失惨重,物资也丢失殆尽。噶尔丹和他残存的部众,大约还有5000人,到鄂尔浑河支流塔米尔河畔的台库勒地方落脚。此时的噶尔丹已经四面楚歌,无处可投。西面是宿敌策旺阿拉布坦控制的伊犁河流域。远投伏尔加河流域的土尔扈特汗国也不行,阿玉奇汗已经和策旺阿拉布坦结成反噶尔丹联盟。通往西藏、青海、哈萨克的道路关卡都被清军占据。噶尔丹整个队伍濒临绝境,粮食和帐篷都在逃跑中丢失了,所有的人狼狈不堪,每天依靠挖草根充饥。军队内部经常发生互相抢掠和逃跑的事件。天气越来越冷,必须想办法摆脱困境。噶尔丹派侄子丹济拉到喀尔喀西部的翁金河抢粮,因为士兵数量少,武器也缺乏,结果被副都统祖良壁击败,粮食没抢到,还遭受大量损失。大将丹津俄木布不但逃跑了,还截留噶尔丹派往俄罗斯的商队与俄罗斯的使臣,逃往俄罗斯的道路被切断。清军已经封锁了去往青海、西藏的各条道路,边境沿线看守严密。准噶尔老家被亲侄子策旺阿拉布坦占据着,噶尔丹派出使臣希望他能给予一点帮助,被严词拒绝,甚至派去的使臣,策旺阿拉布坦连马都不给换,使他们步行返回。曾经稳定的粮食来源哈密,曾经帮助噶尔丹渡过乌兰布通之战后的困难时期,如今也投降了清朝。

因为缺乏粮食,噶尔丹命令其子塞卜腾巴尔珠尔和他乳母的儿子丹津扎卜、俄罗岱达尔札及塞卜腾巴尔珠尔乳母之夫辉特和硕齐等人,越过戈壁前往巴里坤地方狩猎食用。哈密额贝都拉达尔汉伯克侦查到这个消息,派遣其子郭帕伯克率兵300俘获了他们,押解至清军副都统阿南达的驻地。阿南达立即将塞卜腾巴尔珠尔等人送至康熙帝行营。在觐见康熙帝时,塞卜腾巴尔珠尔彻底怕了,趴在地上不敢仰视。康熙帝问:"你父亲噶尔丹,穷困已极,到底投降吗?"塞卜腾巴尔珠尔惶恐地回答道:"臣年纪小,很多事情不知道,皇上天威,想来必然投降。"又问别的事情,塞卜腾巴尔珠尔浑身战栗什么也说不清。康熙帝派人将他送到北京,命皇太子让各个王爷及八旗大小官兵、普通市民对塞卜腾巴尔珠尔进行观看,最后在理藩院大牢里关押。噶尔丹所有的希望都破灭了。

此时,噶尔丹不知道曾经的好友第巴桑杰嘉措一直在骗他,五世达赖早已经去世。他把希望仍寄托于自己的信仰,他给西藏格鲁派的各个上层人物写信,开列西藏喇嘛为他所要诵读的经卷目录,希望佛陀保佑他脱离困境,消灾祈福,乞求佛陀能告诉他该怎么办。与此同时,康熙帝并没有打算给噶尔丹任何喘息的机会,他再次出塞亲征,到达了呼和浩特,战术以军事打击为辅、政治诱降为主。喀尔喀草原上到处散发着康熙帝给噶尔丹的劝降书：

现在朕再次统帅军队出征，各处也调兵准备。你既然失去了妻子儿女、马匹牲畜以及各种生活用品，没有衣服，没有食物，穷苦到了极点，还没有地方住。天气渐渐冷了，死亡就在旦夕之间。朕不忍心看到你的部民、妻儿因寒冷饥饿而死，特地下旨招抚。你如果能忏悔过去的罪过，朕可以不再追究，给你生路。你属下的人也能见到失散的妻子、儿女，各自安居乐业。如果你仍然执迷不悟，试着想想你们以后该怎么办，谁能收留你们，让你们活下来呢？你们已经没有地方可以去了，朕必然会给你们富贵的生活，稳定的居住地方，不要怀疑，不要害怕。

康熙帝的话噶尔丹自然不会轻易相信，但是对身陷绝境的下属却很有吸引力。康熙帝紧接着派人诱降噶尔丹的下属。他派人前往噶尔丹侄子阿拉布坦和丹津俄木布处进行劝降，表示：如果他们来降，过去追随噶尔丹的相关事情概不追究，让他们与妻子儿女团聚，必然给予荣华富贵。特意强调若噶尔丹不前来投降，必然覆灭。康熙帝还通过不断遣返卫拉特俘虏、降人，分化噶尔丹属众，使他们陆续投附清朝。

噶尔丹亲信大宰桑吴尔占扎布之母齐布冈查被遣回劝降噶尔丹。吴母在昭莫多之战被俘，因身份特殊而受到皇太后的设宴招待，其他内大臣也纷纷设宴压惊。康熙帝亲自接见她并赐给佛尊、黄袍、凉帽、数珠、小刀，使老太太受宠若惊，深感皇恩浩荡。康熙帝令她回准噶尔部劝降噶尔丹及诸宰桑。她愉快地接受这一重要使命踏上归途，到达噶尔丹驻地后，依仗自己身份大赞清朝富足强大、康熙对厄鲁特俘虏的宽厚优待。她说："皇上之英明，国之富饶，言之莫尽。倘无命则已，有命则皆享安逸耳。"并指责、劝说噶尔丹："由于你的罪过，致使众生灵四散，遭受苦难。你若知错而去寻圣主，便可使众人幸福矣。"噶尔丹十分尴尬，回答："这些都是我之过也。"但没有接受其劝说。吴尔占扎布母亲的安全归来及其对清朝的由衷赞美，使众宰桑惊叹不已，说："圣主如此贤明，使敌国离散之母子、夫妻团聚，恩养投去的卫拉特人。"他们对清朝的好感油然而生，绝望中看见了希望的曙光。

继吴尔占扎布母亲之后，康熙帝又把昭莫多之战中被俘的卫拉特人曼济放归准噶尔部。曼济给噶尔丹带来了许多新的消息：康熙帝在呼和浩特一带行猎;清军不断加强沿边布防;丹巴哈什哈、查干席达尔哈什哈、沙克珠木等投附清朝之卫拉特贵族,均被擢为内大臣住在北京;很多卫拉特人投降清朝后被妥善安置,等等。噶尔丹听完这些消息,沉默不语。众宰桑的心理防线则开始动摇,连一向忠诚的诺颜格隆也说:"仁圣太平皇帝一定会宽恕我们的罪过而恩养,这可信吗?"在回归人员的不断影响下,一些宰桑渐渐从恐惧、观望、徘徊中清醒过来,认为投奔清朝不失为一条生路,于是他们带领属下决然离开噶尔丹投奔清朝。

清朝劝降之使纷至沓来,加剧了属众的奔逃。大宰桑土谢图诺尔布带领属下80人投奔清朝,这在众宰桑中引起轩然大波。他是自昭莫多之战后准噶尔部投附清朝的地位最高的人物。之后噶尔丹的下属们纷纷效仿,陆续投降清廷,甚至连亲信头目如阿喇卜滩、格垒沽英等也先后降清,丹济拉也有了二心。仍然留下的人怨声载道,危机四伏。噶尔丹每天向佛祈祷,希望用佛法安抚大家骚动的心。在饥寒交迫的情况下,不可能有太好的效果,人心面临着最终的崩溃。噶尔丹痛苦地说:"我过去以为准噶尔人是善良忠诚的人啊,没想到背信弃义到了这样的程度。"面对国破家亡、妻离子散,噶尔丹耻辱与羞愧难以忍受,悔恨之中,康熙帝还数次派人劝降,危协立即派遣大兵剿灭。噶尔丹怨恨数日,3月3日决定在众喇嘛围坐的诵经中,绝食而死。3月12日,噶尔丹头疼欲裂,最后见了丹济拉,13日午前身死,终年53岁。噶尔丹死后,身边的喇嘛根据他的嘱托,用火焚烧了他的遗体。

对于噶尔丹之死有很多种说法,清朝官方说他是服毒自杀,后来有学者认为是突发疾病而亡。崔岩先生认为,噶尔丹是绝食而亡。这种观点可信性更大,因为头痛就是由于绝食导致身体产生的酮体等酸化物积蓄,而出现的生理反应。藏传佛教以密教传承为主,佛教密宗之修秘法的人,为表示诚心及保持身体清净,都实行绝食,以避免各种肮脏东西的污染。噶尔丹学佛多年,对这样的修行方式不会陌生。噶尔丹在这种宗教的仪式中走到了生命的尽头。

为什么噶尔丹不投降?或许他想起了自己杀死的两个清朝使臣。战争期间你死我活,还说得过去,但两国交兵不斩来使,是通行的规则。噶尔丹在乾隆三十一年、三十五年,连续两次杀死了清朝的使臣郎玛和道禅,特别是道禅是在噶尔丹的羞辱中被残忍杀死。康熙帝能就此放过他吗?或许在绝境中,噶尔丹的信仰发挥了重大作用。对于佛教信徒而言,死亡并不是生命的终结,而是另一个轮回的开始。他们相信来世,并把死亡看成灵魂是从一个身体,转移到另一个身体的过程。火焰象征着创世神四面佛为其灵魂超度,促其灵魂转世。

噶尔丹死后部众离散,一部分投奔策旺阿拉布坦,另一部分人在丹济拉率领下投降了清朝。清廷把丹济拉等人安置于八旗察哈尔内。诺颜噶隆,丹济拉之女婿拉思伦等,携带噶尔丹的骨灰、噶尔丹之女儿钟察海率领最后的 300 户人口向清廷投降,然而半路被策旺阿拉布坦截走。清廷以出兵征讨和断绝贸易相威胁,向策旺阿拉布坦索取了噶尔丹的骨灰以及噶尔丹的女儿钟察海,同时被遣返的还有背叛清廷的喇嘛伊拉古克三呼图克图等人。策旺阿拉布坦遵照康熙的圣旨押解噶尔丹之女钟察海等人到京。清廷下令将噶尔丹的骨灰在京城外悬挂示众,后捣碎抛撒于刑场。

康熙帝对于噶尔丹的儿子、女儿比较仁慈。即便大臣们纷纷反对,仍然给予他们格外的恩赐。早先噶尔丹之子塞卜腾巴尔珠尔被哈密俘获,回人把他送到北京后,康熙帝接见了他,并没有伤害。噶尔丹女儿钟察海于康熙四十年(1701 年)被送到北京,然后同其弟塞卜腾巴尔珠尔一起生活,后来嫁给二等侍卫沙格都尔。塞卜腾巴尔珠尔在同一年被赦免,被授为一等侍卫。康熙四十五年(1706 年),康熙帝下令赐婚,将轻车都尉觉罗长泰之女,依照镇国公女之例,授为乡君,嫁给他。噶尔丹还有一个女儿布木,是青海顾实汗孙博硕克图济农之子根特尔之妻。康熙帝特许留住青海,不必押送进京。曾经背叛清朝的伊拉古克三呼图克图和他的弟子在北京黄寺当着众多蒙古王公、大臣和喇嘛的面被剥去黄色僧袍,凌迟处死。噶尔丹的时代结束了,但是准噶尔部与清廷的战争才刚刚开始。

参考文献:

[1](清)梁份.秦边纪略[M].西宁:青海人民出版社,1987.

[2]齐木德道尔吉.昭莫多之战以后的噶尔丹[M]// 中国蒙古史学会编.蒙古史研究:第 4 辑.呼和浩特:内蒙古大学出版社,1996.

[3]崔岩.噶尔丹死亡问题考辨[J].清史研究,2007 年第 1 期.

[4]黑龙.乌尔会河之战考[J].清史研究,2007 年第 1 期.

[5]黑龙.乌兰布通之战再考[J].中央民族大学学报,2006年第4期.

[6]黑龙.康熙帝首次亲征噶尔丹与昭莫多之战[J].满语研究,2009年第2期.

[7]王征.清朝大患噶尔丹[J].科学大观园,2007年第14期.

[8]清圣祖实录[M].北京:中华书局,2012.

尘世神仙——哲布尊丹巴

很多人比较熟悉西藏的达赖和班禅两位活佛。其实在清朝的藏传佛教体系中,有四大活佛体系,除了达赖、班禅还有掌管内蒙古的章嘉呼图克图①、喀尔喀蒙古的哲布尊丹巴。喇嘛教是清代大多数蒙古人信仰的宗教,而哲布尊丹巴是蒙古人最崇敬的蒙古活佛。下文中的很多故事采自各种对哲布尊丹巴的历史记载。其中有很多具有神话色彩,读者们当作神话小说看看就可以,不用当真。其实不仅仅是在哲布尊丹巴身上有很多神话,在中国的史书上,哪怕是官修正史,为了附会一些政治人物和事件,也经常会为地制造很多神话。比如:《汉书》中刘邦斩白蛇而立;《明史》记载朱元璋出生时,满屋子红光,邻居以为着火了;《清实录》记载,康熙帝之母生他之前,裙子上有层层奇幻的光芒;近世记载袁世凯称帝前,随从在他的床上看到一只硕大的蛤蟆,等等。

一世哲布尊丹巴

哲布尊丹巴的前十五世出生在印度或西藏。明崇祯八年(1635 年)蒙古的哲布尊丹巴的第一代呼必勒罕②出生于喀尔喀。时间恰好是喀尔喀的阿巴岱汗建造第一座喇嘛庙——额尔德尼召之后的 50 年。关于呼必勒罕将要诞生的奇瑞和预言,几乎从喀尔喀人信奉喇嘛教的初期就开始出现了。阿巴岱汗在建成额尔德尼召并举行开光礼以后的第二年,就到了西藏。他在那里第一次谒见了

---

①　清代,政府给予上层大活佛的封号。
②　这是蒙古语音译,意为"转生"。

达赖喇嘛,并向这位喇嘛献上了各种丰厚的礼物。达赖喇嘛也向阿巴岱汗赠送了多种法号,使他获得了无上的荣誉。为了在喀尔喀广泛地传播喇嘛教,阿巴岱汗请求达赖喇嘛赐给他一尊灵验的佛像,并派一位喇嘛到喀尔喀去传布佛法。达赖喇嘛请他随意选择一个佛像和喇嘛。阿巴岱汗在各寺庙观看了好多天,遍访佛像和喇嘛,最后选中了金刚主持菩萨的宝像,因为他看到这尊佛像上的幔帐在不停地波动,好像是由于剧烈的心跳而引起的。这引起阿巴岱汗的好奇。阿巴岱汗在访求合适

一世哲布尊丹巴

(1635—1723 年)

的喇嘛时,看到一位法师静坐在差不多是最后的席位上,就约他一同到蒙古去。这位喇嘛回答说:"我目前不能去,不过日后我一定去。"这位喇嘛就是哲布尊丹巴的第 15 代呼必勒罕,他亲口说的这句话就是他将出现于喀尔喀草原的最早预言。阿巴岱汗请求达赖喇嘛为新建的额尔德尼召开光,达赖喇嘛回答:"我现在不能前往,来日必与你在喀尔喀相见。"

又过了好几年,有一天,阿巴岱汗外出狩猎,忽然看见草原远处有一缕青烟,很是诧异,就派人去打探情况。侍从回来禀告说,那里有一个很奇怪的人,身着青衫,形容污秽,像是个俗家人,但又没辫子,又像是喇嘛,正坐在那里熬粥喝。阿巴岱汗想起多年前与达赖喇嘛相会的约定,他想,说不定那个人就是当年要与他见面的人,便前去跪拜。那人看到附身而拜的阿巴岱汗,又看到周围其他人都不拜,轻声说:"别人不拜,只有汗来拜,这位汗王真是洪福啊。"两人交谈起来,那奇人说,"你我在此相会,这个地方必将流芳百世,你要在这里立一个标志"。阿巴岱汗命人在这里建起一个鄂博,并将此地命名为"伊松祖伊勒"①,那人请阿巴岱汗喝了粥,就隐身不见了。原来他就是达赖喇嘛,此次来到喀尔

---

① 蒙古语,为九物品种的意思。

喀,就是来兑现与阿巴岱汗相会的诺言的。

鄂　博

　　此后又过了15年,阿巴岱汗的孙子土谢图汗衮布多尔济路过"伊松祖伊勒",看到一个眉宇端凝的喇嘛坐在这座鄂博的旁边。汗问他:"你在这里有什么事吗?"喇嘛回答说:"我在祭这个地方。"说完这句话,就立刻不见了踪影。更奇怪的是,自此以后,天上每天都有彩虹出现,衮布多尔济和他的妃子常常做吉祥的梦,后来汗妃罕笃札木素有了身孕。喀尔喀车臣汗听到这一消息后,就差人送礼物和信给土谢图汗,他在信中说:"我预感到你将要生一个聪慧可爱的儿子,我们这些身为英明圣主成吉思汗的后裔,都会由他统治,因此我想来看你,和你欢聚几天。"不久以后,车臣汗果然来拜访土谢图汗,宴饮了好几天才回去。在这段时间里天气很好,既不炎热,也无干旱,疫疠疾病都没有发生,雨水调顺,林野之间繁花似锦,鸟声嘤嘤。人们做的都是吉祥美好的梦,汗和汗妃天天在梦中看到佛像,听到诵经。

　　过了一段时间,汗妃分娩的日子即将到来,衮布多尔济想要早日迁徙到冬季牧场去,就动身去寻找一处可以安设帐幕的地方。他骑着马在草原上奔驰,后来到了"伊松祖伊勒"这个地方,在一座鄂博附近他看见一只白狗生了狗仔,他认为这是一个吉兆,就命令把这里辟为当年的冬季牧地。这时已是阳历九月,河水结冰,地上积雪很厚,奇迹又一次出现了,汗的毡帐刚刚架好,他的营地上忽然长出了一朵盛开的白花。明崇祯八年(1635 年)九月二十五日黎明又发生了一件奇事。汗妃感到产前阵痛,就在这时,她的一个 16 岁的侍婢乳房忽然流出了乳汁。侍婢羞愧万分,掩面而哭,罕笃札木素妃子安慰她说,汗妃生子,她宠爱的侍婢就应该有奶。过了一会儿,汗妃生了一个儿子,可她却没有乳汁,经过公议,决定用圣水淋洗这个 16 岁少女,由她做奶妈。新生的婴儿被放在车臣汗送来的摇桶里,日夜有专门的婢女守护。

到了春末,车臣汗又来拜访土谢图汗。有一天,他抱着婴儿坐在毡帐里,忽然有三个印度僧人来到他面前。这婴儿似乎认出了他们,牙牙而语,好像在和他们说话,他的身体向前倾,几乎从车臣汗的膝上跌下,车臣汗赶忙扶住。这时这三个僧人忽然不见了,于是车臣汗告诉众人说,这件奇事表明汗的儿子将来一定身体强健,会成为普济众生的大喇嘛。因此,车臣汗决定把自己的"活佛"称号赠给这个婴孩,让这个将来要成为喇嘛的孩子称为活佛,而他自己只称车臣汗。车臣汗返回后,又派一个看相的人给这个小孩看相,看相的人回来禀报说:"土谢图汗的儿子是一个伟大的男人啊!他的眼角长,瞳孔和白眼的构造非常方正,足够证明能洞观十界;至于他的身体,则佛陀的征兆都具备,其为活佛无疑。"

这个孩子到了三岁就开始说话,他说的头几句话是:"三世佛,法轮常转,无比无量。"过了不久,他没有经过别人传授,就开始每天诵读春秋二祭所用的《南无僧宝》祷词。这位汗子的身边有许多孩子做伴,和他一同游戏。但是这个孩子所做的游戏全是修造寺庙,诵读佛经,画大喇嘛、佛像以及拜神拜佛之类。衮布多尔济决定听从天意,送儿子去做佛门弟子。明崇祯十二年(1639 年),他便成了察汗诺尔一寺庙的主持,被冠以持萨迦大智旗者的尊号。喀尔喀王公们纷纷向他赠送礼物,每一个王公都从自己的属民中分出几十帐赠送给他。清顺治六年(1649 年)秋,活佛动身前往西藏。达赖喇嘛为他举行了金刚灌顶的仪式,并向他讲授了各种博大精深的经文。活佛本来属于萨迦派,因为此时西藏萨迦派与格鲁派斗争矛盾尖锐,为了拉拢喀尔喀人,达赖半年后宣布他为多罗那他的呼必勒罕,授予他哲布尊丹巴呼图克图的尊称,让他成为格鲁派的活佛。同时为了显示这一称号的崇高,特许他外出可以用黄色大罗伞。

为了提高他在蒙古人民中间的地位,喇嘛们制造、传播了大量哲布尊丹巴奇行异事。例如,顺治十二年(1655年)深秋,活佛正在锡伯图乌拉山下修法时,忽然想起要偕同6名亲信的喇嘛到西藏去。他们7人上马扬鞭,第七天就到了扎什伦布寺。但是他们在路上是怎么走的,却无从确定,因为在有缘目睹他们赶路的人中,有的说是见到7人骑马疾驰,有的却说是见到7只大雁飞过去。活佛在路上虽有几个神通广大的护法神护卫,但是也受了一场虚惊。他们在塔里亚呼卢逊地方宿夜时,7匹马都被偷走了。第二天早晨他们起身即将出发时,发现马匹不见了。活佛大怒道:"我有很多护法神保卫着,可是札木萨楞干什么去了?"他命令侍从向东方寻找,就在这时候,东方尘土大起,向他们滚滚而来,原来就是活佛的7匹马,其中两匹马的尾巴上结着两个偷马贼的辫子,在地上一路拖过来。

在赶路时,有一个三音诺颜部的蒙古人正在牧羊,他忽然看见天上有7只大雁向西南方向飞去。这个蒙古人心想,这种鸟只有夏季里才会到蒙古来,现在深秋的时候有鸟,那一定是佛或者菩萨变的。他立刻赶了羊回家,对妻子说:"我刚才看见佛在赶路,你赶快烧肉煮茶,我送去给他们吃。"他妻子把茶和肉煮好后,蒙古人就带了这些食物朝大雁飞去的西南方走去。走到天黑时,他看见前面开阔平坦的草地上坐着7个陌生人。他走到他们旁边,把他看到鸟飞时的猜想和他的来意告诉他们,然后又说,这里坐着7个行路人,与鸟的数目相符,所以他要把食物献给他们。那几个人收下了他的食物,活佛捧了一捧面粉给这个至诚的蒙古人作为回礼,并且对他说:"你把面粉放在你祈福时用的财运罐里,你就会永远富裕。"他的预言果然应验了,这个三音诺颜人的子孙世世富足,直到如今。活佛仅用7昼夜就抵达西藏,人人都认为太奇怪了,活佛说明理由,即旅行中每天早上虔诚地诵读咒文,所以有这样的灵验。

活佛到了西藏,首先就到扎什伦布寺去见班禅额尔德尼,然而班禅大师已经在三天前圆寂了。活佛万分悲伤地说:"为向您瓦齐尔达喇巴克什顶礼,我日夜兼程前来膜拜,以完成以前未曾达及的经法。今遇博格达圆寂,乃我之命也。"言辞凄惨。他叹息了一阵之后,就去拿曼荼罗,放在亡师灵前,这时奇事发生了。活佛拿来第一只曼荼罗,死者的容貌就起了变化有了生气;活佛拿来第二只曼荼罗,死者的身体开始活动;他拿来第三只曼荼罗,班禅开口了。他说:

"我本来不该再回到人世的,但是我得知你远远赶来,又这样悲伤,我决定回来了。"于是他就声如洪钟地向活佛宣讲佛法。闻讯前来的藏民看到复活的班禅和起死回生的活佛,无不惊喜赞叹。一日班禅问一世哲布尊丹巴喀尔喀人转生之事,他回答说:"喀尔喀人转生天界的人虽不多,转生地狱的也不多,喀尔喀人大部分死后再转生成人。"四世班禅听后,命一世哲布尊丹巴教喀尔喀人专门吟诵一种经咒。说现在喇嘛在喀尔喀,极近佛教之隆盛,喀尔喀人今日生时,可以说已跻身于菩萨之列,至死后实际成为菩萨,尚须依靠这种经咒的力量。据说,班禅复活后又活了 20 年,享年 93 岁。

后来一世哲布尊丹巴又拜访了五世达赖,受法戒,得其密法。顺治十三年(1656 年)活佛回到了喀尔喀。喇嘛们继续传播他的神迹。例如:噶勒丹多尔济王是土谢图汗的儿子,也是活佛的侄子,他每年都要来拜谒,请求去除他妻子不孕的病症,赐给他一个儿子。最初几次活佛都叫他耐心等待,后来告诉他说:"你会有儿子了。我使用法术到了西藏,访问隐居在深山的一个喇嘛,是金刚持的转世。我对他说,我们那里有个王公想要生个儿子,我请他大发善心,成人之美。他回答我说等他坐禅结束后,就会投胎到王公家里。我为了要有个凭据,就向他要了一张字据,你可以一看。现在那位喇嘛已经死了,他的灵魂一定已经到你妃子腹中了。"过了不久,噶勒多尔济的妻子果然怀胎,生了一个儿子,后来成了喀尔喀有名的王公——达尔罕亲王。

这些是蒙古人中间流传的神话。哲布尊丹巴的神话故事在汉人中间也有流传。比如民国年间《新世说》就记载了这么一个故事:顺治帝入关后,一世哲布尊丹巴来朝觐。顺治帝问清王朝的命运,哲布尊丹巴回答说:"十帝在位九帝囚,还有一帝在幽州。"当时人们以为清朝会有二十代皇帝。其实这句话是暗示第九世皇帝光绪帝被囚禁在瀛台;第十世皇帝宣统帝逊位,后来在东北建立了伪满洲国。这其实都是后人附会前人的说法,越是情节离奇神秘,越能激发人的兴趣。真实的历史是,一世哲布尊丹巴根本就没见过顺治帝,所以他们之间的谈话更是子虚乌有。

康熙二十七年(1688 年)的春天,因为喀尔喀部与准噶尔部的矛盾,准噶尔部首领噶尔丹击败了喀尔喀人。当时面临两个选择,一是就近投靠俄罗斯;二是跨过沙漠投靠清朝。哲布尊丹巴认为清朝皇帝治理的国家不但和平宁静,而且信奉佛教。如果他们到这个国家去,就都能过上安稳愉快的生活。于是大家听从了他的建议,一起归顺了清朝。

康熙三十年(1691 年)多伦诺尔会盟时,一世哲布尊丹巴第一次见到了康熙皇帝。康熙帝封他为大喇嘛并且命他掌管喀尔喀的宗教事务,但是最重要的还是清帝将他看作喀尔喀诸王大臣之首,而赐予他优渥的礼遇。多伦诺尔会盟后,活佛直接前往北京。此后的几年,一世哲布尊丹巴长时间生活在北京。特别是在康熙三十二年(1693 年),这一年康熙帝染疾,活佛为他修法诵经,康熙帝的疾病明显有了好转,并且很快地康复了。康熙帝也因此和活佛日益亲近。从此,康熙帝开始经常召见活佛,许他在宫中出入,并且乐于和他随意闲谈。

蒙古人中间流传着这一期间众多的宗教神话,比如:有一天康熙把哲布尊丹巴请来,要他在手指大小的一块红宝石上刻出佛陀及其两个高徒,16 个罗汉及 4 个天王,共 21 个佛像。呼图克图刻好以后,康熙帝惊喜不已,赞叹说:"啊,这位活佛真比得上天上的画师舒嘎尔玛了。"从此以后,他对活佛格外敬重,但是他左右的侍卫却对此不满,对这个喇嘛受到这样的恩宠愤愤不平。康熙帝为了折服他们,命令宫人在他的便殿里替活佛摆一张座椅,在下面藏了一尊佛像,然后命人去传召活佛,让他坐在摆好的椅子上。活佛却先不坐,只把手往椅子上一放,藏在坐毯和坐垫下面的佛像不知怎的忽然到了活佛的掌心。于是活佛问道:"这尊佛像怎么会在椅子下面的?"康熙不去回答活佛,只对着近侍们说:"我说着了吧? 这位呼图克图真是活佛啊! 你们怪我对他太敬重,可是这样一奇僧难道不应该敬之如神吗?"

另一则奇闻是这样的:有一天一世哲布尊丹巴吩咐近侍到市场上去买一块水晶,近侍买来水晶刚交给呼图克图,正好皇帝差人召活佛进宫。在这之前康熙命人为活佛准备好座椅,并在下面放了一部《甘珠儿经》。活佛到了宫里,康熙帝让他坐在那张准备好的座椅上。活佛暗地里把手中的水晶在椅子上蹭了一下,再坐了下去,这时康熙帝向他说话了,"你呼图克图和佛言相比,哪一个更崇高呢? 你现在是坐在《甘珠尔经》上面呢。"活佛显出惊慌失措的样子问道,"我座毯下面怎么能有佛言呢?"于是大家把《甘珠尔经》拿了出来,可是仔细一看里面一个字也没有了,一卷一卷都成了白纸。康熙帝大为惊讶,忙请活佛说明缘故,活佛就把那块水晶递给他看,只见《甘珠尔经》里的字都映现在水晶上了。康熙帝激动地说:"承蒙你的好意,使我得了这样一件宝物!"于是他把这块有经文的水晶放在头顶以示感谢,然后命令设祭礼拜。

还有一次活佛与康熙皇帝一起出宫微服私访。他们到了城外,看见一群人围着一个人,这个人的身材有常人三倍那么大。皇帝命侍卫问那人是从哪里来的。侍卫回来说,那人不懂本国语言。康熙帝又派大学士去,他们用各种语言和他讲话,可那个奇人还是一句也听不懂。大学士于是只得回禀皇帝说,他们也问不出结果。于是皇帝就派呼图克图去问。活佛走到那人前面,开口对他说了几句话,那人马上跪下叩头,对活佛说,他不是地上的人,是海龙王的子民,被这里的人在海里捕获,带到京城来了。活佛把他的话翻译给康熙听,康熙帝叫他去问那个巨人:"他是否愿意留在宫廷里?"那人说:"皇上的天恩他本应该拜领,但是他的父母膝下只有他一个儿子,他不能不赡养他们。"活佛又奉旨问他:"你们那里的人吃什么东西?"这个海里的人说,他们夏天吃海草,冬天吃鱼。康熙帝厚赐了这个世外之人,放他走了,然后对周围的人高声说:"呼图克图多么了不起啊! 宇宙之内所有的语言他无不通晓。"

康熙帝对于活佛的法力大为信服后,请他为自己向阿尤希佛像举行礼拜和泼水仪式,并且特别为他祈求长寿。康熙帝瞒着活佛,命人找了一个高 3 尺、直径 2 尺、重 120 斤的铃和大小相应的杵。在活佛为皇帝祈福时,只见从盛吉祥水的大瓶子里升起一道五彩缤纷的虹霓,上面端端正正地坐着阿尤希佛。接着呼图克图轻而易举地举起铃杵,像敲普通的小铃似地敲击起来,所有的人都惊讶无比,一齐恭敬地俯伏在他脚下。

有一次,康熙帝派大臣去召见呼图克图,他们到了活佛那里,只见他正襟危坐,他的脸像团圆的明月,银辉灿烂,大臣惊疑不止地回去向皇帝做了报告,康熙帝泰然回答他们说,佛的身体能够有种种变化,佛的面容也能够随意变幻。

一天,康熙帝召见活佛,问他:"你是个无所不知的圣人,可是厄鲁特人兴兵作乱及喀尔喀人归顺大清,你为何不预先向我报告呢?"活佛回答说:"我已经预告过了,我的语言写在我献给皇上的宝玉佛像的反面。"康熙帝拿来佛像一看,上面果然有题词:借祝宇内一统,教义弘布。活佛说:"这难道不是指出喀尔喀要归附清朝,四海之民都要向陛下称臣吗?"之后康熙帝赐茶,活佛接过茶杯,却把茶汁向南泼去。康熙帝说:"我请你喝茶,你为什么倒了呢?"活佛回答说:"南有一座城发生大火,我把它浇灭。"康熙帝派人去调查,果然那时广东某城大火,据当地报告,正当烈焰冲天、大祸临头的时候,忽然从西北方来了一阵茶褐色的大雨,把大火浇灭了。

活佛由北京回蒙古前,在最后一次觐见康熙帝时,表示希望他的大队车马能迅速顺利地通过北京城门。康熙帝就派遣大臣到安定门去禁止任何人出入,让呼图克图的车马先过去。活佛的骆驼一匹跟着一匹,足足走了三天三夜才完全通过城门。骆驼上驮的全是清廷人送给活佛的礼物,可见其数量之多。

活佛一行出长城后的第一天,在温都尔陀罗海山下宿夜。活佛带了几个沙比纳尔登上这座小山去祭神,忽然有 5 个骑着马鹿的威武壮士从北方驰来。他们身上围着豹皮裙,脚上穿着豹皮靴,腰间拣着弓箭。他们向活佛作了一个长揖,表示说他们是来迎接他的。侍从问活佛他们是谁,活佛说北方各地的土地都要来迎接他,现在这几个是阿尔泰、杭爱、肯特、布伦汗等山的山神。

班禅致信一世哲布尊丹巴,"给我送两个能在法会上领颂的人来"。于是,活佛将在寺中小僧徒们集中起来,指着其中的两个说:"这二人往后可以领颂。"后来,这二人都在同一天的夜里梦见吞下了铜号。于是,他二人便成为拥有洪亮嗓音的诺尔布颇尔德尼和钦德玛尼二领颂喇嘛。由此迄今,大雄宝殿的领颂喇嘛仍有诺尔布颇尔德尼和钦德玛尼之称。

活佛返回蒙古前,康熙帝曾对他说,"康熙六十一年(1723 年),我 70 岁,你 90 岁,那一年你一定要来看我"。结果那一年康熙帝去世了,呼图克图叩拜康熙的灵柩后,自己也病倒了,不久在北京黄寺去世。据说他死的那天,库伦活佛宫殿上空出现一道彩虹,呼图克图的禅榻上火球滚滚。刚刚即位的雍正帝亲自赐奠,守灵的土谢图汗上表谏言阻止。雍正帝批示说:"呼图克图受皇考恩遇优礼,是世人所共知的,皇考在甲午日花逝,呼图克图也是在甲午日圆寂,这岂非表明了帝王和法师的密切关系吗?呼图克图是非凡的喇嘛,为了向他表示敬意,我将亲至灵前赠哈达并祭奠。"

二世哲布尊丹巴

传说,活佛的亲人见他病危,就问他将转生在什么地方,活佛回答:第二王应将猴年或鸡年生的女子收为妻子。第二王即达尔罕亲王,也就是上文提到的西藏喇嘛转世的那位。达尔罕亲王立即回到自己的牧地,去托辉部找了一个猴年所生的女子。这名女子年方19,名叫察罕达拉巴雅尔图。从新婚之日起,他们就开始做种种奇梦。达尔罕亲王梦见他念珠串上的一颗大珠和他大拇指第一节变成金刚持菩萨,他的新娘则梦见温都尔活佛走进他们的围幔,又进入他们的毡帐。自此以后,亲王和他的妃子经常梦见他们的毡帐被以表示喇嘛身份的黄色毡毯所扭盖,又梦见二人在山上采花,等等。

雍正二年(1724 年)八月初一黎明,达尔罕亲王的儿子诞生了,从他的帐幕的烟筒里立即射出一道灿烂的亮光,帐幕落上空出现了五色彩虹。人人都看到了这一奇景,感到又惊异,又高兴。可是到了第二天,欣喜却变成了忧愁。原来达尔罕亲王忽然得了重病,生命垂危。王府急忙派人去见纳鲁班禅,请求他拯救亲王的生命。纳鲁班禅还没有听到达尔罕亲王生了儿子的消息,但是他的灵魂已经看到了活佛转世。因此他立即就问来人:"婴儿生下后,胎盘怎么处理的?"他们回答说:"埋在地里了。"纳鲁班禅说:"达尔罕亲王就是为了这个缘故才受到惩罚的,你们要祭这个胎盘才是。"喇嘛们立即决定照这个意思去做,胎盘在地里已经埋了十天,但是令人惊奇的是,它被挖掘出来时一股柏树的香味扑鼻而来。等到向它献过祭品以后,又出现了一个奇迹,达尔罕亲王的病体霍然了。

实际上无论是在北京,还是在当时权势显赫并且与皇帝十分亲近的喀尔喀王公中间,转世灵童的人选在活佛刚刚死去的时候就已经内定了,只是瞒着那些与朝廷关系疏远的人而已。王公们钩心斗角地希望自己的儿子能被选为哲布尊丹巴呼图克图的转世灵童。这些王公有车臣汗、三音诺颜部的达亲王以及比什力图贝子,他们不惜远赴西藏,运作达赖喇嘛宣布他们各自的儿子为转世灵童。最终,达赖喇嘛、班禅额尔德尼等护法高僧对这个问题做了答复:喀尔喀达尔罕亲王的儿子的根源较好。雍正皇帝梦见活佛来看他,并且对他说:"我已经转生为达尔罕亲王侧福晋的儿子了。"于是,雍正皇帝让达尔罕亲王的儿子坐床。

在皇帝的决定尚未传到喀尔喀时,那里的权贵为了转世灵童的择定问题正在进行激烈的争夺。厄鲁特部的达尔罕托音那木札勒当时住在达尔罕亲王宫中,有一天他走进亲王的帐幕对亲王说,他听说西藏的护法似乎已经宣布哲布尊丹巴已在喀尔喀转生,投胎为车臣汗的儿子。这时出生以来还没有说过话的亲王幼子忽然高声说:"有我在此,西藏高僧怎么能指认别人呢?"大家看到活佛的化身自己表明了身份,都立刻拜伏在他面前。

虽然地位得以确定,但二世哲布尊丹巴刚一岁半,仍然住在父亲家中。有一天达尔罕亲王抱着儿子坐在毡帐附近,这个婴儿忽然大声地说:"快看天上的彩虹,里面有曼殊菩萨和观音在飞!"达尔罕亲王抬头望去,果然看到这两个佛。因为准噶尔部不断的侵扰,雍正年间,二世哲布尊丹巴没能入京觐见。直到乾隆帝即位,他才于乾隆元年(1736 年)前往京城觐见。见面时,活佛跪在地上,乾隆帝说:"不必,不必。"拉着活佛的手一同进入帐幕。皇帝的御座放在上首,对着南面的帐门,活佛的坐褥放在东侧。皇帝亲手把活佛的坐褥拉过来,和自己靠近,同时说:"请呼图克图坐近些!"两人客套了几句,乾隆帝便将自己带着的珊瑚念珠取下来赠予活佛。会见后,乾隆帝说:"很明显,他的出身很高贵。"

活佛启程回喀尔喀时,皇帝赏赐他使用黄边围幔的权利,并许他设立行宫,行宫四周的围幔也是黄色镶边的。这座行宫共有 73 个部分,行宫的围幔支在 220 根柱子上,每根柱子都堆刻着飞禽。周围有 6 座门,门上都有遮檐。围幔由两根粗绳拉紧,再用 100 根木橛和 400 根钉子把绳子打在地上。此外皇帝又赏银一万两,供活佛在归途中使用。

活佛回到喀尔喀以后,和侍从的喇嘛住在库伦,在学习佛经和游玩嬉戏中度过光阴。他的近侍为了抬高他的声望,在人民中宣扬他的奇异事迹。例如有一则关于这一时期的传闻说,有一天活佛和喇嘛们正在帐幕中闲坐,他忽然笑了。喇嘛们问他:"你为什么笑啊?"活佛说:"在东门外很远的地方,有两个信佛的孩子在放牛,你们去问问他们刚才在干什么。"活佛身边的一个喇嘛按照他所说的方向走去,找到了那两个小孩,问明了缘由。原来刚才他们因为炎热不堪,躲在土拉河河边的悬崖下面歇荫。他们在闲谈中忽然想起冬天里所学的祝祷文是不是还记得,于是就唱起地藏王的赞歌,正唱得高兴时,他们看到牛犊走散了,于是就去把它们赶回来。就在这时,原先在他们头顶的那块岩石突然一下坍到河里去了。喇嘛回到活佛的帐幕里,把这事对活佛说了。活佛告诉喇嘛们说:"那两个孩子前世作孽,本应该被悬崖活埋,但是地藏王听到赞歌,满心欢喜,就把岩石托住,直到孩子走开了才松手。我看到菩萨保佑了这两个虔诚敬佛的沙比纳尔①,所以高兴得笑了起来。"

有一天活佛和几个侍从正在土拉河河边走,突然将一个沙比纳尔身上捆上石头,然后扔到河里去。过了几天,他的侍从想起被扔到河里的人,就请求活佛准许他们去找他,活佛同意了。从那个年轻人被扔下去的地方向下游走去,走了很多路才看到那个人被夹在河流里的石块中间。大家把他救上来以后问他:"你没有受伤吗?"那人回答说:"只是有点腰酸背痛。"见他身上其他地方都好好的,喇嘛们都非常惊奇。又有一次活佛让人从马群里牵来一匹未经调教的公马,在它尾巴上缚了一个沙比纳尔,再把马赶跑。这马拖着人奔驰而去,还不时地用后腿踢那个人。过了几天,活佛的侍从们又向活佛问起这个受折磨的人的下落,活佛就叫他们去寻找,结果不但找到了,还发现他身上连一块皮也没有擦破。活佛对他说:"经过这次磨难,你会长寿的。"

有一天,一个喇嘛出城去募化。他信步而行,一直走到土尔扈特部人的游牧地。这时在一顶毡帐里一个富人的妻子因难产痛苦万分。这个富人因妻子分娩了好几天还没有把孩子生出来,就请了几个喇嘛来念经。这些喇嘛用面团捏了一个偶人,算是附在产妇身上的替死鬼,然后就开始念除病祛邪的咒语。他们一连念了两天经,可是毫无效果。这时那个四处游荡的喇嘛正好从毡帐旁边走过,富人一见到他就急忙从帐幕里出来,恭恭敬敬地对他说:"从活佛的寺院里来的喇嘛啊,请你解除我妻子的痛苦吧!"那几个正在念经的喇嘛听了商人的话很生气,他们说:"既然你不相信我们,那你就叫这个要饭的替你解决吧。"他们一边说,一边站起身来径自走了。而那个出来募化的喇嘛却什么本事也没有,他从来不曾读过一卷佛经,也没有学过拜忏,又不会治病开药。他只会念两篇祈祷文,这就是他的全部本领。他进了富人的毡帐,就装模作样地念起这两篇祈祷文来,而在心里却在向自己的活佛哲布尊丹巴呼图克图默祷,哀恳他把他从异乡的困境中解救出来。忽然间,前面那个喇嘛捏的偶人在众目睽睽之下迈起步子,走到毡包外面去了。这个喇嘛就更加起劲地向哲布尊丹巴祈祷,这时他似乎听见有人向他耳语:"在杯子里倒点水,把你那两篇祈祷文对着杯子念

---

① 蒙古语,意为喇嘛庙的属民。

上一遍,再把杯子放在病人头上。"喇嘛依照吩咐一气做去,那妇人果然立刻产下儿子了。富人和众人对喇嘛十分敬服,纷纷给他送来许多牲畜和各色礼物,他的名声在附近一带迅速传开了。

就在这时候,当地另外一个富人由于萨满教的神灵作祟而中邪,他的手脚抽搐,背部弓起,痛得他苦不堪言。他听说大呼勒寺来的喇嘛医术高明,马上派奴仆去请他。这位喇嘛又向哲布尊丹巴祈祷,求他指示他究竟去还是不去。这时他又听见有声音在他耳边回答说:"去好了。在那人毡包北部上首的座位上躲着一个萨满教的翁贡。你不要在毡包里过夜,你在毡包外面搭一个高铺,正对着翁贡睡的地方。半夜里你手里不论抓到什么东西,都要攥得紧紧的!"这个喇嘛就到那个富人家里去了,一切都按照活佛吩咐的那样做了。

第二天早晨,来了一大队人马把他吵醒了,原来他们押来了一个萨满教的巫师。这个巫师也像请喇嘛到家里来的那个富人一样,手足抽搐,痛苦万状。

他见了喇嘛就高声叫喊道:"喇嘛救救我!我痛死了。从今以后我再也不敢冒犯你了。"喇嘛往自己手里一看,只见掌心里有一个蜷缩的面人。他把这个面人的手脚和腰部都拉直,登时巫师和那个富人的手脚和腰部也都伸直了。这一次喇嘛得到了更多的供养,于是他又向哲布尊丹巴祈祷,求他指示:他应该回库伦,还是在达尔哈特地方再待下去。"现在你可以回来了",一个声音在他耳边说。于是喇嘛收拾好东西,在一大批善男信女

鸟羽式萨满服饰

的欢送下动身了。活佛的灵魂看到他快要到达,就差香火喇嘛去接他,并且吩咐他马上来见。喇嘛到了活佛那里,行了跪拜之礼,活佛对他说:"你以后不要再到那样远的外地去。你这一次在那里人地生疏,束手无策,你向我祈祷,我不

能坐视不救,但是我要赶去救你,却连大车也没有,只好向这里的土地神借了一匹马鹿骑去。"

乾隆三年(1738 年),按照蒙古人的算法活佛已经 16 岁了,理藩院接到乾隆帝在多伦诺尔发出的谕旨,正式宣布哲布尊丹巴呼图克图的转世灵童成为行使权力的呼图克图,并向他颁了金册、金印。从这时起,关于活佛事迹的传说开始和以前的传说有所不同,而逐渐谈起正事。例如,在第二年,他在库伦建造了一座讲习密宗的喇嘛庙,以云淳绰尔济喇嘛为经师。另外又造了一座珠德苏默庙,后来他又在大呼勒寺和其他一些寺院里兴建和修缮了若干座殿堂。额尔德尼召也是在这一时期得以大加修缮。

喇嘛们仍不免用以奇谈异闻来美化这一时期的活佛,有一则奇闻是这样的:有一天活佛命令寺内全体僧众各自回家,并且嘱咐他们,如果半夜里听到什么响声,切勿到毡包外面去。他在身边只留下一个僧童,让他在另一个房间里,同时也告诉他外面无论发生什么事,他都不可以出房门。到了夜里,这个僧童听到许多人的脚步声,似乎是到活佛的祈祷室里去的,这些人经过僧童的房门口时,向他脚上不知扔下了很重的什么东西,然后一切归于寂静。僧童坐起来,想看看脚上压的是什么,他发现那好像是一对豹皮靴子。过了许久,又听到了嘈杂的声音,好像刚才那批人在走出去。等到他们全走了以后,天开始亮了,僧童早晨起来后,就像平日那样去打扫活佛的房间,他发现房间里有十只大木箱,满满地装满银子。他就问活佛,这么多银子是哪里来的。活佛回答说:"我们造庙修庙都要用钱,我因此命令阿尔泰山和杭爱山的山神给我送银子,昨天夜里他们就送来了。"由于有这样的传说,后来蒙古人都认为,喀尔喀喇嘛庙是在没有加重蒙古人租税负担的情况下,由于活佛的神通而发展起来的。实际情况当然远非如此。活佛修建寺庙总要呼吁人民捐献财物,于是营造所需的银子便从喀尔喀各地汇集到他这里来。

有一年,喀尔喀草原上旱灾严重,有人禀告二世活佛。活佛晓谕达尔罕亲王救灾。达尔罕亲王说:"我知道什么呢?"活佛说:"你只要多祈求,请固执的白云说话就行。"达尔罕亲王照此去做,果然降下甘霖,解除了旱情。但是,雨却下个不停,又成了涝灾。有人奏报活佛说,雨太多了。活佛仍叫达尔罕亲王救灾。亲王说:"我怎么能做到呢?"活佛说:"你只要多念诵,请柔和的白云说话即可。"亲王照此去做,果然天空变晴,百姓们得福。

活佛之父达尔罕亲王染疾,活佛祈祷道:"愿父王早日痊愈。"亲王说:"不可痊愈,我往香援拉的时辰已到。"活佛又重复祈祷,其父王说:"以前在仙洞时,我不是有言在先吗?亡故就去香援拉。既然有言在先,再祈求也没有用处。"那时,众人议论说,"我们的诺颜不知可否痊愈?"那个观相师萨拉乌已什说:"咳,我们的诺颜是留不住了,几天前,诺颜府外来了个带有垂穗坐垫的白象,诺颜已骑着白象到极乐世界去了。"

蒙古人民对活佛向来极为崇拜,活佛出身的门第以及他和喀尔喀权贵的亲戚关系又巩固了他的名望,而新建的寺庙和盛大的佛事仪式则更加激发人民的宗教热情。所有这一切不能不引起清廷的猜疑,使他们对活佛在人民中间的影响感到担心,因而清廷迅即采取措施来限制呼图克图的威望,并对他的活动进行严密的监视。乾隆六年(1741年)五月十二日,清廷传下这样一道谕旨:"此后,无论呼图克图身居何地,清廷都从北京派遣两名侍卫在呼图克图身边当值,每年轮换一次。这二人居于呼图克图左右,他们能得到活佛居住库伦期间健康状况的报告。"由此清廷对他的一举一动建立了长期的监视。乾隆十五年(1750年),活佛的属民达到了三万人之众。这让清廷更加担心。乾隆十九年(1754年),皇帝颁发谕旨称,哲布尊丹巴作为一个僧侣和蒙古地方喇嘛教的领袖,直接过问所属沙比纳尔的世俗事务既不适宜,也无时间。因此为了管理上述事务,在库伦设立"额尔德尼商卓特巴"的特别官职,由库伦的正司库隆都布多尔济赛钦托音担任。有关管理沙比纳尔的一切事务均由商卓特巴负责,他只需把自己的决定呈报哲布尊丹巴即可,而哲布尊丹巴则绝对禁止亲自处理任何此类事务。这一切当然是为了限制哲布尊丹巴的权力,使他只能掌管宗教事务而已。

在正式的历史典籍中,记载过二世哲布尊丹巴的一件重大事件。乾隆年间,厄鲁特蒙古的阿睦尔撒纳叛变之心已昭然若揭,乾隆密令活佛的亲哥哥喀尔喀亲王额林沁,陪同阿睦尔撒纳一同朝觐,路途中条件成熟可以诛杀。没想到额林沁中途泄漏了这个秘密,故意放走了阿睦尔撒纳。乾隆帝震怒,赐额林沁自缢。旧例,元太祖的后裔从来没有被正法的,于是喀尔喀诸部蠢蠢欲动,说:"成吉思汗后从无正法之理。"郡王青衮咱布已经公开发动叛乱,张家口至乌里雅苏台的驿站都被撤销,清朝历史上著名的"撤驿之变"发生了。喀尔喀贵族推举二世哲布尊丹巴为首领,准备响应起事。乾隆帝此时正在热河木兰秋狝,获悉后,非常忧虑。章嘉活佛是二世哲布尊丹巴的老师,这时正在陪同乾隆。他说:"皇上不用担心,老僧写一封信,就可以消除这次叛乱。"于是章嘉活佛连夜写信,信中讲道:"国家抚绥外藩,恩为至厚。现在额林沁自己做出不轨的罪行,所以皇上不得已用法律来惩罚,这是将蒙古与内地的臣子平等看待的缘故,并不是怀疑外藩有异心。有人说,元朝皇族后裔不适于诛杀,但是即便是当今皇族犯法,不一样被法办了吗?何况我们是出家之人,已经将世俗的情感丢弃到心外,如何能轻易做出冲动的行为,干预别人的国事呢?"信写完,章嘉活佛派遣他的白姓弟子,骑快马日行数百里,十几天到达喀尔喀境内。二世哲布尊丹巴此时已经整顿军队,即日起事。听说白姓弟子到了,严兵以待,坐胡床上,命白姓弟子匍匐而入。白姓弟子善于游说,详细地分析形势,二世哲布尊丹巴已经折服,又读到老师章嘉活佛的信,于是回信:"毋庸烦心。"他停止军事行动后,召集王公,晓以利害,使喀尔喀王公仍遵清朝为正朔,又派人传达自己的命令给各个驿站的蒙古人,让他们重新回驿站值勤。青衮咱卜势单力孤,最后失败。喀尔喀蒙古一次大动荡,迅速被平定。乾隆帝也给二世哲布尊丹巴充分的台阶下,以他镇抚喀尔喀有功的名义,在乾隆二十一年(1756 年)加封他为"敷教安众"大喇嘛,并赐给宝石、绢帛,赏乘黄车。

其实这次事件的最终解决,不仅仅是章嘉活佛的功劳。当时清朝国力处于最鼎盛阶段,最大的敌人准噶尔汗国已然崩溃,阿睦尔撒纳不是准噶尔汗国的王族,且反复无常,号召力有限。喀尔喀蒙古内部也不是一条心,札萨克图汗部与土谢图汗部有世仇。车臣汗部因为二世哲布尊丹巴候选人的竞争,两部关系持续紧张。加之过去强大的土谢图汗部已经又分出了赛音诺颜部,这个部当时的首领,可是乾隆的亲表弟,大清的铁杆支持者。即使在土谢图汗内部,近百年臣服清廷,多次与皇族的和亲,内部倾向清廷的人一定不少。因此,退一步而言,如果二世哲布尊丹巴真的发动叛乱,清廷一样能够平定,仅仅是时间和付出多少代价的问题。二世哲布尊丹巴因一时愤怒做出出格的举动,冷静下来应该能明白厉害。毕竟元朝最嫡系的察哈尔汗国,都被清廷彻底清除。

乾隆二十二年(1757 年)夏,库伦发生天花,据说那时活佛给自己的一队喇嘛配备了武器,自己扮作凶神,带着喇嘛们向草原驰去。到了草原上,活佛对喇嘛们说:"无论是谁,只要看见有人骑着一峰秃头的黑骆驼,就马上拿箭射他!"可是他们一直见不到这样的人,直到他们到了库伦寺与今日的丹巴多尔济寺之间的山里,活佛才追上散布天花的瘟神。活佛一把抓住瘟神,瘟神向他发誓说,以后再也不到这里来了。他们就在丹巴多尔济寺近旁垒了一个鄂博,作为纪念,遗迹一立留存到今天。据说,瘟神发誓后,丹巴多尔济寺再也没有出现过天花。

活佛未卜先知,预言了自己大限将尽。他放走瘟神回到寺庙时,喇嘛们正在诵经,他走过道中间向大家说:"俗话说,老树发新枝,活到一百二。我也要活到一百二十岁。"喇嘛们听了都欣喜地说:"活佛长命百岁!"可是僧众里有一个名叫朋楚克格伦的商卓特巴却比别人有见识,他非但没有欢欣鼓舞,反而悲伤地低头不语。别的喇嘛问他:"你为什么不说话啊?"他回答说:"活佛的这句话的意思是他要归天了。如果把老树,也就是前一代活佛的寿命加上我们的呼图克图的寿命,那不正好就是一百二十岁嘛。他的话就是这个意思。你们不该高兴,应该赶快商量补救的办法,向活佛献礼,还要请求他活下去,继续和我们在一起。"但是当库伦的喇嘛们还未汇集起来向活佛献曼荼罗时,他已经生病了。他的病情一天天地恶化,终于在乾隆二十二年(1757年)十二月二十日圆寂。

三世哲布尊丹巴

从第三代开始哲布尊丹巴不再转世在喀尔喀蒙古,而是转世在西藏地区。活佛不再是蒙古人而是藏人。清朝政府之所以这样安排,是因为活佛转世在喀尔喀对喀尔喀人的弊病很大。为了争夺活佛的继承人,蒙古王公们明争暗斗,为了让各方面说得上话的人帮忙,他们大肆行贿。这些行贿的财富都来自他们对自己属民的压榨,这让蒙古人民陷入赤贫。同时因为王公们的激烈竞争,从而产生了矛盾和分裂,他们的属民也相应分成几派,互相仇视,甚至发生过暴力事件和骚乱。土谢图汗部和车臣汗部之间关系的矛盾就起源于第二代转世灵童时期。即使时间过去了一个半世纪,对于土谢图汗以狡诈的手段排挤了曾被提名为哲布尊丹巴呼图克图候选人的车臣汗的儿子的这件事,车臣汗部仍然耿耿于怀。喀尔喀蒙古由于内讧而元气大伤。整个蒙古地区都发生冲突和骚乱，使清廷不得不向蒙古派驻一支庞大的军队稳住局势。

另一方面，由于先后两代活佛对蒙古人影响越来越大，清廷不免对蒙古的恭顺，至少是对它的稳定感到担忧，正是因为上述两方面的原因清廷决定让第三代活佛转生于西藏。

达赖喇嘛借助此次机会让自己兄弟女儿的儿子成了新的活佛。达赖喇嘛示意尼登贡布地方的诺颜丹津衮布，娶包隆察嘎布隆之女诺尔济旺布为妻，丹津衮布同意了。丹津衮布准备迎娶妻子的路上，第一天宿夜，他走上一座山岗去烧香，这时他的上方出现了一道五彩缤纷的虹霓，这是有神奇的事情降临的征兆。果然，不久他们发现了一朵异常美丽的奇花。此时，在新娘家的屋顶上方出现一片灿烂似彩虹的光圈，直到丹津衮布把他发现的奇花献给自己的新娘后，这光圈方才消失。婚后二人来拜见达赖喇嘛，达赖喇嘛赐给其妻子一套袈裟。回家的路上，丹津衮布看见一只猴子在空中行走，他的妻子在路上捡到一只极少见的贝壳，喇嘛做法事的时候拿它作为乐器，其特点是右旋。

过了几天，丹津衮布做了一个梦，他梦见一个白须飘拂、仙风道骨的老者挂着拐杖走向他，说要送给他一束金叶金果的花儿。他的妻子在同一天晚上梦见院子里长出一颗刺楸。之后她每天夜里都梦到吉祥的梦，例如，她曾梦见一个强壮的蓝脸男人和太阳一起从天而降，来到她的身边；她还曾梦见一个娃娃转动着金轮，也从天上下来，她就拉住他的衣襟。有时候她梦见月亮从一个大湖里升起，又有时候梦见自己坐在家中一张高椅子上，忽然有一个遍体灵光闪闪的喇嘛从空中向她飞来。乾隆二十三年（1758 年）十月初一的黎明，诺尔济旺布生下一个儿子，同时出现了种种瑞祥。这个婴儿不喜欢躺在褥毯上，总是要坐到高椅子上去，他常常打手势好像在给人赐福。所有见过他这种形为举止的人都说他不是凡人，将来一定会成为伟大的喇嘛。

当他五个月的时候，家人按照风俗给他穿蓝布衣衫，但是奇怪得很，这个从未说过一句话的小孩忽然开口说："我不要穿俗人的衣服！"大家都十分惊讶，只好给他穿喇嘛的黄色袍子，诸如此类的异兆使西藏的喇嘛教徒愈加相信哲布尊丹巴已转世在他们之中，他们为此感到欢欣鼓舞。但是喀尔喀人，特别是沙比衙门，这时却闷闷不乐，深感失望。

前文提过,清廷在三年以前就开始采取措施,以求把活佛和人民隔离开。第二代喀尔喀活佛之死,为清廷提供了进一步实施这种限制措施的有利机会。活佛圆寂的讣报刚一寄达北京,理藩院立即转奏乾隆帝。乾隆二十三年(1758年)三月七日,乾隆帝降旨说:"喀尔喀哲布尊丹巴呼图克图圆寂后,库伦寺的宗教事务虽有商卓特巴都布多尔济掌管,但是要把卑劣的沙比纳尔管理得当,一个人是不够的。现在委派喀尔喀图萨拉克齐丽桑斋多尔济监察库伦寺并总管沙比纳尔。"喀尔喀人接到这道谕旨,立即明白他们的活佛从此彻底失去了世俗的权力。活佛的地位也差不多丧失了一半。但是虽然如此,哲布尊丹巴呼图克图的位置仍然是令人垂涎的,因此有十位之多的喀尔喀王公都派人到北京和西藏地区探询自己所提出的候选人有多大的入选希望。

使者们从北京和西藏带回来的只是这样的消息:"乾隆帝想在西藏选定哲布尊丹巴呼图克图的转世灵童。"这一消息使喀尔喀人大失所望。就在这时,土谢图汗给北京的章嘉呼图克图写了一封很出名的信,他的用意是向北京表明转世于喀尔喀的活佛的作用。库伦的喇嘛也为了证明这一点而于乾隆二十五年(1760年)在寺里开办了一所医宗院,又另外造了一座医宗殿,声称这些都是二世哲布尊丹巴在生前即已筹备就绪的,他们只是完成他未完成的事业而已。

但是喇嘛和王公们的这些努力都落空了,转世灵童出于西藏的消息越传越盛,到后来已经言之凿凿,无可置疑了。喀尔喀的王公们看到今后呼图克图已经不再是他们的自己人了,就一变从前爱戴活佛的态度,准备冷淡对待新的活佛,甚至根本不想见到他。他们情绪愤激地秘密商议,决定通过他们的代表桑斋多尔济上书皇帝。

这道奏章写得极为婉转巧妙,喀尔喀人一方面表示了对活佛的关怀,另一方面又力图把他推开。他们宣称喀尔喀获悉哲布尊丹巴转生于西藏后,准备极其隆重地欢迎他,并且予以最好的接待。奏章说:"哲布尊丹巴是整个喇嘛教的伟大法师,因此每一个喇嘛教徒都有责任关心他的荣誉、幸福和安全。但是遗憾的是,库伦这个地方非常不适合活佛居住。理由是蒙古北部自古以来屡受准噶尔部侵掠,远离内地,得不到保护,呼图克图住在这里是不安全的。并且,到库伦来的人很多,妇女和商贾也都住在寺院里,圣僧怎能在这种地方修法礼佛呢?为佛教长远发展考虑,应该把呼图克图迁居多伦诺尔,因为他在那里有中央政府的保护,可以安全得多,而且那里的寺院远离尘嚣,足可净持佛法。"喀尔喀的王公们又以呼图克图地位崇高这同一理由,认为应该提高呼图克图父亲的地位,因此奏请依照达赖喇嘛父亲的先例,封第三代活佛的父亲为公爵。喀尔喀王公们向来都是把治理民政事务的最高权力交付给活佛的,但是现在也附和清廷的意见,在奏章中陈述说,活佛不宜管理政务,也不宜向沙比纳尔征收赋税。因此,他们请求皇帝给活佛按月发放俸银,改变沙比纳尔向活佛纳税的义务,只需和其他平民一样地向公家纳税服役。奏章建议把沙比纳尔分成旗和佐,赏戴顶珠,沙比纳尔应一律服兵役,旗长和佐领在驿站和卡伦担任差役等。

但是喀尔喀王公们的奏本碰了一鼻子灰。乾隆帝准许他们隆重欢迎活佛,但是不许铺张扬厉,苛累百姓,关于把活佛迁到多伦诺尔一节,乾隆帝认为这会使崇拜活佛的喀尔喀人伤心,就直截了当地拒绝了。为了使活佛在库伦寺居住得清静,乾隆帝命令把妇女和商人从寺里赶走。乾隆帝没有同意给活佛发俸银,因为这与活佛的宗教身份不符。最后,乾隆帝认为让沙比纳尔向国家交税完全是多此一举,他为了向活佛表示皇恩浩荡,决定保持沙比纳尔的地位不变。

就在这样的局势下,新活佛于乾隆二十八年(1763 年)从西藏启程前往蒙古。乾隆帝特派亲信大臣刘统勋一路陪同,喀尔喀的王公出于崇拜活佛,而自愿赴藏迎接的却一个也没有。前去迎接的都是由朝廷指定的:一个是札萨克图汗巴勒达尔,另一个是土谢图汗部的巴图鲁贝勒车布登,其他二部都没有派出代表。活佛一行经过青海快到三音诺颜部时,此部众请求奉叭都布经。绥本们不能背诵,随行的门卫更吉颇尔充说道,这些相迎的喇嘛不知在想什么呢。犹豫之际,三世哲布尊丹巴微笑着以悦耳的声音给他们背诵了叭都布经,众人大惊。

活佛快到皇帝正在避暑的热河时,刘统勋向活佛报告说:觐见乾隆帝前,必须削发。他还没有剃发,不可以觐见。活佛回答说,他就是希望以世俗的身份朝见皇帝,这样才能得到更大的恩典。在接见时,每当皇帝向他问话,活佛总是以纯正的蒙古语回答,这当然又被认为是这位转世灵童的前两世都出生在蒙古的证明。皇帝向活佛赏赐了礼物以后,叫章嘉呼图克图给他受戒。章嘉呼图克图奉了谕旨,先是给这个孩童授居士戒,然后授沙弥戒,最后向他传授《大威德密法》。在传授这些戒律的同时,还给他取了名字,叫作意希丹巴尼玛。然后活佛被护送到了库伦,在那里坐床。至今喇嘛中间还有着这样的传说:在举行活佛坐床典礼时,又出现了奇迹——活佛的手上清清楚楚地显现出寺庙和佛塔的图形。

第三代活佛此后的生活过得平平淡淡。他已经完全不插手对沙比纳尔的管理。因为在他从多伦诺尔前往库伦途中,乾隆帝降旨说,鉴于呼图克图年幼不能理事,决定由库伦大臣处理所有沙比纳尔事务,正如驻拉萨大臣处理达赖喇嘛的事务一样。这样一来,活佛所掌管的便只有宗教事务了。他特别为人称道的功绩是规定了每一个喇嘛必须读三种经文,即《兜率上师瑜伽》《玛尼经》《密格泽姆经》。他为世俗百姓写了一篇特别文告,劝诫他们不要口出污言,特别是要戒除蒙古人的一句"你这杀爹害娘的人"的口头禅。活佛在文告中说,他能够未卜先知,看到这种咒骂有应验的可能,所以告诫大家戒除这一恶习。

关于这段时期活佛的事迹还有另外一则传说。那时任满籍库伦大臣的是一个姓舒的官员,他因贪赎不法被人在京告发,被传去北京受讯。他在动身之前先去看活佛,求他解救。活佛对他说,"你不要害怕。过不了多久你就会穿着红袍回来。你放心好了,不会有灾祸的!"这个大臣到北京后径直到刑部去,把自己的情况做了说明。乾隆帝宽恕了他的一些过失,命令他立即自己负担路费去恰克图担任札尔古齐。

这个官员奉了这道上谕,也顾不得回故乡,就立即在北京启程,重新经过库伦而到恰克图去。他的儿子前来看他时,给他带了一件红呢的雨袍,他就果然穿着这件红呢袍子来到库伦。这个官员特地去拜见活佛,向他赠送了礼物,在谈话中间他问活佛,为什么他对活佛会感到这么诚敬,而活佛对他又是这样垂爱?活佛回答说:"在前几世我是主人,你是我骑的骡子,我骑你的时候还用鞋跟踢过你,因此你的肋部有两个黑斑。"这个官员解开衣服,大家看到他的两肋果然有黑斑,他自己也方才明白这两个胎痣的来历。

另外还有一个人也有类似的经历。在丹巴多尔济寺有一个大经堂领诵喇嘛,他的嗓音美妙动听,但是却有一个奇怪的毛病:他喝茶要用铜盆来盛才够喝。活佛听到这件奇事后,就问:"这个人从耳根到脊梁是不是都有毛?"大家回答说:"是有毛的。"于是活佛就说:"他在前世里是我骑的马。"他在自己的茶杯里倒满了茶,命人送给那个领诵喇嘛喝。从此以后,那个领诵喇嘛喝起茶来就和正常人一样了。

乾隆三十八年(1773 年)夏天,活佛宫里发生了件引人注目的事。活佛春天里亲手种的花这时都开了,但是盛开的花朵全都低垂,朝向西方。近侍们向活佛请教这一奇怪现象的原因何在,活佛回答说,这些花是从西方带来的,因此向故土低头。过了不久,活佛去参拜金刚度母佛,他在那里拿香灰撒满自己的头,然后对左右说,他只打算活到头发变成灰色时为止,现在头发已经成为灰色了。他从殿里回去后就生病了。喇嘛们都恳求他保重身体,但是他却显然不愿康复。在活佛病重时,庙里聚集了一万人之多的信徒,他们都在等待活佛向他们赐福。活佛听到喇嘛们的报告,第二天就好了一些,给所有的人都赐了福,然后又病倒了。喇嘛们再次向活佛献了曼荼罗,请求他延长天年,但是他没有同意,在嘱咐近侍为他向皇帝谢恩后,于乾隆三十八年(1773 年)九月二十一日溘然而逝,年仅 15 岁。

这天夜里,皇帝梦见哲布尊丹巴来对他说,他要回归故乡了,特来向皇帝辞行,说完之后骑马就向西方走了。皇帝醒来以后把自己做的梦告诉近臣,命人送哈达给活佛,并探询他的健康。但是正当使臣准备行装时,活佛去世的讣闻已寄到了北京,皇帝就降旨把在热河时画师为活佛画的一幅肖像赠送给库伦的喇嘛。皇帝在把肖像交给使者时说:"可怜的活佛,他死得多么年轻啊!他现在大概要在藏地转世了!"

喀尔喀又进入了一个人心动荡的时期,人们又产生了哲布尊丹巴投生在喀尔喀的希望。第三代活佛尸骨未寒,惯于阿谀奉迎的蒙古护法喇嘛们就已经在宣传说,转世灵童一定会转生在土谢图汗府中,因为汗的福晋这时已经怀孕了。土谢图汗要宣布新生的婴儿为转世灵童,必须先取得西藏大护法们的承认,而此时开始传来了活佛仍旧转生于西藏的消息。但是喀尔喀人丝毫不为所动,他们只是等待土谢图汗的福晋分娩,并且不时地把她怀孕期间所发生的奇事宣扬出去,并不曾像以往那样派遣使者到西藏去。令他们大失所望的是土谢图汗的福晋生下了一个女儿。由于那时没有别的候选人,喀尔喀人这才决定派人去西藏,迎接四世哲布尊丹巴。从此,哲布尊丹巴的历代转世灵童都是出生在西藏的藏族人,不再是蒙古人。这些哲布尊丹巴仍有他们的故事,因为他们不是蒙古人,在这里就不再继续叙述了。

参考文献:

[1](清)易宗夔.新世说(卷五)[M].太原:山西古籍出版社,1997.

[2](俄)阿·马·波兹德涅耶夫.蒙古及蒙古人(上)[M].刘汉明等译.呼和浩特:内蒙古人
    民出版社,1985.

[3]中国社会科学院中国边疆史地研究中心.清代蒙古高僧传译辑[M].北京:全国图书馆文
    献缩微复制中心,1990.

[4]清圣祖实录[M].北京:中华书局,2012.

[5]康熙起居注[M].北京:中华书局,2009.

大清铁杆——"超勇"亲王额驸策棱

在清朝与准噶尔部的百年战争中，真正能力挽狂澜，成为清廷第一勇将的只有策棱。策棱虽然也是喀尔喀蒙古黄金家族的成员，但当时他只是一个普通的蒙古贵族。他的曾祖父是成吉思汗四子托雷的第十七代孙图蒙肯，号班珠尔，他的实力、地位远不及喀尔喀蒙古的三汗。只是图蒙肯在喀尔喀蒙古为黄教的发展做出了贡献，于是四世达赖云丹嘉措认为他是个贤能的人，授予其"赛音诺颜"的称号。"赛音诺颜"是汉语"好官"的意思，可这只是个称号，并不能与喀尔喀三汗相比。图蒙肯的第八子丹津生纳木札勒，纳木札勒生策棱，如此算下来策棱只能是一个一般的蒙古贵族。

康熙三十一年（1692 年），因为噶尔丹对喀尔喀草原的扫荡，20 岁的策棱背着他的祖母，单骑叩关归顺清廷。康熙帝看他可怜，收容了他，让他担任宫廷宿卫。因为出身卑微，他仅获得第六等的爵位轻车都尉，这是最低级的轻车

策　棱

（1672—1750 年）

都尉，名义上是从三品官，实际上没有任何权力和职位。还好康熙帝赐给他房子安居北京。幸运的是，从小康熙帝就将策棱带至宫中抚养，与清朝的皇族子弟一起读书、习武。康熙四十五年（1706年），策棱一步登天，成了当朝驸马，康熙帝将女儿和硕纯悫公主嫁给他。康熙帝有自己的打算。策棱是出身低微的黄金家族成员，在喀尔喀蒙古地区势力单薄，更容易为清廷所控制，加上他在宫中生活了14年，忠诚、能力已经被很好地考查，如果给予重点扶植，可以成为清廷绥服喀尔喀蒙古的可靠力量。历史也证明了康熙帝的深谋远虑。同年，策棱以火箭般的速度升迁，很快获得贝子品级。不久，康熙帝命令他携带所属的部众归牧塔密尔。不幸的是，策棱的妻子和硕纯悫公主仅仅嫁给他5年，就与世长辞。这不仅是对策棱家庭的打击，也是对他事业的沉重打击。之后他要更多依靠自己的才能。康熙五十四年（1715年），康熙帝命策棱奔赴查从军，出北路防御策旺阿拉布坦，正式开始了他的军事生涯。

康熙五十九年（1720年），准噶尔部首领策旺阿拉布坦派兵超远程偷袭拉萨，杀死拉藏汗。康熙帝派其十四子任抚远大将军经青海，统兵入西藏。为了牵制准噶尔部的军队，康熙帝又命清军从西路、北路袭击准噶尔边境。其中北路军就是策棱率领本部士兵，随同振武将军傅尔丹出征。在格尔额尔格，策棱屡次击败准噶尔的军队，俘获很多，其中包括准噶尔重臣宰桑贝坤等百余人。之后，策棱带兵又激战乌兰呼济尔，焚烧敌人粮仓。他在回军的路上再次击败准噶尔援兵。康熙帝获悉大喜，授予札萨克旗。

因为策棱在喀尔喀草原出生、长大，在长期的军事斗争中，逐渐丰富了自己的军事才能，更为难得的是他对喀尔喀的山川地理熟稔于心。因为激愤喀尔喀蒙古经常为准噶尔蒙古欺凌，策棱励精图治，训练了上千猛士，隶属为帐下亲兵。又因为准噶尔军队善于奔驰突击，而喀尔喀军队没有纪律节制，每次游猎和驻军，策棱都按照兵法严格要求自己的军队，平日训练就如同大敌当前。于是策棱的赛音诺颜军雄冠漠北。

雍正帝即位后，很是看重自己的这个妹夫，晋封策棱为多罗郡王，不久又封其为副将军，赐策棱用八旗军才能用的正黄旗纛。可是生活给了策棱一个小挫折。雍正五年（1727年），雍正帝想历练一下策棱的政治能力，派他和内大臣四格等人去楚库河，与俄罗斯使瓦萨订立两国边界。本来就是个简单的外交礼仪活动,可是策棱却办成糗事。当边界订立完成,俄罗斯使臣与军队列阵,鸣礼炮,拜谢上天。策棱不知道是否被这种阵势所震慑,也跟着俄国人一起跪拜上天。他的举动被随同人员报告给了雍正帝。策棱自己的解释是:"当时没多想,现在才知道错了,越想越害怕,皇上想怎么处理随便你吧。"雍正帝密旨斥责他:"太不要脸了。"交有关部门商议惩处的办法。这些部门提出应该削其王位,雍正帝最后减轻处罚,只是扣了策棱三年的俸禄。此后,策棱在清廷与准噶尔部的战争中立下显赫功勋,成为蒙古第一猛将。相关事件,还要从清军惨败和通泊谈起。

正黄旗

(清代八旗之一,以旗色纯黄而得名,建于明万历二十九年,由皇帝亲自统领)

　　噶尔丹的侄子策旺阿拉布坦在获得准噶尔部的统治权之初,对清廷还算恭顺。不想经过几年休养生息,招降纳叛,实力逐渐增强,不时侵犯喀尔喀蒙古。清准双方矛盾日益尖锐。雍正九年(1731 年),准噶尔部的策旺阿拉布坦去世,其子噶尔丹策棱即位。雍正帝以为此时该部主少国疑、政局不稳,可以趁机讨伐。其实策旺阿拉布坦的重臣仍在,噶尔丹策棱很有政治才能,亲贤使能,君臣一体,清廷进军的时机并不成熟。加上清军必须行军数千里,劳师远征,气候炎热,处于不利地位。雍正帝建功心切,命开国名将费英东之后傅尔丹为主帅,率满洲、绿营等五万兵出征,此外还有蒙古藩臣带领本部兵马从征。

傅尔丹空有一副大将的外貌,但没有大将的才华。大将岳钟琪曾经去傅尔丹的营房讨论兵策,看到墙上挂满了各种武器,问其原因,傅尔丹说,"这都是我平常练习的兵器,挂在这里用来激励属下兵将"。岳钟琪后来和人讲:"作为大将军不依靠缜密的谋划,却逞匹夫之勇,早晚有惨败的时候。"

傅尔丹出兵当日,大雨如注,大小军旗都被湿透,清军狼狈奔出北京城门,很多人认为这是不祥之兆。当时从征的是副将军查弼纳,将军巴赛,副都统戴豪、海兰、西弥赖、定寿、苏图、马尔齐,侍郎永国、塔尔岱,他们都是一时将帅之选。

同年八月,大军汇集于科布多城。噶尔丹策棱命大小策零敦多布率军三万应战,又派间谍塔苏尔海丹巴假意投降,说噶尔丹策棱大军未到,仅有小策零敦多布率军不过一千,驻于距清营只有三天的路程的察罕哈达,而大策零敦多布因途中有病,留驻和博克山。傅尔丹听后大喜,立刻准备进军。属下众将认为这是诱敌之计,不该贸然出兵。但傅尔丹立功心切,拒不听从。清军立马进军,灾难降临了。

副将查弼纳出境数百里不见准军主力,俘获准军一个探子,获悉准军主力在博克托岭。傅尔丹遣苏图往剿,行军不到数里,清军听到胡笳之声远远地传来,毡裘四合如黑云蔽日。傅尔丹大惊,命令军队向东边行进,全军陷入了和通淖尔。和通淖尔汉意为大泽,位于今天蒙古国巴彦乌列盖省境内的阿尔泰山脉中,是一个淡水湖,地势高低不平,不利于大军展开。定寿与马尔齐率军援助苏图,两军刚刚接战,忽然大风狂作,飞沙蔽日,牛头大的冰雹如雨落下。清军没有更多援兵,只能血战到底。定寿中箭死,苏图、马尔齐也都战死阵中。西弥赖率本部军队援救,兵溃身殉。

准噶尔军趁胜进攻清军大营。傅尔丹命蒙古兵防御,以科尔沁军树红色军旗、土默特军树白色军旗为标志。转战间,科尔沁军队偃旗首先逃跑,土默特公沙津达赖奋身入贼垒,白旗耀然。本来双方处于胶着状态,后军听闻蒙古兵败,大喊"白旗蒙古军败给贼人了!",于是众军争先逃窜,终夜甲仗声不绝。侍郎永国刎颈死,戴豪、海兰自缢。查弼纳跃马舞刀,众皆披靡,溃围而出。查弼纳不见傅尔丹,以为他已经战死,害怕蒙受"陷帅罪",再次冲入敌阵战死。大将达福殿后被杀,巴赛血战而死。只有塔尔岱冒锋矢而出,小腿中枪,身受重伤,蒙古医生用羊皮蒙上他,三日后才苏醒。傅尔丹在亲兵拼死保卫下突围。准军俘获众多清军士卒,都以皮绳穿过其小腿,放在皮袋里,载诸马后,从容唱着歌谣回军。首先逃匿的蒙古科尔沁土爷,用千两黄金贿赂傅尔丹,加上科尔沁蒙古世代与清朝皇族通婚,傅尔丹当众颠倒黑白地宣布:"白旗蒙古军先败。"这致使土默特公沙津被收押,蒙冤受斩。蒙古士兵愤怒异常,都溃散而去,逃回科布多者仅剩两千人,清军遭到了空前的惨败。

准噶尔军战胜傅尔丹后,追击到喀尔喀蒙古境内。准噶尔名将大策零敦多布、小策零敦多布,率领三万士兵侵入喀尔喀,清廷面临巨大的危险。这次危险甚至超过了噶尔丹上次的入侵。当时噶尔丹没有后方基地,如今准噶尔部内部团结一致,军队强悍善战,将领军事斗争经验丰富,形势空前紧张。本来该起到中流砥柱作用的顺承郡王锡保,畏敌如虎,拥兵不救。蒙古和硕亲王丹津多尔济于克尔森齐老领兵救援时,故意迟延,大军刚行至十里,即安营歇息,很快撤兵回营。更严峻的是一些不坚定的喀尔喀蒙古王公投降了。雍正帝立即要求喀尔喀蒙古王公向内蒙古迁徙,还强令他们把自己的家眷安排到北京,作为人质,以防止他们投降准噶尔。

面对这样严峻的形势,策棱感慨道:"让軚虏的骑兵充斥在草原上,大军都失败逃亡了,还用我们这些将领做什么?"于是率领本部蒙古兵在鄂登楚勒迎战。当时准噶尔的军队士气如虹,红旗满山遍野而来。策棱认为不可以力战,于是命令其部将台吉巴海率600人夜至大策零敦多布军营,擒拿三人而还。大策零敦多布派将领滚楚扎卜锡拉巴图鲁,领兵三千来追。策棱率领精锐军队埋伏在树林深处。巴海引诱准噶尔军队进入伏击圈后,策棱吹响进攻的号角,其士兵无不以一当百。准噶尔军与清军连续交战多日,都轻易获胜,突然遇到如此强大的敌人,没有准备好,于是遭到策棱的沉重打击。策棱阵斩准军大将喀喇巴图鲁。准军大将锡拉身负重伤,率众败遁,策棱复擒杀数百人。当晚,大策零敦多布立即退兵至台锡里山屯驻。这次胜利虽然不大,不足抵消和通泊之战的损失,但在十分艰难的情况下,策棱挡住了准军的进攻,危险的局势得到缓解。

雍正十年(1732年)六月,噶尔丹策棱再次派遣小策零敦多布率领三万人进攻喀尔喀。他们首先想掠走喀尔喀蒙古的精神领袖哲布尊丹巴。策棱与将军塔尔岱于本博图山防御。准噶尔军先去抢掠克尔森齐老。因为策棱本部比较富饶,自己又在外督军不在本部,小策零敦多布分兵袭击策棱的本部塔密尔。此前,小策零敦多布的副手曾经劝阻他说:"策棱是盟长,喀尔喀蒙古实力最强大的王爷,如果激怒他,拦截我们的退路,你可能不能活着回去了。"小策零敦多布不听,于是攻破策棱的营寨,抓住了他的两个儿子,驱走了数万牛羊,南下向大青山地区进发,沿途蒙古诸部没有敢抵抗的,几个蒙古部落败亡了。

策棱得知本部被抢掠的消息后,怒不可遏,断发及所乘马尾向天发誓报仇,即刻率领两万蒙古兵回击准军。策棱有一个护卫能日行千里,经常站立在高高的山峰上拱手装作雕的形状,准噶尔军很难发觉。策棱命其潜入贼营,悉知其虚实,与此同时又派兵通知丹津多尔济赶来支援,可是这个王爷临阵怯战并未到达。策棱又向顺承王借用满洲军队。顺承王借给他精锐的士兵,策棱笑着说:"我之所以向王爷借兵,是想用他们做迷惑敌人的诱饵。否则,王爷的军队即使强大,一定能抵抗准噶尔部百战之军吗?"于是顺承王改派一些赢弱的满洲兵,给他使用。策棱军日行三百里,到达额尔德尼召。策棱查看地形大喜道:"此处有利地形已经被我们占据,敌人即使有百万之多,也可以抓到了。"额尔德尼昭左边是鄂尔坤河,右边是杭爱山。众人请策棱登山据险,策棱说:"准军知道我们占据要害地形,如果从上游渡河,我军反而不易成功。"于是命令满洲军队背水而阵,蒙古军在河北边布阵,自己率领精兵一万埋伏在山边,并命令诸将:"听到胡笳之声立即率队攻击。"于是历史上著名的"额尔德尼召之战"马上就要爆发了。

刚刚部署完,准噶尔军就到了。见到背水布阵的满洲兵,小策零敦多布笑着说:"前些日子败亡的清军残部,还敢继续作战,囚徒又能增加了。"他的副将说:"策棱是人杰啊,现在我们袭击了他的部众,他能甘心吗?我们往来数千里,从没碰到军队抵抗,恐怕是他在此驻军拦截我们的归路。"小策零敦多布笑着说:"清国的制度,从来没有外藩将领带领满洲士兵的,策棱怎能在此地呢?"于是带领军队开始攻击。满洲军队很快战败,丢盔弃甲沿着河岸逃走。准噶尔军一路追击抢掠,突然听到一阵胡笳的声音,瞬间山谷中旌旗遍布。策棱用蒙古语高喊："我策棱在此阻截你们。"于是率领部众从右边的山像暴风雨一样奔驰而下。策棱把帽子扔到地上说："不破此贼,我再也不戴帽子。"策棱的士兵,无不以一当百,争先用命,杀死准噶尔军一万余人,山谷都被尸体堆满,获得无数的牲畜和器械。小策零敦多布率余众狼狈渡河逃跑,河北面的蒙古兵,听到胡笳之声,开始进军,等待准军渡过一半的时候发动袭击,准军大败,很多人死在水中,其副帅战死,河水都被染成了红色。小策零敦多布带领残存士兵,骑着白骆驼趁着夜色逃走。策棱从容地在马上弹着琵琶,唱着蒙古歌回军。

此后的事情可以看出当时准噶尔军对于清军的震慑有多大,也更显现出策棱的勇猛善战。雍正帝命令马尔塞率军驻扎在乌兰城。马尔塞以为准军不会再次经过此地,每天喝酒享乐,不理军事。策棱将拦截准军败兵的消息传到,马尔塞手下的官兵都想出兵立功,马尔塞早被准军的威名吓破了胆,屡次禁止。等准军的哨兵到了,诸将再次苦苦请命出兵,马尔塞说:"我奉命在此地防守,没奉命在此地击退敌人。"傅鼐以偏将从军,说:"准军败亡的残余,胜利唾手可得!请发数千骑兵,我带领攻击,如果成功,功劳归于大将军;如果失败,我愿意独自领罪。"马尔赛沉默不语,众将再三进言不回答,甚至至长跪请求,始终不同意。诸将士愤怒地衔刀斫柱,甚至有落泪者。副帅李林用鞭子打他们说:"看门的官员要把门紧闭,谁敢随便出关,我用军令斩首。"

傅鼐愤怒地说:"相公奉命阻挡敌人的归路,现在逆贼大败,逃到此地,正是好男儿杀贼立功的时刻啊,为什么要紧闭城门,让敌人逃跑,坐失良机?"不顾将令,傅鼐率领本部兵马斩关而出。马尔塞不得已才下令追击,此时准军早已经远去。恰好清军副都统达尔济领兵追至,马尔塞误以为是准军,命令士兵攻击,两军互相多有损伤,才知道打错了,收兵回城。马尔塞借口准军跑得太快,难以追及,所以让其逃跑了。奏疏上达,雍正帝大怒,斩首马尔塞于军中,李林长流塞外。小策零敦多布回去后对噶尔丹策棱说:"南朝大有人在,策棱谋勇兼备,不可与其争锋。"额尔德尼召之战前,漠北坐拥强兵的清军大将,有十几个之多,可是无不养敌自重,不肯御敌。多亏有策棱奋起阻击,才措其锋。准噶尔部也因此准备与清廷讲和。

令人无语的是胜利之后,战前惧敌如虎的清军将领,纷纷邀功,尤其是土谢图汗部亲王丹津多尔济脸皮最厚。额尔德尼召接战之时,额驸策棱率领右翼官兵,奋勇冲击,已将准兵歼杀殆尽,而丹津多尔济坐拥左翼官兵,观望不前。次日众人都想急行追击,他又支吾逗留,导致准军残余由杭爱山后逃遁。丹津多尔济并不尾追,转由杭爱山之南,故意绕道,迟缓行军,致误大事。然而他战后却将自己打扮成此次胜利的主要领导者,欺骗了雍正帝。为此,他获得了"智勇"的称号,享有只有皇族才能获得的黄带子,其子被封为世子。一年后,丹津多尔济的谎言才被雍正帝发现,清廷收回他的"智勇"之号,将其子之世子身份革退,撤回黄带子,革去亲王,授为郡王。

这次胜利,策棱获得"超勇"的称号,晋封亲王,赐给红带子。同时加倍赏赐随同出征的士兵。因为策棱自己的本部被严重破坏,雍正帝赏其2000匹马,1000头牛、5000只羊,以及白银五万两,赈济其属民,并在塔尔密建立城池和王府。十二月,策棱晋升为固伦额驸。此时,纯悫公主早已去世,清廷追赠她为固伦长公主。有清一代众多的蒙古男人依靠自己皇家的老婆,获得高官厚禄。策棱是唯一一个,依靠自己超群的能力,让自己的妻子、清廷的公主获得更高封号的蒙古贵族。雍正十一年(1733年),策棱被授予定边左副将军,驻军科布多,拥有了统辖八旗军与汉军的权力,不久又被授予盟长。

策棱不但是超凡的军事天才,而且还具有极高的政治头脑。雍正十二年(1734年),清准双方进行和平谈判,在边界谈判中,乾隆帝充分听取了策棱的意见。准噶尔部希望以哲尔格西喇呼鲁乌苏为喀尔喀游牧界。策棱认为,这个建议可以同意,只是准噶尔人游牧必须以阿尔泰山为边界,腾空该山为军事缓冲区。准噶尔不同意。就这一条双方就进行了长时间的争论。因为洞悉策棱在谈判中的重要性,准噶尔部对策棱发动了政治攻势。书函中给他戴高帽,称其为车臣汗(汗比亲王的地位更高一级)。策棱收信后,并不拆封,立即将信上交清廷,以表现其忠心。

准噶尔部使臣哈柳在北京见到策棱,故意调拨说:"额驸的游牧部属都在喀尔喀蒙古,您怎么住在北京呢?"策棱回答得很聪明:"我的主人在北京,我只是跟随着主人,喀尔喀蒙古仅是我放牧的地方。"

哈柳又说:"王爷难道不想念被准噶尔部抓去的两个儿子吗?他们很想家。"策棱回答:"我受清廷的恩情,以公主为正妻。公主生的孩子才是我的儿子,别的都不是。那两个逆子,被抓获的时候就该自杀,现在居然不知羞耻地苟且活着。即使你们把他们送回来,我也必然会请求皇上将他们杀掉。"对于这段话,策棱是这样向乾隆帝汇报的:"现在准噶尔人挟持臣的儿子,以此要挟我。如果我表现出对他们的牵挂,准噶尔人必然在边界的谈判中横生枝节,国事为重。那两个不肖子,本来就不该苟且偷生,我断然没有思念那两个儿子的心思。"策棱是个政治智慧极高的人,这样的回答一方面给予准噶尔部使臣有力的回击;另一方面,记载此二人的会面,陪伴者甚多。在相关书籍中有不同人向乾隆帝汇报的这二人见面的细节记载。策棱这样说自然会让乾隆帝龙心大悦。为了表彰策棱的忠心,乾隆帝破例用皇室亲王的方式,册封其子成衮扎布为世子。父子之间的感情是人的天性,不知道策棱心里的真实想法是什么。那两个流落到准噶尔部的两个儿子,从此淹没在茫茫的历史中,乾隆帝最终平定准噶尔,也不再有他们的消息,甚至在其自家的宗谱中,也将这二人开除家籍。为了政治而牺牲至亲之情,不禁让人唏嘘。

策棱的态度也震慑了准噶尔部,最终双方根据策棱的建议,保障了清廷利益的最大化,确定了彼此的边界。乾隆六年(1741 年),因为境内和平,喀尔喀的土谢图汗部从最初的 17 旗滋生发展到 38 旗。于是乾隆帝将土谢图汗部中分出 20 旗给予策棱,成立新的赛音诺颜部。赛音诺颜部以鄂尔昆河西北乌里雅苏河为游牧区域,成为喀尔喀其他三部的屏蔽,自此喀尔喀蒙古分为四部。乾隆十五年(1750 年),策棱病重,乾隆帝派遣其次子车布登扎布回乡侍奉,不久病逝。他遗言请与去世已 43 年的纯悫公主合葬,或许策棱真对仅陪伴他 5 年的妻子有感情,或许这是他最后的政治投资。乾隆帝立即赐银一万两办理丧事,担心费用不够,还特许可以随时动用当地的军费。策棱灵柩到达北京时,清廷是以清朝皇族亲王的规格举行葬礼,乾隆帝亲自祭奠,命配享太庙,入贤良祠。策棱是清朝开国以来第一个能入太庙的蒙古人,有清一朝也只有三人有此等殊荣,另两人是被称为三朝阁臣的张廷玉及忠亲王僧格林沁。嘉庆年间,礼部尚书成宁认为策棱为外藩臣子,应该撤下贤良祠神牌放在后殿。嘉庆帝闻讯震怒,立即撤掉了成宁的职务。可见策棱在后世清帝心中的地位。

策棱共有 8 个儿子,长子为成衮扎布。他出身显贵,母亲是康熙帝的亲女儿,自己是雍正帝的亲外甥,乾隆帝的亲表弟。可惜的是成衮扎布不及其父勇猛善战,长期患有脚病,甚至一度出行不能骑马只能坐轿,因此军事方面建树有限。他的地位、荣誉大多是依靠他父母的恩荫而获得的。雍正十年(1732年)，成衮扎布参加了额尔德尼召之战，被奖励授予一等台吉。乾隆元年(1736年)，他晋封为固山贝子。乾隆四年(1739年)，封世子，赐杏黄辔。乾隆十五年(1750年)，成衮扎布袭札萨克亲王兼盟长，授定边左副将军。成衮扎布与清朝皇族的血亲关系，按理说他应该是乾隆帝在喀尔喀蒙古最信任的人，然事实并非如此。乾隆十八年(1753年)，准噶尔部的杜尔伯特台吉车凌等内附，乾隆命成衮扎布遣兵赴乌里雅苏台防御准噶尔追兵。准噶尔宰桑玛木特率200人追过边界，乾隆帝严令不要让这些人逃回，然而玛木特仍然逃走，乾隆帝对此极其不满，怀疑成衮扎布的忠诚和能力。乾隆十九年(1754年)，乾隆帝命成衮扎布从科布多移军乌里雅苏台，不久削去了其定边左副将军的职务，命其赴额尔齐斯督垦屯田。这种怀疑的关系在此后的一件事上得到缓解。

乾隆二十一年(1756年)，喀尔喀托辉特旗郡王青衮咱卜准备发动叛乱，向喀尔喀诸王公发出消息，希望他们响应。成衮扎布迅速向清廷告密。乾隆帝此时明白成衮扎布的忠心和重要性，立即下令成衮扎布恢复定边左副将军的职务，带领军队讨伐，还将自己贴身的玉佩赐给他。同时为了亲上加亲，将自己刚刚出生的小公主固伦和靖公主与成衮扎布第七子，定下娃娃亲。十二月，成衮扎布擒获青衮咱卜，赏赐只有近支皇族才能有的杏黄腰带。乾隆二十二年(1757年)，托辉特旗巴雅尔为乱。正月，成衮扎布授定边将军，率师赴巴里坤捕治。十二月，成衮扎布入觐，复授定边左副将军，驻乌里雅苏台。乾隆二十六年(1761年)，自苏伯昂阿至乌拉克沁伯勒齐尔11汛，令成衮扎布督理。乾隆二十九年(1764年)，成衮扎布重建了乌里雅苏台城，外立木栅，内实以土，引水环绕，成为喀尔喀蒙古的军事重镇。乾隆三十六年(1771年)，成衮

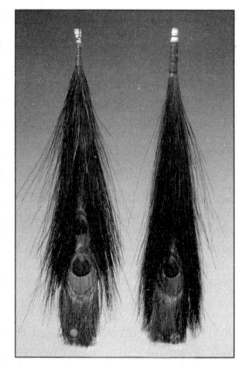

双眼花翎

扎布病逝,他的葬礼远不及其父的规格高,乾隆帝只赐一千两白银。

车布登扎布是策棱的次子,比起他的哥哥成衮扎布更为勇猛,初授一等台吉,额尔德尼召之役,力战受伤,封辅国公,赐双眼花翎,命乾清门行走。乾隆十七年(1752年),成衮扎布请求拆分自己的部众,授予车布登扎布自为一旗,得到了乾隆帝的同意,别授札萨克。乾隆十九年(1754年),车布登扎布督兵剿抚乌梁海,擒获准噶尔宰桑,被赐给贝子品级。

乾隆二十年(1755年),清军发动对准噶尔部的最终之战,车布登扎布带领300骑兵自察罕呼济尔疾驰至集赛,擒获宰桑齐巴汉。他侦查到达瓦齐所在地,夺得舟船渡过伊犁河,急追达瓦齐。达瓦齐狼狈逃走。车布登扎布晋封多罗贝勒。阿睦尔撒纳阴谋占据伊犁反叛,悄悄派遣其下属纳噶察给哈萨克汗阿布赉写信,谎称是自己统领蒙古军队驻扎伊犁。这个消息被车布登扎布获悉,制止纳噶察道:"你们隐匿皇上的命令,反而说是自己统领军队,可以吗?"纳噶察不同意。车布登扎布密告将军班第,并指出阿睦尔撒纳抢夺宰桑鄂勒锥的骆驼和马匹,借口防御哈萨克及布鲁特,私自调兵九千驻扎各地等造反的迹象。当时一起出征的众多清军将领都没有察觉到阿睦尔撒纳的不轨,只有车布登扎布首先发现了他的计划。大军返回时,乾隆帝命他招降乌梁海部落。

乾隆二十一年(1756年),乌梁海酋长郭勒卓辉谎称哈萨克汗阿布赉与阿睦尔撒纳联合,乾隆帝命车布登扎布率师讨伐。准噶尔宰桑固尔班和卓带领千余户向乌梁海处逃跑,车布登扎布麾兵捕治,歼灭了他们。车布登扎布继续进兵哈萨克界,会同尚书阿里衮自伊什勒诺尔转战,至汗扎尔会,斩杀甚多,被晋封为多罗郡王。成衮扎布讨青衮咱卜,命令车布登扎布回到乌里雅苏台作为辅助。乾隆二十二年(1757年),车布登扎布代替其兄成衮扎布,担任定边左副将军。不久乾隆帝任命兆惠代成衮扎布为定边将军,车布登扎布为其副手。乾隆二十三年(1758年)正月,车布登扎布被授予定边右副将军,跟随兆惠出巴里坤,遣兵赴哈什喀格斯追搜逃逸的准噶尔人。不久又命其赴博啰塔拉,抓捕布库察罕、哈萨克锡喇等。哈萨克部人擒获布库察罕,哈萨克锡喇及宰桑鄂哲特等逃至和落霍斯。车布登扎布督兵追捕,哈萨克锡喇感到不得逃脱,聚众占据高岗拒战。车布登扎布的部将认为兵少,请求等待他们逃走的时候再袭击,车布登扎布坚持进攻,麾兵急进,擒获鄂哲特,哈萨克锡喇仅以身免。清廷下诏以其父"超勇"之号赐予他。鄂哲特械至京师,说起车布登扎布身先士卒,所向无前,乾隆帝更加惊叹,赐车布登扎布金黄带。车布登扎布进军阿布勒噶尔,哈萨克缚布库察罕出献,之后回军伊犁,晋升亲王品级。

乾隆二十五年(1760年),乾隆帝命人将车布登扎布的画像放在紫光阁。乾隆帝赋诗:"拍马弯弓,无敌所向。不曾读书,如古名将。和落霍斯,少胜众彼。赵勇亲王,额驸之子。"乾隆三十六年(1771年),车布登扎布代成衮扎布为定边左副将军,授盟长。车布登扎布虽然有其父的军事才华,但没有继承其父的政治头脑。因为他比较贪财,被告发,罢黜了左副将军。又因为擅自请求拓展自己游牧的边界,削亲王品级,命以郡王兼札萨克世袭。乾隆四十七年(1782年),车布登札布去世,其子玛勒多尔济袭爵。

成衮扎布有7个儿子,因擒获青衮咱卜,清廷封其第四子占楚布多尔布为世子,代掌札萨克。成衮扎布去世后,命其长子辅国公额尔克沙喇代掌札萨克,不久他也去世了,命次子辅国公伊什扎布楚代掌札萨克。成衮扎布去世后,乾隆帝让自己的女婿,成衮扎布的第七子拉旺多尔济袭札萨克亲王,并在乾隆四十六年(1781年),下诏拉旺多尔济的亲王爵位世袭罔替。拉旺多尔济的妻子是乾隆的女儿固伦和靖公主,因此他很小就被授予固伦额驸。他自幼在北京宫殿里长大,掌管皇宫的安全警卫长达40多年。他跟随军队出征过临清、石峰堡,有功。和珅当权时,各个王爷、大臣都赶着去讨好,只有拉旺多尔济独自与和珅对抗,也正因为如此,他获得嘉庆帝更多的信任。

拉旺多尔济的最大功绩是用生命保护了他小舅子嘉庆帝的安全。嘉庆八年(1803年)闰二月,嘉庆帝乘舆入顺贞门。一个叫作陈德的厨子,藏在门边突然行刺,身边数百名侍卫呆如木鸡,只有侍卫丹巴多尔济上前阻挡,被刺了三刀。危急时刻,拉旺多尔济紧紧抓住了陈德的手腕,才最终抓获了刺客。事后,他被赐御用补褂,其子巴彦济尔噶勒被封为辅国公。还有一次嘉庆帝出猎,有熊突至御前,连伤侍卫数人,拉旺多尔济与熊搏斗,再次救驾。其脚受伤成了瘸子,嘉庆帝特赐他能在紫禁城乘轿。

拉旺多尔济死后无子,以族子车登巴咱尔继王位。车登巴咱尔,号"杏庄",会写诗,擅长绘画,尤其擅长塞外风景画,是少有的文武才华出众的人物。之后其子达尔玛事迹不多,其孙那彦图在晚清政局有很大影响。他是光绪帝的骑射伴读,岳父是当时权势显赫的奕劻。他仕途坦荡,历任清廷御前大臣、领侍卫内大臣、八旗都统,慈禧太后逃亡西安途中,担任护卫任务。那彦图曾因活埋小妾于王府井中,被当时的《京话日报》所披露,舆论大哗,进而想花巨资更正其新闻,未果,引起众多非议。

1912 年 1 月 17 日,清朝即将灭亡前夕,关于清帝是否退位的御前会议上,反对最为强烈的不是满洲王公,而是蒙古王公。作为满洲王公的奕劻主张清帝自行退位,隆裕太后伏案嚷泣,满座无声,忽有一个列席的蒙古族王公,慨然起而反对,和奕劻争论,载沣等多不发一言,颇有倾向奕劻所说之态度。此人就是喀尔喀蒙古亲王那彦图。隆裕太后说:"想要坚持,可是没兵啊!"那彦图说:"太后不要忧虑,臣现在就去外蒙古调兵去。"不想不久喀尔喀蒙古独立,那彦图无法调兵。

清帝退位后,那彦图历任大总统府副都朔卫使,历次国会议员及 1917 年临时参议院副议长,共和党、进步党理事。国民党当政后,他曾应邀参加 1932 年洛阳国难会议,被列为百灵庙蒙政会委员。民国以后,前清王公们的年俸不断减少,继而停发。那王府也同样入不敷出。1921 年以前,那彦图尚能勉强支撑,其后就只能靠出卖祖产度日。1924 年以后更是靠借债度日。1926 年那彦图向专在北京放高利贷的西什库教堂法国神甫包士杰借款 7 万,月息一分五厘,为期一年。到期无法还款,他遂将此王府抵给了包士杰。在此期间,他则多次典卖东西,从古玩到汽车、马匹、大小鞍车等等,最后连历代积累的京剧曲谱也作价 50 元卖出。从此,策棱家族彻底败落,其后人改姓孟。

参考文献:

[1](清)国史馆.札萨克额驸襄亲王策棱传[M]//钦定外藩蒙古回部王公表传:卷七十.台
  北:台湾商务印书馆,1986.

[2](清)昭木连.超勇亲王[M]//啸亭杂录:卷十.北京:中华书局,1997.

[3]清高宗实录[M].北京:中华书局,2012.

[4]金启孮.清代蒙古史札记[M].呼和浩特:内蒙古人民出版社,2000.

随风而逝——林丹汗身后的察哈尔

如果论出身,察哈尔部的林丹汗是蒙古诸部中王公中血统最高贵的。他是蒙古中兴之主达延汗的长子图鲁博罗特的后人,嫡系世袭的蒙古大汗。林丹汗也曾经梦想着通过自己的努力,重建祖先的辉煌。只可惜事与愿违,在皇太极的攻击下,林丹汗不得不一路西逃,天聪八年(1634年)最终病死于大草滩。

美丽的媾和

作为失败者的林丹汗死后,他的妻妾、人口、牲畜、财产都被胜利者满洲人所瓜分。林丹汗最先丢失的宝贝是护法嘛哈噶喇佛像。这尊佛像在元世祖忽必烈时,是由国师帕斯八喇嘛用千金铸成。该佛像为蒙古大汗世代供养。林丹汗西逃之后,他手下的墨尔根喇嘛,带着这尊佛像投降了皇太极。皇太极派毕礼克图囊苏迎接至盛京。之后为此佛像修建了著名的喇嘛庙"实胜寺"。

皇太极追击察哈尔部的大军一直都在行动。天聪八年(1634年)五月的一天,清廷大军在达纳里特河扎营。突然从西边飞来一只雌雉,因为没有地方停歇,坠落到御营之内。侍卫们纷纷去抓,却没抓到。雌雉跑到御帐里的床下。第二天清晨,大军拔营启程,雌雉飞起碰到了顶棚,才被抓住。大家都说雌雉是后妃的羽仪,这是皇上要得到贤惠的妃子的征兆。

不久,察哈尔部大臣巴图鲁噶尔马济农、德参济王等人,送林丹汗的妻子窦土门福晋巴特玛璪前来归降。一同来降的还有林丹汗的姑姑。皇太极给予其隆重的欢迎。他命人选择宝马四匹,加御用的鞍辔,前去迎接。察哈尔人快到的时候,皇太极率领众贝勒出营迎接。双方相互行礼后,皇太极设宴席款待新附诸人。宴会期间,大家一起射箭、摔跤,气氛活跃融洽。

如何安排窦土门福晋是一个重要问题。把她纳入皇太极的妻妾行列,对于她本人和属下都是很好的结果。当清军进发至木湖尔伊济牙尔,皇太极大哥大贝勒代善及众和硕贝勒等人,一起劝说皇太极:"窦土门福晋率领国人来归顺,请皇上选入宫闱。"皇太极推辞一下:"朕不该要,应该给予那些家庭不和睦的贝勒。"代善等人继续积极劝说,皇太极仍然不肯。代善终于说出一套冠冕堂皇的理由来,他说:"臣等以为,福晋委身归顺,这是上天安排的缘分。皇上如果不接纳,这是拒绝天意啊!皇上不是好色多纳嫔妃的人,如果皇上不应该娶,臣等哪里敢劝?如果皇上答应我们,不但臣心慰悦,群臣也没有不欢呼雀跃的。"皇太极思考了很久,第三天,他同意了这门婚事。为了让自己更加光明正大,皇太极自称:"曾经有雌雉飞入御幄之祥,现在福晋来归,明显是天意。"在政客的嘴里,天意和民心是一个万能的法宝,上可以治国安邦,下可以讨个老婆。之后,皇太极派希福、达雅齐去迎娶窦土门福晋。护送福晋前来的察哈尔人尼库鲁克等人高兴地说:"我等此行,为送福晋归顺,不是为我们个人考虑。皇上纳入后宫,作为新归附的人,我们都踊跃欢庆之至。"护送窦土门福晋的察哈尔人当然高兴,福晋做了皇上的妃子,自己就成了皇帝身边的人。这些察哈尔人望天拜谢,将福晋送来。皇太极赐给护送福晋前来的各个大臣的妻子每人一套衣服。窦土门福晋后被封为衍庆宫淑妃。

满洲人的桃花运没有结束。天聪九年(1635 年),多尔衮率领的清军继续追击察哈尔部。三月的一天,多尔衮在途中遇到林丹汗正妻囊囊太后娜木钟。她由琐诺木台吉护送,率领部下1500 户来归降。多尔衮以礼相待,派人送给皇太极。在囊囊太后的指引下,清军渡过黄河,很快找到了察哈尔部的

囊囊太后

驻地——托里图。当天夜晚天降大雾,清军趁机将察哈尔人围困,之后按兵不动。多尔衮派遣叶赫部金台吉贝勒的孙子南楮和他的叔祖阿什达尔汉,一起去面见南楮的姐姐苏泰太后以及她的儿子额哲,告之他们,满洲诸贝勒奉皇命统大军来招降他们,秋毫无犯。南楮等人急驰至苏泰太后营帐,让人禀报:"福晋苏泰太后的亲弟弟南楮来了。"(叶赫部金台吉是皇太极的亲舅舅,所以苏泰皇后和南楮都是皇太极的表亲。)苏泰太后听闻大惊,恸哭出营,与其弟抱见。苏泰后令其子额哲,率领众宰桑出迎清军。为了表示本方的善意,多尔衮还当着察哈尔人的面,向天地发誓,一定会善待额哲。如此察哈尔余部全部归降清廷,一同归顺的还有林丹汗的妹妹泰松格格。皇太极听到这些消息,非常高兴,对大臣们说:"朕记得朕的左耳朵响,必然有佳音,右耳朵响必然有凶兆。今天朕左耳朵响了,果然有好消息。"

　　林丹汗的两个福晋又来归降,该如何安排她们呢?林丹汗的大福晋囊囊太后先到达。诸贝勒又一次劝皇太极收入后宫。皇太极说:"朕先前已经纳了一个福晋了,现在还纳,与理不合。"诸贝勒再三恳求,说:"这不是强娶,这是上天所赐,皇上不可不纳。"皇太极坚决不从。双方僵持了一个多月,皇太极才同意。他命皇后和诸妃子及诸贝勒的福晋出城,将在城外晾了一个月的囊囊太后迎入。比较上次接纳窦土门福晋那样痛快的三天,这次皇太极为什么坚持了这么久呢?据说囊囊太后虽然是林丹汗的正室,但她年老色衰,而且比较穷,没多少财产。诸贝勒怕皇太极将她赐给自己,所以先下手为强,一起把囊囊太后硬塞给皇太极了。皇太极最终没办法,只好就范,封囊囊太后为西麟趾宫贵妃。囊囊太后归顺后生了两个儿子。一个是林丹汗的遗腹子阿布奈;另一个是她与皇太极生的皇十一子襄昭亲王博穆博果尔。博穆博果尔,众多小说影视都有所提及,他十五岁早逝的原因是他的福晋就是顺治皇帝爱得痴痴傻傻的董鄂妃。博穆博果尔和他皇帝哥哥抢女人的结果是自己被迫自杀了。这都是野史,实际上据《爱新觉罗宗谱》记载:博穆博果尔只有一个福晋是达尔罕亲王满珠习礼的女儿,和董鄂妃没有夫妻关系。

　　林丹汗的妹妹泰松公主归顺后,改嫁礼亲王代善。至于额哲的母亲苏泰太后,因她是和硕贝勒济尔哈朗去世妻子的亲姐姐,苏泰太后到盛京后,济尔哈朗娶了她。林丹汗尸骨未寒,这些察哈尔人便各寻出路了。很多时候这些上层人物,经常为自己的欲望找些冠冕堂皇的理由。这件事就是一个典型的表现。

苏泰太后归降后,带来了中国历代王朝的传国玉玺。据说,此玉玺藏于元朝大内。元顺帝被朱元璋打败后,撤出北京,带着玉玺逃往沙漠,最终死在应昌府。此后玉玺丢失了二百多年。有一天,有个牧羊人在山岗下看到一只山羊,三天不吃草,只是用蹄子刨地。牧羊人向下挖,发现了这个玉玺。此后,玉玺归元朝后裔土默特部的博硕克图汗所有。后来博硕克图汗被林丹汗侵袭,玉玺又到了林丹汗手中。此玉玺上用汉代篆书刻有"制诰之宝"四字,璠玙为质、交龙为纽,光气焕烂。多尔衮等人见到玉玺大喜道:"皇上洪福非常,天赐至宝,这是一统万年的吉兆啊!"皇太极获得玉玺后,借此表明自己受命于天,上尊号宽温仁圣皇帝,将国号由"金"改为"清",年号由"天聪"改为"崇德",族名由"诸申"改为"满洲"。其实,早有学者证明,这个玉玺其实只是一个赝品,为了适应当时的政治需要,皇太极伪造的。当然也是林丹汗给予皇太极作假的机会。

相处太难

与别的蒙古部落不同,察哈尔部的地位最高,荣誉感最强。面对惨痛的失败,寄人篱下的生活,很多察哈尔人难以容忍。一些有意无意的打击更让他们羞愤交加,即使清廷不断采取各种方式笼络,双方的矛盾仍然在不断地积累。

林丹汗的儿子额哲随着母亲归顺皇太极后,皇太极先将自己的嫡亲女儿固伦公主马喀塔嫁给了他,册封他为和硕亲王,位列所有的众多蒙古王公之首。在皇太极的登基为帝的大典上,额哲的朝位列群臣之首。至于日常的赏赐更是频繁,《满文老档》中有众多这样的记载,足见皇太极对他的重视和礼遇。可是14岁额哲的国破家亡的锥心之痛,并未借此减轻。崇德六年(1641年),年仅20岁的额哲抑郁而终。清廷为他举行了隆重的葬礼。皇太极带领所有的妃子一起吊唁,恸哭而还。他命令所有的人,男人包括和硕亲王以下,牛录章京以上;女人包括固伦公主、和硕福金以下,固山额真、承政等官的妻子以上,必须来参加葬礼。额哲按照蒙古人的习俗火化。送葬之日,所有王公大臣、公主格格都去参加。男人必须送出十里,女人必须送出五里。

皇太极一方面已经做到他能力范围内对察哈尔蒙古人的礼遇;另一方面十

分注意对察哈尔余部的防范。皇太极将额哲为首的察哈尔部众安排在义州边外的孙岛、习尔哈地方①。这片牧地距离清廷首都盛京很近,清廷将察哈尔人置于自己严密的控制之下。还有清廷下嫁公主虽然是礼遇,可还有一层深意是清廷借助公主和随嫁人员,在察哈尔内部安插监控。

此外,一些日常的细节也容易产生矛盾。察哈尔部归顺之初,额哲派使臣阿齐图太锡向皇太极上奏:"我的主人没有福气早早去世。我们没有依靠。想要凭借皇上的景福方昌,所以察哈尔部都来归顺。"对清廷而言,本来是件高兴事,皇太极也嘉奖了使臣。不想清廷大臣阿齐国太锡公然嘲笑察哈尔使臣说:"你们这些大臣,向来地位都比我尊贵。等你们的君主去世了,你们立即不顾君主的儿子和福晋,竟然来投降!你们还配叫大臣吗?"察哈尔的使臣羞愧无地。

崇德元年(1636年),额哲刚刚封亲王并与固伦公主马喀塔婚配,就对公主不敬。当公主进入清宁宫,当时额哲和他身边的喇嘛衮定古希,并不起立致敬。虽然公主是额哲的妻子,但地位要比他高,在皇宫里,礼节非常重要,该行的礼必须执行。额哲这种妄自尊大的行为被都察院参奏。皇太极还是很宽容,说:"额哲额驸年幼无知。"并且免除了他的罪过。喇嘛衮定古希论罪该被处死,皇太极也宽恕他,交给果莽绰尔济喇嘛管教。

崇德二年(1637年),皇太极带着察哈尔部的降人一起打猎,借此缓和彼此的关系。期间,察哈尔部蒙古官员沙济达喇郎苏对御前侍卫说:"我们过去跟随察哈尔大汗打猎,都是在队伍的前面骑马射箭。现在为什么不让我们在队伍的前面,而是在后面行走呢?"没想到这件事让皇太极大怒,他令护军统领巩阿岱、图赖等诸大臣,专门训斥沙济达喇郎苏说:"巩阿岱是皇上叔叔的儿子、皇上的弟弟,他尚且不能在队伍前面射猎,只是跟随队伍一起,你们有什么功劳想在队伍最前面纵马射猎呢?你既然说察哈尔汗对你们好,你怎么不随着你的主子去死呢?这样多疑、爱乱发牢骚的人,必然不能感受主子的恩德。这样的人必须回京后治罪。"虽然这件事最后不了了之,但对于新降的察哈尔人而言,无疑又是一次沉重的羞辱。

额哲死后继承王位的是他的弟弟阿布奈。清廷本该轻松一些。因为阿布

---

① 据乌云毕力格先生考证,这片地区在今天的内蒙古通辽市库伦旗全境中心,包括科尔沁左翼后旗西北一角、开鲁县辽河以南的部分和奈曼旗东北一部分。

奈是林丹汗的遗腹子。他跟随母亲囊囊太后嫁给皇太极,一出生就和皇太极生活在一起,皇太极是他的养父。按照蒙古的习俗,阿布奈娶了自己的寡嫂,清廷的固伦公主,成为新的清廷额驸。皇太极则是阿布奈的养父兼岳父,但是满洲人没想到,清廷皇宫一手培养起来的察哈尔亲王,更加桀骜不驯。

顺治十六年(1659 年)五月,阿布奈的部民持刀行刺。阿布奈没有和各旗会盟审理,也未经清廷理藩院批准,就处置了罪犯。这么做不符合法律程序,应该受到处罚。清廷大臣议定:罢黜阿布奈亲王爵位,罚马 1000 匹。顺治帝从宽处理免其处罚。这本来是清廷经常处理臣下的手法,算是警告一下,处罚很轻。可长久积累的矛盾,使这成为压垮骆驼的最后一根稻草。阿布奈终于做出了对抗的行为。康熙二年(1663 年),公主马喀塔去世后,阿布奈 8 年不去北京朝觐,不向清廷进献朝贺贡品。有清一代,蒙古王公定期朝觐清帝,是他们的义务和权力。清廷对于蒙古王公的朝觐本着厚往薄来的原则,这些王公连路费清廷都补偿给他们,到了北京一般都会享受高规格的招待。他们的贡品更多是象征性的意义,而清廷回赐的经常是贡品价值几倍,甚至几十倍的礼物。北京的花花世界,也是很多蒙古王公喜欢来享受生活的地方。因此,很多蒙古王公希望能多进京朝觐,甚至有的蒙古王公进了北京,就舍不得走。清廷不得不限制他们在京的时间。如此优厚的待遇,阿布奈竟然仍不朝觐,说明他对清廷的不满异常强烈。

阿布奈的悖逆行为,清廷不会坐视不管。为了防止大的骚乱,清廷采取诱捕的方法。康熙八年(1669 年),清廷派使臣指责阿布奈说:"你祖宗的墓地在盛京,你为什么这么久不来扫墓?"阿尔奈也感觉自己于理不合,同时迫于清廷的压力,他去沈阳扫墓,后在沈阳被清廷捕获、囚禁。同年五月,清廷废掉了阿布奈的王位。为了安抚察哈尔部,康熙帝任命阿布奈之子布尔尼承袭王位。布尔尼是清廷固伦公主的亲生儿子,和康熙帝是表兄弟,拥有很近的血缘关系。清廷还将满洲安亲王博洛之女嫁给他。这些本来都该成为察哈尔部安定的重要因素,没想到双方激化的矛盾已无法化解,最终只能彻底地决裂。

决裂与灭亡

布尔尼即位后,表面上对清廷比较忠诚。康熙十年(1671 年)、十二年
(1673 年)他均按时参加蒙古王公年班朝觐。康熙十二年(1673 年)十二月,在
京朝贺的布尔尼听闻三藩之乱,主动要求捐献马匹帮助清军。可是仇恨的种子
早就在布尔尼的心中生长。阿布奈被囚禁后,布尔尼曾经去探监。守卫的官员
拒绝了布尔尼的要求,布尔尼愤怒地叫骂。布尔尼私下里常说:"不应该以莫须
有的罪名拘禁父王;不应该父亲有罪还立儿子为王。"三藩之乱给了布尔尼为代
表的察哈尔蒙古人倾泻长久以来积累仇恨的良机。当时战火遍及南部中国,为
了平叛,清军主力大量南下,京师防卫极度空虚,连守城门的士兵都是由小孩来
担任。布尔尼获得这些消息后,首先找借口拒绝了清廷征兵的要求,自己随即
带领同党开始日夜训练兵马,打造兵器、盔甲。布尔尼想趁机救出其父阿布奈,
推翻满洲人的统治,为祖先报仇,进而恢复察哈尔部过去的辉煌。

布尔尼的异常举动很快被清廷侦知。康熙十四年(1675 年)三月初,跟随
固伦公主出嫁的长史辛柱察觉了布尔尼的阴谋。他秘密派遣其弟阿济根去京
师向清廷告密。康熙帝认为事情尚未完全暴露,如果采用成本较低的方法处
理,效果会更好。康熙帝派人召布尔尼兄弟觐见,以探虚实。为了消除布尔尼
怀疑,康熙帝以孝庄太后的名义,派遣侍卫塞棱传旨蒙古诸部:"满洲公主、郡主
所生的蒙古王公,即巴林王鄂齐尔兄弟、翁牛特王杜楞兄弟及布尔尼、罗卜藏兄
弟一起进京朝觐。"不久蒙古诸王都来到北京,唯独布尔尼兄弟没来。布尔尼断
定清廷已经发现了自己的秘密,立即决定起兵。三月十七日,布尔尼扣押了清
廷使臣侍卫塞棱,公开叛乱,并号召蒙古诸王于二十五日一同举事。长史辛柱
亲自率领其弟巴勒米特进京奏闻。从嫁公主的满洲人,都携带自己的妻子、儿
女逃至锦州。奉天将军倭内巴图鲁也紧急奏报了布尔尼的叛乱。清廷第一时
间采取四个措施进行平叛:

第一,防止布尔尼劫走其父阿布奈。康熙帝命令奉天将军倭内巴图鲁固守
盛京。宁古塔将军巴图海带领精兵赴盛京协防。清廷又调永陵、凤凰城等地士
兵协防盛京。

第二,防止叛乱规模增大。康熙帝派遣理藩院郎中马喇携敕书前往蒙古各部,阻止各部加入布尔尼叛乱,并且要求科尔沁、土默特等部的蒙古王公带兵协助平叛。

第三,鼓励察哈尔部内部分裂。康熙帝下旨,察哈尔内部人员,如果能擒获叛变首领,或者自行投降,清廷一定给了官爵,全部加以恩养,断不食言。这一点在以后起了很大的作用。

第四,派兵平叛。这也是最关键的一步。康熙帝迅速任命信郡王鄂札为抚远大将军,大学士都统图海为副将军,护军统领哈克山、副都统吴丹、洪世禄并为参赞,率军出征。清廷只用6天便组织好军队。四月六日,清军兵分两路开赴战场。清廷的军队由四部分组成:满洲官兵三千余人组成的正规军;外藩蒙古科尔沁、阿鲁科尔沁、翁牛特等各部蒙古军;八旗家奴军;汉军鸟枪兵、盛京兵一千人。

四月二十一日,两路清军在岐尔哈泰会合。信郡王鄂札侦知布尔尼屯兵于达禄山(位于今通辽市库伦旗东南),于是率轻骑前进。次日抵达达禄山。达禄之战是清廷与布尔尼军队的决战。清军到达前,布尔尼就获得了消息,在山谷间设下了伏兵,排列好军阵等待。鄂札与图海带领满洲、蒙古军进攻,经过山涧时,布尔尼的伏兵发起攻击,给予土默特蒙古兵以重创。清军继续攻击,将伏兵歼灭。布尔尼亲领大队人马,摆列火器拒战。清军奋击,副将军图海的家奴军最为彪悍,最先突破了布尔尼的阵地。布尔尼逐渐不能抵抗,于是大败。布尔尼收拢溃军,与清军继续接战两次。清军趁胜冲杀,连续获胜,斩首甚多,获得大量马匹器械。布尔尼兄弟仅带领30个骑兵逃跑。布尔尼此次大败有清军力量强大的原因,还有一个重要的原因是内奸。两军对垒之时,察哈尔部的都统晋津,率领本部人马在阵前投降。战斗胜利后,布尔尼的妻子满洲郡主仍然住在瓦子府东三十里,由清军迎回。布尔尼扣押的清廷使臣侍卫塞棱带领着布尔尼部下佐领5人和300名士兵,归降清军。不久,科尔沁和硕额驸沙津在扎鲁特部境内将布尔尼兄弟射杀,献首京师。

布尔尼的叛乱,清军从出兵到平定只用了18天的时间。还有一路叛军是八旗察哈尔。这些人是清初零散归附清廷的察哈尔蒙古人。他们没有被安排在布尔尼管理的札萨克旗下,而是编立八旗察哈尔游牧于大同、宣化以北一带,由清廷派官员管理。由于世代效忠察哈尔大汗,当布尔尼发动叛乱时,一些八旗察哈尔人也起兵响应。驻扎宣化府的八旗察哈尔左翼军队,不知道布尔尼已经战败身亡,不顾清廷官员的阻拦,毁坏边墙,直趋独石口,想加入布尔尼叛军。康熙帝命散秩大臣绰尔济招抚八旗察哈尔叛军,告之他们:"布尔尼已经战败,如果这些叛军能够返回队伍,康熙帝同意会宽恕他们。"康熙帝又授权内大臣佟国纲为安北将军镇守宣化府。同时令巴林、翁牛特、敖汉、喀喇沁、土默特等部各守境内,八旗察哈尔叛军一到即为剿除,很快这次军队的骚乱也被平息。至此布尔尼的叛乱彻底被平定。

布尔尼之所以失败,和他错估形势有关。一是清廷北京防卫空虚,但它仍然有一定的军事力量,有比较精干的组织能力。二是布尔尼起兵,只获得奈曼部郡王扎木三的支持。其他蒙古各部,非但不支持,不少蒙古人竟加入到布尔尼的敌对一方。甚至支持布尔尼的奈曼部内部也有分裂,布尔尼起兵前,奈曼部郡王扎木三的侄子鄂齐尔等人,带领9佐领的蒙古人,已投降了清廷。当年的林丹汗尚且不能号令蒙古诸部,何况康熙年间,蒙古诸部早已归降清廷。清廷历代君主对蒙古王公恩威并施,大部分蒙古王公已经彻底忠诚清帝。三是内部的瓦解。察哈尔部的部分将领投降清军,加上清廷长期在察哈尔部内部经营的内线,布尔尼的军队毫无秘密可言。因此,布尔尼迅速败亡也在情理之中。

清军大举出动后,康熙帝还曾经给布尔尼兄弟最后的机会。他在给布尔尼的上谕中讲道:"你可能被身边的奸人蛊惑欺骗,也可能有不得已的苦衷。这些事你都可以和朕说。朕必会赦免你的罪行,仍然亲近和睦。你家世代受朝廷恩养,你是公主所生,是朕的亲人,实在不忍心让你走上绝路。所以朕屡次向你下旨,如果你仍执迷不悟,恐怕以后后悔莫及。"康熙帝还给布尔尼之弟罗卜藏传旨:"你应该开导你的哥哥布尔尼,令其悔罪归顺。你们的子孙都不会失去荣华富贵。如果布尔尼不醒悟,恐怕因为他是你的哥哥,会连累到你。如果你能率属下归顺,朕仍然按亲戚对待你,立即以王爵封你,一定不会食言。你是公主的儿子,是皇家的亲戚,所以才下旨劝告你。现在大军还没到,你向你哥哥陈述利害,迅速请罪,不要辜负朕不忍诛杀之心。"这两道谕旨表现了康熙帝的一些真实情感。因为康熙帝曾命令抚远大将军多罗信郡王鄂札:"如果布尔尼兄弟悔罪归顺,就罢兵。即使布尔尼等人临阵来降,也要保全恩养。"可惜布尔尼兄弟放弃了这最后的生机。

最后看一看战后察哈尔部众人最终的结局。布尔尼兄弟死后,首级被送至京师,群臣要求悬挂示众。康熙帝认为他们是公主所生之子,于心不忍,命人将布尔尼、罗卜藏的首级及尸体,收葬与他们母亲固伦公主的坟旁。布尔尼的父亲阿布奈在盛京被绞死。布尔尼的妻子郡主回其父安亲王家。布尔尼的儿子在军前正法,女儿罚没入官。从嫁公主的满洲人,均成为军人,驻扎义州,令长史辛柱管辖镇守。康熙帝授长史辛柱二等轻车都尉,其弟阿济根云骑尉,巴勒米特云骑尉品级。这是奖励他们最先告发察哈尔布尔尼谋叛的功劳。

教唆布尔尼叛清的察哈尔部贵族阿杂里喇嘛、僧额浑津、噶尔马色冷逃到科左中旗,被科尔沁卓里克图亲王解送军前,均在军前正法。噶尔昭、噶尔马、薄托和等人的妻妾、子女逃到了卓礼克图亲王家,被赏给有功官兵。当然也有幸免的,僧额浑津之弟尼塔尔,在布尔尼与清军开战前,就投奔卓里克图亲王。因为是在布尔尼失败之前逃跑,所以被免死,财产也得到保全。奈曼达尔罕郡王扎木三,跟随布尔尼叛清,眼见形势不好,自缚请罪。清廷从宽免死,革去王爵,仍留家人牲畜,令其自谋生路。王位由事先归降清廷的札木山的侄子鄂齐尔继承。

经过此次事件,元代以来蒙古大汗的嫡系子孙彻底断绝。察哈尔部作为札萨克旗被撤销。察哈尔部残余人口或是被并入其他蒙古诸部,或是并入八旗察哈尔。林丹汗身后所留下的是一片虚无。

参考文献:

[1]清太宗实录[M].北京:中华书局,2012.

[2]清世祖实录[M].北京:中华书局,2012.

[3]清圣祖实录[M].北京:中华书局,2012.

[4]芦婷婷.清廷平定布尔尼之乱研究[M].甘肃联合大学学报(社会科学版),2011年第6期.

民国"头功"——湖广总督瑞澂

清宣统三年(1910年)十月,张之洞永远地闭上了眼睛。以摄政王载沣为首的清朝满洲权贵,为此感到一阵安慰。虽然汉人在清王朝中占据了重要地位,但满洲权贵对汉人一直心存猜忌,特别是海外孙中山为首的革命党人大肆宣扬满汉矛盾。载沣对汉人更加不放心,他以减少满汉畛域为名,将过去本来规定汉人任职的官职很多改为满人。张之洞作为前朝重臣,载沣暂时不敢动,但他毕竟是个汉人,担任封疆大吏的湖广总督(所谓湖广总督类似于现在的湖北、湖南两省的总的省委书记)前后近二十年。张之洞在两湖地区势力强大,根深叶茂,这些都让满洲权贵甚为担心,清廷只好以协办大学士兼军机大臣这样的高官为交换,使他离开武昌。张之洞刚走,清政府立即安插"自己人"瑞澂担任新的湖广总督。张之洞一死,载沣对两湖地区更加放心了。只是此时载沣肯定不知道恰恰是这个"自己人",点燃了崩塌爱新觉罗江山炸弹的引线,成为武昌起义成功的最大"功臣"。

宦海浮沉

瑞澂出生于清同治二年(1863年),隶属满洲正黄旗,然而他是个蒙古人,姓孛儿只斤,也是黄金家族的后人。瑞澂的先祖恩格德尔是蒙古内喀尔喀部巴约特部达尔罕贝勒之子。恩格德尔很早就归顺了努尔哈赤。努尔哈赤把自己弟弟舒尔哈齐的女儿嫁给他。恩格德尔在清军入关前就加入满洲旗籍,经过历代的考验,加之又有皇室的血统,满洲权贵对瑞澂家族恩宠有加。瑞澂的曾祖父成德是热河都统,祖父就是鸦片战争中大名鼎鼎的琦善,官任协办大学士,父亲恭镗任黑龙江将军。哥哥瑞洵任乌里雅苏台参赞大臣。可以说瑞澂家族高官林立。瑞澂出身显赫,自小娇生惯养,胡作非为,与劳子乔、岑春煊并称"京城三恶少"。

瑞　澂
(1863—1915 年)

瑞澂成年后,作为根正苗红的旗人又是高干子弟,自然不用和普通汉人一样费尽心力、穷首皓白经地参加科举考试当官。他直接就当了政府公务员,第一份工作担任刑部笔帖式(类似现在全国最高法院秘书)。中国传统社会的官僚层级是一个金字塔状结构。一般人做官是一个速度递减的过程,越往上爬职位越少,对手越多,升官越难,花费的时间也越长。瑞澂却恰恰相反,一开始官升得非常慢,却后程发力,越往上越快。中国有句古话:"朝里无人,莫做官。"瑞澂最初官升得这么慢,是因为他的父亲恭镗在瑞澂 26 岁的时候,就去世了。人一走茶就凉,过去很多门路走不通。运气不好的瑞澂,又赶上他哥哥瑞洵在权力斗争中失败,瑞澂受到牵连,仕途更是雪上加霜。因此瑞澂最初的事业比较曲折,先后担任刑部主事、提牢等官,在低级官员队伍中摸爬滚打了整整 13 年,才调任从五品的户部员外郎[1]。他的品级虽然获得缓慢的提升,可都是些没有多少油水的穷京官。

1900 年,八国联军占领北京,整个大清朝陷入空前的危机中。瑞澂却苦尽甘来,出现了命运的重大转折。此后他的升官速度可以用"直升机"来形容,四年时间,连升九级。1901 年,瑞澂与肃亲王善耆一同拜访了日本人川岛浪速[2]。在川岛浪速的要求下,瑞澂在北京组织人手维持治安。《辛丑条约》签订后,慈

---

　①　清朝的官职一共分为九品,十八个等级,每个品级都分为从、正两个阶段,有点类似现在的正、副某某长的意思。

　②　川岛浪速就是大名鼎鼎的川岛芳子的养父,而肃亲王善耆则是川岛芳子的生父。

禧太后因为瑞澂留守北京有功，将其连升两级，外放他为正四品的江西广饶九南道，期间受到朝廷的嘉奖。清朝清水衙门京官都很穷，很多人盼望着外放。因为即使是平级外放，也能成为一方"土皇帝"，各种好处是京官无法比拟的。瑞澂能外放加升官更是很多京官求之不得的。

川岛浪速与川岛芳子

1905 年，瑞澂平调苏松道，负责与外国交涉，兼任上海北市马路工巡总局督办（后改为上海巡警总局督办）。这次平调其实是升职，因为江西广饶九南道是一个相对落后的地区，而苏松道掌管苏州、松江等地，这些地区经济发达，文化先进。特别是上海也在其辖区内，苏松道的官衙驻地就在上海，所以民间称其为上海道台。上海在 20 世纪初已经发展成为远东著名的大都市，其好处不言而喻。肥缺苏松道是提拔人的过渡性职位，一般任期到了之后，都能升任正三品的按察使，甚至是从二品的布政使。瑞澂还没有任满，就获得了提升。1907 年，瑞澂连升两级。他先是担任正三品的江西按察使，一个月后官升一级，任从二品的江西省布政使（类似于江西省副省长），政府赏赐正一品封典。1909 年，瑞澂再次连升两级，在直隶总督端方的大力推荐下，清廷升瑞澂为正二品的江苏巡抚。同年十月，任从一品的湖广总督，成为清王朝地位最高的九位封疆大吏之一。1910 年，清廷赏赐瑞澂紫禁城骑马的荣耀特权。

为什么瑞澂突然获得中央政府的青睐，升官如此神速？一个很重要的原因在于此时的瑞澂朝里有人了，他的姐夫是皇族载泽。随着在中央的势力越来越大，载泽努力提拔自己的小舅子，瑞澂这才平步青云。瑞澂被任命为湖广总督后，按照惯例向中央政府打报告谦虚一下，说自己才能不及，不能胜任这样重要的职务。清廷也照例回复是你认真办事，能力足够，不要再推辞。在清朝近三百年的历史中，这样假惺惺的"规矩"一直充斥在各种官方文献之中。倒是有一次例外，发生在大名鼎鼎的曾国藩身上。咸丰四年（1854 年），曾国藩带兵攻占武昌,咸丰帝一时高兴,令其署理湖北巡抚。曾国藩照例谦虚一把,说自己才能不及,望皇上另择人才。结果咸丰皇帝居然违反了这一惯例,他反悔了,于是顺坡下驴,回复说,知道曾国藩不愿意当湖北巡抚,就任命了更为合适的人选——曾国藩的死对头陶恩培为湖北巡抚。曾国藩吃了一哑巴亏,气得直接离职回家。

相对而言,瑞澂比大多数只知道吃喝玩乐的八旗子弟要强一些。他的家教比较好,哥哥瑞洵虽然是旗人,可却是通过科举考试中的进士。瑞澂虽然考试不如他哥,能力还是有一点的,被端方称为"大才"。在上海担任道台时,瑞澂处理涉外事件,办理近代警察事务,颇具水平,还创办了震川中学堂,就是今天上海嘉定区震川中学的前身。

载 泽

(1868—1929 年)

江苏任职期间,瑞澂政绩斐然。其非常重要的一个政绩是清缴了盘踞太湖的水匪。太湖地区襟江带海,界连江苏、浙江两省,商业发达,交通便利,是清王朝十分重要的财赋地区。清末,因为太湖湖面广阔,环绕多山,各个河港纵横跬步,水路四通八达,加之太湖外接商埠、码头、铁路,来往迅捷,一些社会闲散人员无以为生,利用这样复杂便利的地理条件,下水为匪。清末江苏、浙江二省自然灾害频发,使更多人加入水匪的队伍。而政府相关的缉捕力量却相对薄弱,民间的稽查力量早已无人,政府曾经设置的水上保安力量,年久荒废。残存的一点巡捕力量,早已暮气沉沉不堪使用。在这些利好条件下,太湖水匪迅速发展,肆虐横行。1905 年 12 月,他们甚至公然抢劫商轮。太湖地区治安的恶化严重影响了地方经济和政府的财政收入。于是清廷令瑞澂处理此事,并督办浙西各军。瑞澂亲自主持苏州、松江、太仓等六州的清乡事宜,添设浅水兵轮四艘,与浙江省兵轮合为一军,改编飞划五营,参照各国海军制度,编为联队。在瑞澂的指挥下,该支军队成立才两个月,便在洞庭湖的演习中表现出色,兵轮船队进止整齐,炮位演放灵捷。飞划以新法教练,所部各勇丁,都精神振发,一洗水师旧习。太湖水师,各船驾驶操练熟练,动作有章有法。

瑞澂利用浅水兵轮,在太湖广阔的湖面上巡航,让巡防飞划,在狭小的支港里河之内搜捕。各个将领,分期轮班放哨,并与嘉湖统兵官约期会缴。太湖师船按照飞划的组织形式另为编制,扼要驻防各路,从而形成了一个错落有致的巡查体系。这套体系的效果不错,瑞澂一举击溃盘踞太湖一带的水匪,擒获江湖大盗夏竹、林声为,平定匪患,大大改善了当地治安状况。

担任江苏巡抚后,瑞澂还奏派张謇总办江苏工商务局,与立宪派交往颇深,并加入了预备立宪公会。他又开办中等农业学堂,添辟试验场五处,并创设植物园及陈列所,让 些学生实地研究,从此声名鹊起。为了保持安定和谐的社会秩序,瑞澂对江苏的吏治、军政、巡警进行了一次大规模的改革。吏治方面,瑞澂亲自面试各个属下官员,对有才华的,给予合适的职位;没才华的,进行辞退。军政方面,江苏唯一的陆军23混成协,新旧闲杂,将校乏人,根本没有训练和教育,种种腐败肆虐横行。瑞澂将该军协统进行更换,全军军官,改用学堂出身、熟习陆军武学经验素质高的人员。至于太湖水师陆师左右各巡防队,以调操防御为入手办法,使其不得久驻一处,以免弛懈。巡警方面,巡警设立最早,锢习亦最深,将原办各员,分别良莠进行裁汰分流,并挑选北洋巡警员十几人来江苏,担任教练,责成改定规章,勤加管理。过去商场马路巡警,一直用洋员一名,也进行辞退。

瑞澂刚刚担任湖光总督,便与锡良领衔联名十八省督抚致电军机处,请速开国会,成立责任内阁,成为推动清末新政的代表人物。从这些政绩来看,瑞澂能在官场飞黄腾达,关系当然是重要的,但能力还是有的。

四面树敌

中国传统社会的官场,有两个不成文的规则,一是官员到一个新地方任职,不会立即撤换原来的下属官员。一般会观察一段时间之后,明确该打击谁、拉拢谁,再进行调整。二是官员不会大规模地砸掉别的官员的饭碗,哪怕是有一些人不那么听话,一般也是团结为主,打击为辅。因为在官场,每一个官员都不是单独一个人,而是一个巨大网络的一个点。如果伤害了某个官员,就有得罪其整个关系网的危险。然而,瑞澂刚刚到任湖广总督,两个规则都违反了。他上任伊始迅速砸了众多两湖地区官员的饭碗。仅在湖北省就有 4 个道台,4 个知府,3 个知州,28 个知县,1 个通判,1 个同知,1 个游击,12 个县官属官,共 54 名官员丢了官。

丢官的名义各异。有一些看起来有些道理,比如:湖北巡警道冯启钧是前任总督的铁杆,瑞澂以徇利忘义,警政废弛,纵容属下,扰害商民的名义革了他的职,算是打击敌对势力。均州知州刘名馨,民视如仇,处理他可以收揽一些民心。可有一些官员没什么明显罪过,也被处理,比如:随州知州刘家怡的罪名是貌似有才,性贪而狡。试用知县金荣寿,卑劣诞妄,心术不端。应山县知县王鸿卿,才具庸下,神志颓唐。署竹山县知县聂广泽,性情操切,不知大体。光化县知县黎培质,柔缓无能,尚应历练。这些都是一些性格方面的东西,主观性很强,也成为治罪的原因。甚至个人姿态不好也是错,宜城县知县王金城,因为举止粗鄙,行同市井,结果也丢了官。这些几乎没有什么道理的罢黜官员,引发大规模官员的不满。

在湖南省,瑞澂也罢黜了一批官员,虽然数量不比湖北多,但级别更高,更为集中,震动更大。1910 年,因为自然灾害、农业歉收,湖南长沙米价腾贵,市民难以得到食物。因为饥饿,饥民产生了大规模的抢米骚乱,一些不法之徒趁机放火滋事,长沙地方政府当场击毙数人,并拏获五名正法。本来事情已经过去,瑞澂却以事前疏于防范、事发时又处理不当为名,参奏湖南各级文武官员。处分的结果很重,湖南巡抚岑春蓂、布政使庄赓良,负有领导责任,均被革职。巡警道赖承裕、盐法长宝道朱延熙、长沙协都司贵龄、左营守备周长泰、消防所所长游击龚培林、警务委员知县周腾,均因保护不力,一并被革职。长沙县知县余屏垣、善化县知县郭中广,虽有责任,因为平时美誉度不错,骚乱发生后处置合理,被革职留任。长沙协副将杨明远,查拏匪犯,尚能认真,摘去顶戴,勒令捕匪,以观后效。湖南按察使周儒臣、长沙府知府汪凤瀛,被官降三级。这次饥民抢米事件,给湖南的官场造成的影响无疑是一次大地震。

在大规模、高规格地直接砸掉众多官员饭碗的同时,瑞澂还主持了两湖地区的政府机构改革,如撤销一些闲散无用的衙门,合并职能重叠的部门,做到了精减人员、节省经费。虽然这项措施于国于民都有益处,但它切切实实地让不少政府公务员丢掉了工作,或者减少了权力。可以说,瑞澂在很短的时间内,就在湖南、湖北的政府机构树立了自己大批的敌人。

瑞澂不但触怒了两湖的官员,还得罪了这些地区的士绅。这些士绅是地方的实力派,政府里也有虚衔的官职。一般强龙不压地头蛇,向来政府官员都敬让他们三分。瑞澂后台硬,不信邪,通过长沙的饥民骚乱,打击了一些领头的大士绅。瑞澂认为士绅王先谦没能主动捐助、帮政府分忧,事发后又联合孔宪教、杨巩二人,将错误归咎于政府官员,属于品行低劣。而奸商叶德辉当米贵时,积谷万余石,不肯减价售出,实属为富不仁。结果,前国子监祭酒王先谦,分省补用道孔宪教,官降五级。史部主事叶德辉、候选道杨巩,均即行革职,交地方官严加管束。

湖广总督瑞澂同样没放过湖北的士绅。清末贩卖鸦片是很多士绅的生财之道,很多人凭借关系偷税漏税。瑞澂在湖北裁撤鸦片统税部局,责成全省州县,将本省储存鸦片之户,彻底清查一次。凡没有交税的,均令按照标注收税。为了方便政府稽查,命令私人不能储存鸦片,私人只能将鸦片储存在官府指定的仓库,政府还要收取一定的保管费。因为湖北省交通便利,很多鸦片的贩卖都要途经该省。瑞澂改革税收机构,雁过拔毛,进行征税。这项政策相当于在地方实力派嘴里抢肉,自然引起了他们强烈的不满。

瑞澂用极短的时间就得罪了众多两湖地区的官僚士绅,所以很容易理解,当武昌起义爆发时,虽然起义的革命党只是武汉三镇中的一镇,但瑞澂也没信心调动湖南、湖北其他地区的军队立即进行镇压,只能一逃再逃。两湖地区的官员士绅也没主动来帮瑞澂解围,大家都在看总督大人的笑话。瑞澂46岁担任封疆大吏湖广总督,走到了权力的顶点,但这也是终点。正是他的失当处理,直接导致了武昌起义的成功,也由此葬送了自己的仕途,成为清王朝灭亡的罪魁祸首。

大清罪人

1911年的武汉,民间传唱一首这样的歌谣:"湖北翻了天,犯人全出监,红衣满街走，长毛在眼前。"很多人相信，一场大规模的反清运动即将爆发。可是今天，我们回头再审视武昌起义，会发现这次起义成功的所有因素几乎全不具备。首先，武昌起义的组织过程非常混乱。武昌革命党人其实是一群乌合之众，他们先山寨了一个中华同盟会华中总会，这个组织在同盟会东京总部从来就没被承认过。该会的一个领导人本来叫孙葆仁，为了和孙中山攀上亲戚，连名字也改了。孙中山名叫孙文，号逸仙。他就改名孙武，号遥仙，在外假冒孙中山的弟弟。这也不是孙武的首创，早在洪秀全早年组织拜上帝会时，洪秀全自称是上帝耶和华的次子，不小心被手下人钻了空子，趁他不在，小喽啰杨秀清上演上帝附身，萧朝贵上演耶稣附体。洪秀全不小心多了一个爹和哥，相比较孙武还是更谦虚一些。

武汉革命党这样一个山寨组织内部派系林立，主要由文学社、共进会两个山头组成。文学社的人看不起共进会，他们说："我们是下等士兵；他们不是身穿西服的上等人，就是又有声望、身穿长袍马褂的官员。他们从不屑看我们一眼，依靠他们，我们会一无所得。"[1]

第二，起义选择地点也有问题。革命起义的合理地点应该是地理上易守难攻、清廷统治相对薄弱的地方。孙中山所举行的起义基本都符合这两点，如广州、镇南关等等。尤其是广州，孙中山在此地连续举行了两次起义。这是因为广州虽然经济繁荣，但地处中国的东南边地，清朝政府统治薄弱。在广州驻扎的八旗军队也不是正经的满洲八旗而是汉军八旗。广州还靠着海，革命党可以便利地获得海外偷运来的武器装备、资金及人员的支持。

武昌起义前，孙中山革命党人不看好武汉，没打算在此地发动起义。很大的一个原因是武汉被称为"九省通衢"，几乎是南部中国的交通中心，运输十分便利，属于"四战之地"。当时北京到武汉就有直达铁路，发动革命起义，即使成功，也易于招致四面围攻，很难坚持下来。此外，武汉三镇，中间由长江隔开武昌与汉口、汉阳。因为有水路，清政府既可以迅速运输军队，又可以指挥海军直接攻击。更重要的是武昌是湖广总督所在地，清政府重兵聚集。很多人都没想到，准备工作如此混乱，地点的选择又先天不足，然而，武昌起义竟奇迹般的成功了，不仅守住了，而且中心开花，最大限度地把革命辐射开来，给清王朝致命

---

① K. S. 刘：《宋教仁和辛亥革命》，111 页。

一击。这究竟是为什么？我们可以重温一下武昌起义的全过程，感受一下瑞澂的"杰出贡献"。

贡献之一,处理革命党名册

1911 年武汉革命党人组织上的混乱与笨拙,差点使起义在未开始前就葬送整个计划。10 月 9 日中午,孙武在汉口俄租界装配炸弹,不慎爆炸,孙武受伤。俄国巡捕闻声赶至,把炸药、旗帜、符号、文告、印信全部抄走,革命党人竟然把这些重要的文献资料和制造炸弹的地点集中在一处,其组织工作的能力可见一斑。俄国人很帮忙,直接将这些资料全部交给了清政府。武昌起义前,清廷的外务部、民政部的密电早已到达武昌,武汉的英美两国领事也将起义的消息秘密通知了瑞澂。

瑞澂立即下令武昌城城门紧闭,大肆搜捕革命党。革命党人马上决定提前发动起义。蒋翊武以临时总司令名义发布命令,当晚 12 时起义。然而在当晚 12 时以前,军警突至武昌小朝街 85 号总指挥部,刘复基掷炸弹时受伤被缚。同一天,革命党人杨洪胜在运送炸弹途中亦遭逮捕。当晚因机关破坏和城内戒严,举事未成。10 月 10 日晨,张廷辅被捕,刘公寓、同兴学社等革命机关相继被抄。可以说形势到了这一步,起义的领导机构都被连锅端掉,清政府几乎稳操胜券,除非发生奇迹,起义很难成功。但奇迹真的发生了,其创造者就是瑞澂。

10 月 9 日夜,第一次大搜捕结束后,如何处置那些分布在军中的众多余党,相当棘手。瑞澂马上做出一个重要的决定,悬赏告密,结果的确有人为了获得这笔横财,上交一个武汉革命党人的名册,但其真实性不好判断。这个名册成为令瑞澂头疼的问题。瑞澂的手下形成了意见截然相反的两派,一派以师爷张梅生为代表,他们认为应该第一时间调集军队,按照名单,将相关人等一网打尽;另一派,以汉阳知府陈树屏为代表,他们认为这是某个别有用心的人,在金钱的诱惑下,伪造了这份名册,目的只是为了多拿赏金。名册涉及太多无辜的军中官兵,如果真一网打尽,后果不堪设想,甚至会造成兵变。瑞澂应该向曹操学习,曹操在与袁绍的官渡之战中,将获得的暗通袁绍的人员名单公开焚毁,以安定人心。

有时,选择是非常艰难的。瑞澂拿不准名单真实性有多少。如果听从师爷张梅生的意见全部杀光,这些人是革命党还好,如果不是呢?当时湖北新军的军官不少是外国留学回来的官二代、富二代。即使普通士兵也和过去的士兵不同,很多是新式学堂毕业的新式学生。清末新式学堂的学生,家里同样非富即贵。这些新军官兵与两湖,甚至北京上层人物的关系盘根错节。假如把他们收拾了,以后自己还在官场怎么混?还有假如因为追捕太多,引起兵变,这可是重大的责任事故,自己的仕途也到头了,也许生命也到头了。

可如果按照陈树屏意见办,名单万一是真的呢?曹操是最高领导人没人敢追究他的相关责任,自己可是领导下面的小兵张嘎,私自烧了革命党人的名单,朝廷会怎么想?轻则是延误平叛时机,重则是吃里爬外,暗通革命党,那也是杀头的重罪。因此,瑞澂经过深思后,选择了最糟糕的第三条路,具体措施如下:一是将最初抓获的32个人中,杀了3个比较确定的革命党人。其实这三人,瑞澂也没想都杀,比如彭楚藩,审讯他的官员是他大舅哥,想帮他开脱,说:"你是宪兵,是去捉拿革命党吧!"没想到彭楚藩不识相,没学他的上级领导蒋翊武,穿长袍马褂,拖着辫子,伪装得好,趁机跑了。他大笑说:"老子就是革命党!岂能甘为你等走狗。"这就没办法了,只能杀头,将人头示众。二是向北京最高领导人报功,表明在自己正确的领导下,一举粉碎了乱臣贼子的造反行为。同时又列出在平叛过程中,一长串一不怕死,二不怕苦的有功人员名单,希望朝廷嘉奖。三是瑞澂下令只给满洲旗兵配发弹药,而汉人新军却不给。然后呢?然后就没然后了,瑞澂选择了沉默——这是致命的沉默。

政府大规模搜捕湖北新军中的革命党,将3个革命党人斩首示众。只给旗兵配发弹药,汉人新军不发。如此环境下,武昌城一时间谣言四起,到处疯传这样一个消息:瑞澂已经掌握了一份真假难辨的革命党人名册。政府准备有计划、有组织、有预谋地进行抓捕活动,抓到了就直接砍头。因为新军中革命党人众多,与他们有联系的人成几何倍数增长。谁也不知道自己是否在名单上,于是人心浮动。瑞澂只给旗兵弹药,提防汉人新军,又一定程度上印证了这个谣言。死不是最可怕,最可怕的是等死。谣言造成众多湖北新军中的汉人,人人自危。一些刚烈的新军在革命党的引导下,很快统一了思想,与其死于旗人手,毋宁举义而死。名册的谣言与瑞澂的愚蠢制造出武昌起义最好的革命动员,而瑞澂的沉默恰好给了革命动员的时间,于是革命党振臂一呼,万众齐发。曹汝霖回忆这段历史曾说:"武昌起义,由于新派主谋,初仅两营起事,余皆观望不动。后鄂督瑞澂搜得叛军名册,牵涉新军士官很多,士官恐株连,遂先发响应。假使瑞澂处以镇定,将名册销毁,即可使反侧者安心,徐图处置,何至酿成大祸。"

贡献之二,临阵指挥

名册事件后,瑞澂在犯错的道路上越走越远。

第一,楚望台军械库的失误。瑞澂获悉革命党要在武昌发动起义后,本来想把看守楚望台军械库的汉人士兵全部撤换,改为旗兵守护。当时为其下属的黎元洪立即坚决反对,认为如果他这么安排,会加剧新军中汉人士兵的离心,导致满汉士兵间的矛盾进一步加深,不利于安定团结的政治局面。其实在非常时刻,为保万无一失,哪怕是过激一点的手段也可以采用,等事后局面安定下来,再加倍的笼络汉人士兵也不算太晚。可是瑞澂优柔寡断的性格再次让他收回了这一正确的命令。因为清政府对新军武器监管非常严格,武昌

熊秉坤
(1885—1969 年)

起义当晚,熊秉坤领导工程第八营的士兵发动起义,一共没几支枪,子弹更少。测绘学堂的起义者都是赤手空拳冲向楚望台军械库。楚望台监守官李克果给看守的汉人士兵分发子弹准备抵抗起义者,没想到士兵们得子弹后,立即反水,响应革命党的起义。李克果大惊,越墙逃走。由此起义士兵如虎添翼,获得了大批起义需要的军火。

第二,临阵脱逃。武昌起义爆发当晚,真正参加起义的革命党人并不多。甚至到武昌起义成功后,革命官兵总共才 4000 多人,而当时仅武昌新军就有一万 5000 人之多。起义中大多数新军持观望态度,起义成功后,很多新军自行散去。因此,如果瑞澂能够稳定军心、沉着应战,难说结局怎样。那时革命党不但

数量不多,连统一的领导人都没有,临时让革命决心并不坚定的连长吴兆麟担任革命军临时总指挥。可瑞澂又一次习惯性地犯错了。

起义发生后,总督府里的官员的意见又分成两派,一派仍是师爷张梅生,坚持坚守待援,声称只要大帅不走,他一定陪大帅到底。第八镇统制张彪支持张梅生的意见,认为应该坚守下去。瑞澂虽然心里害怕,但是清朝政府严格规定,守土官有守土之责,失去土地就要开刀问斩。此时,和稀泥的另一派出现了,楚豫舰的管带陈德龙认为,现在局势险象环生,胜负难料。继续待在督署内,或有可能四面被围,非但不能"坚守待援",更可能徒丧性命。而楚豫舰就停在离督署不远的江面上,大帅到了楚豫舰上照样可以指挥,犯不着在这里等死。再者在武汉中间的江面上不算离开自己守卫的土地。更有利的是,在轮船上如果平叛胜利了,也可以以功臣自居。失败了,也容易逃命。是走是留,瑞澂又一次优柔寡断起来。

此时,瑞澂的小老婆廖克玉起了关键的作用。廖克玉是个大美女,瑞澂担任江苏布政使时,妻子去世,瑞澂便名正言顺地到处寻访美女,他的秘书介绍了江西某小官遗孀夫人的独生女廖克玉。瑞澂看后大喜,当即决定对廖克玉明媒正娶。16 岁的少女就这样嫁给了 46 岁的瑞澂。虽然廖克玉不是正室,但在正室空缺的情况下,已然成为瑞澂家实际的女主人。瑞澂对她百般疼爱。武昌起义当夜,瑞澂在是走是留的犹豫时刻,廖克玉发话了:"师爷是个书呆子,只知道尽忠报国,不知道随机应变。乘现在还能走,赶快逃出去,到了兵轮上,不是照样可以指挥吗? 在这里,这么多的家眷,你怎样指挥打仗呢? 即使你不怕,我们这些人也怕啊!"

这是最后一根稻草,瑞澂马上决定逃命。外边枪炮齐鸣,出逃中人们十分慌乱,大门也不敢走。陈德龙提议可在后花园墙上打个狗洞出去,吓破胆的瑞澂立即同意。据说,从洞里钻出去时,瑞澂秉承"女士优先"的原则,让小妾和家眷先走,并一再安慰她们,叫她们别害怕,走得稳一些。在家属和下人面前,他保留了最后一点总督大人临危不乱的风度。由于地方最高领导瑞澂的亲身示范,大多数本来忠于清廷、准备抵抗的军人,也纷纷作鸟兽散。其实,直到瑞澂到达码头上船时,起义军才第一次进攻总督府,在大多数士兵逃跑的情况下,起义军仍进攻了多次,第二天清晨才攻下总督府。民国胜利后,廖克玉声称当时她是基于一个汉人对满人的激愤而劝说瑞澄的。至于廖克玉的贡献,革命党的领导人给予充分肯定,宋教仁曾请廖克玉在上海一品香旅社见过一面,称她像当年越王勾践送给吴王夫差的西施一样,给民国立下大功。孙中山也亲自接见过她,对她为革命的努力给予充分的肯定与感谢。

瑞澄给武昌革命军留下了大量的金钱和军火。布政使库里有存银 120 余万两;铜币局存现洋 70 余万,银 80 余万两,铜圆 40 万;官钱局有铜圆 200 万,官票 800 万张,未盖印的官票 2000 万张,洋元票 240 万张,库银 20 万两,现洋 30 万元。湖北财政存款总计有 4000 余万元。而且,汉阳兵工厂里,还存有大量的报废的铜炮,可以用来铸造铜圆。

此外,武汉的军火库还有大量的武器,如从德国买的七九毛瑟枪 1 万余支,从日本买的六五步枪 1.5 万支,加上中国最大的兵工厂在汉阳,汉阳造的步枪有好几万支。这些枪除了装备军队,大部分都存在军火库里。库里还有一些山炮、野炮和要塞炮。起义军利用这些金钱和军火,在很短的时间内,大肆招兵,很快就扩充到了 5 个足额的查。原来的 3000 人,几乎都做了军官,起义时仅仅为正目班长的熊秉坤,摇身一变,就成了协统。起义军很快发展到两万多人,这是起义前整个武汉军队的近两倍。

瑞澄是坐镇湖广地区的最高长官,根据清朝的法律,疆臣失守省城,必须要殉职,否则必遭政府诛杀。瑞澄为了活命,将过错都推到别人身上,一是已经逝世的张之洞。他称湖北兵没有反叛的,除马步兵各一营,辎重队一营。这些都是前任总督张之洞花费数十年之心力,无数之国帑,而养成的乱党。二是他的属下张彪。张彪督练新军,平日训练无方,事前毫无防范,事后更没有很好地控制。不能凝聚军心,竟敢仓皇弃营逃跑,实属严重违反军纪罪。其实,武昌起义爆发后,清方湖北军政要员中,组织镇压、抵抗的,主要是张彪,他 10 月 10 日夜在武昌督署一带力战民军,11 日后退至汉口继续对民军作战。张彪还曾登楚豫舰,劝瑞澄留汉抵抗。瑞澄怯战东下,张彪则率残部在刘家庙与民军抗衡,然兵力单弱,无法扭转颓势。

武昌起义后,因为瑞澄的逃跑行为,御史们纷纷强烈要求摄政王载沣,立即将其缉拿。然而,瑞澄的姐夫载泽再次出面力保,载沣从轻发落,瑞澄虽然被革职,仍令他掌握总督职权,希望他戴罪立功。此时,革命军仅攻克武汉三镇之中的武昌,还有汉口、汉阳在清军手中。瑞澂作为湖广总督,有权立即调动湖南、湖北两地的清军,联系武昌城内的残存力量,迅速进行反攻。但是已经被吓破胆的瑞澂,乘兵舰由汉口逃至芜湖、九江。10月29日,瑞澂至上海,向清廷奏报称,"因兵舰煤尽而至九江,因九江兵变而至上海"。清政府下令上海当局进行捉拿,瑞澂又跑到了日本,逃避了惩罚。

有清一代,以封疆之重而溃逃千里,瑞澂为第一人,且没受到朝廷相应的惩罚。对此,清廷遗老认为正是载沣对瑞澂处理得不当,才造成此后一系列恶果,"徇一己之私心,废祖宗之成法,与自弃其国何异"。瑞澂给清王朝各个地方官率先奔逃提供了先例,武昌之后各省相继起义,罕见清廷官员尽力抵抗者。近三百年的大清帝国短短一月间,半壁江山尽属革命党。《清史稿》痛心疾首地回忆这段历史:"武昌变作,始仅工程营数十人,他军无应者。瑞澂遂逃兵舰,省垣无主。于是各营皆起,拥立都督黎元洪,称军政府,独立。各省督抚遂先后皆不顾,走者走,变者变,大势乃不可问矣。呜呼!如瑞澂者,谥以罪首,尚何辞哉?"民国有人评论瑞澂:"满大臣不忠于国,未有如瑞澂之甚者也。"辛亥革命后,几乎所有人对瑞澂都没有好感。满清遗老遗少对他痛恨之极,清亡后没有一个人待见他。而倾向革命的人,反而嘲笑他,说他是个没用的高干子弟。然而,瑞澂最后的命运还算不错,清朝灭亡后,他安然返回中国,1915年病逝,得以善终。

参考文献:

[1]清德宗实录[M].北京:中华书局,2012.

[2]宣统政纪[M].北京:中华书局,2012.

[3](民国)赵尔巽.清史稿[M].北京:中华书局,1978.

[4]张鸣.辛亥:摇晃的中国[M].桂林:广西师范大学出版社,2011.

[5](美)费正清.剑桥中国晚清史(下卷)[M].北京:中国社会科学出版社,2006.

后　记

内蒙古是我的家乡。我生于斯、长于斯，很可能也死于斯。在北京上学期间，不时有同学问我，蒙古人与汉人有什么具体差别。这个问题让我很难回答。我身边的朋友，既有蒙古人也有汉人。如果非要说差别，我一时也说不清楚，似乎每个人都是不同的，无法用一个简单的论断来概括民族。在本书的写作过程中也是如此，虽然书中的蒙古人物与我相隔百年，但是在资料的整理过程中，他们就像我周围的亲朋故旧一样亲近。对于这些人物，也许有人会判断谁是好人，谁是坏人。在我看来，每一个人都有自己的人生，人生是漫长的，人也是十分复杂的，不好轻易去评判。还好我不用去评判，我所做的就是尽量搜集资料的情况下，将一个人物的一生尽可能真实地展现在读者面前，让你们自己去感受。对于书中的人物，无论事迹，他们曲折的一生，都让我感叹。如果非要说喜欢，我喜欢土谢图亲王奥巴，在残酷的政治军事斗争中，太多的人为了权力放弃一切，而他却始终保持对自己原配妻子的爱，哪怕要为此付出巨大的代价。

本书要强调四点：

一是资料来源。本书不是专业的学术著作，主要是面向普通读者的通俗读物，为了阅读方便，我没有严格按照学术专著的标准进行注释。其中一些内容是借鉴了一些学者的研究成果，涉及专著、论文，我在每个人物传记后统一进行标注。这本书的相当一部分的见解，是我汇集其他学者的成就，在此一并表示感谢。此外，为了更好地让读者理解，一些史书中的文言文，本书统一改为白话文。

二是选择人物的标准。也许读者会问，为什么谁谁你不写。我写哪些人物首先考虑的是自己的兴趣,之后是资料的丰富程度,还有时间的限制。因此,一些重要的人物可能有所遗漏,如果还有机会,我会尝试在下本书中继续描述。

三是为了方便阅读,本书中对于族名统称为"满洲",国号统称为"清"。其实,在皇太极改元崇德前,族名是"女真",国号为"金",之后族名改为"满洲",国号改为"清",在此特别解释。

四是清代蒙古诸部的情况,我简单进行介绍,以便读者阅读。清代蒙古主要分为三大部,其中内札萨克蒙古也称为漠南蒙古,主要是今天的内蒙古地区;喀尔喀蒙古也称为漠北蒙古,主要是今天的蒙古人民共和国;卫拉特蒙古也称为漠西蒙古,它包含四大部落,其中杜尔伯特部、绰罗斯部组成的准噶尔汗国,大致位于今天的新疆,和硕特部在今天的青海,土尔扈特部乾隆年间从沙俄返回了新疆。

此外,我要感谢内蒙古人民出版社的樊志强、张桂梅编辑,在本书撰写的过程中,给予我很多很好的建议和帮助。最后,因为时间及学识的限制,本书的问题一定很多,还望读者多多批评指正。